U0794078

筑路机械应用

主　编　曾　葵　肖　川　唐子雷
主　审　陈明英

西南交通大学出版社
·成　都·

内容提要

本书主要介绍了公路机械化施工及养护中常用机械的类型、构造、特点、性能、适用范围、施工作业方法、选型等内容。

全书包含4个学习情景，分别为土方及压实机械在施工中的应用、路面机械在施工中的应用、桥梁机械在施工中的应用、养护机械在道路维护中的应用。

本书可作为高职院校道路桥梁工程技术专业、市政工程技术专业、城市轨道交通工程技术专业和工程机械运用与维护专业的教学用书，也可用作公路工程机械化施工人员的培训教材，还可供相关技术人员参考。

图书在版编目（CIP）数据

筑路机械应用 / 曾葵，肖川，唐子雷主编. —成都：西南交通大学出版社，2020.10

ISBN 978-7-5643-7820-2

Ⅰ. ①筑… Ⅱ. ①曾… ②肖… ③唐… Ⅲ. ①筑路机械 Ⅳ. ①U415.5

中国版本图书馆 CIP 数据核字（2020）第 210284 号

Zhulu Jixie Yingyong

筑路机械应用

主编 曾 葵 肖 川 唐子雷

责任编辑 路远声

封面设计 何东琳设计工作室

出版发行 西南交通大学出版社

（四川省成都市金牛区二环路北一段 111 号

西南交通大学创新大厦 21 楼）

邮政编码 610031

发行部电话 028-87600564 028-87600533

网址 http://www.xnjdcbs.com

印刷 四川玖艺呈现印刷有限公司

成品尺寸 185 mm × 260 mm

印张 13.5

字数 280 千

版次 2020 年 10 月第 1 版

印次 2020 年 10 月第 1 次

定价 49.80 元

书号 ISBN 978-7-5643-7820-2

课件咨询电话：028-81435775

前言
PREFACE

现代学徒制是深化产教融合、对学生以技能培养为主的现代人才培养模式。本书根据国务院《关于加快发展现代职业教育的决定》和教育部《关于开展现代学徒制试点工作的意见》的文件精神，以工程机械运用技术专业现代学徒制试点建设“校企联合，编著基于工作任务的校本教材”的任务为指导编写而成。

本书在以下两个方面做了一些探索：一是按情景教学法安排教学体系，二是由任务驱动安排教学内容。其目的是力求保持校内学习与实际工作的一致性，融“教、学、做”为一体，强化学生综合能力的培养，体现了深化产教融合的理念。对教学来说，公路工程机械化施工具有情景宏大、任务繁多的特点，怎样在一定的教学时间内、一定的教学资源下提供适当的情景，完成适量的任务，是值得广泛、深入探讨的。本书提供了 4 个学习情景：土方及压实机械在施工中的应用、路面机械在施工中的应用、桥梁机械在施工中的应用、养护机械在道路维护中的应用。每个学习情景中包含常用施工机械认识（机械的类型、构造、特点、性能、适用范围）、机械施工作业（施工工艺和施工方法）、施工机械的选型等任务。

本书由四川建筑职业技术学院曾葵、肖川、唐子雷担任主编，陈明英担任主审；四汇建设集团有限公司黄仁东及成都东部新区智能制造产业发展局马翊提供了大量的施工技术资料并参与了本书的编写。其中，学习情景一由曾葵、唐子雷共同编写，学习情景二由肖川、刘勇彪共同编写，学习情景三由曾葵、申永强共同编写，学习情景四由马翊、孙谦、黄仁东共同编写。此外，四川建筑职业技术学院现代学徒制工作委员会成员廖丽平、丁雅萍、刘婷、赵坤阳、雷鹏燕参与了本书技术资料的收集、书中插图底稿的绘制及内容校正等工作。

随着我国公路机械化施工技术及装备制造业的不断发展，新技术、新方法、新设备不断涌现，加之编者水平和掌握的技术资料有限，编写时间仓促，书中疏漏和不足之处在所难免，恳请读者批评指正。

编　者

2020 年 5 月 30 日

目录
CONTENTS

学习情景一 土方及压实机械在施工中的应用

学习目标

知识目标

（1）能描述挖掘机、推土机、铲运机、装载机、平地机的用途、分类及特点。

（2）能描述挖掘机、推土机、铲运机、装载机、平地机的基本工作过程和基本作业方法。

（3）能描述压实机械的分类及各机种的使用范围。

（4）能描述路基压实作业的一般方法。

能力目标

（1）能识别土方及压实机械的每一种机型。

（2）能进行土方机械和压实机械的选用。

（3）能运用土方机械和压实机械进行施工作业。

土方及压实机械包括推土机、装载机、挖掘机、铲运机、平地机、压路机等几个重要机种，它们是工程机械中用途最广泛的一类机械，也是公路建设特别是高等级公路建设中的主要施工机械。同时，土方及压实机械还广泛应用于铁路、水利、矿山、港口、机场、农田及国防等工程建设中，在国民经济建设中有着重要的作用。

在公路路基工程中，土方机械担负着土方的铲装、填挖、运输、整平等作业，其具有施工速度快、作业质量高、生产效率高等优点，是现代公路建设中不可缺少的机种。土方机械的作业对象是各种土、砂、石等物料。在进行施工作业时，土方机械承受负荷重、外载变化波动大、工作场地条件差、环境比较恶劣，因此，要求土方机械具有良好的低速作业性、足够的牵引力、整机的高可靠性和较高的作业生产能力。

压实机械用于道路、铁路、机场、港口和堤坝等建设工程的压实作业。

由于现代工程中大型工程越来越多，土方及压实机械也向大型化方向发展，以适应巨大工程机械化施工的需要；同时为满足市政建设、环保和窄小场地以及小型土方工程的要求，小型、多功能、机动性好的机种也得到进一步发展。现代计算机、电子和激光等技术的发展将大大提高土方及压实机械的自动控制和智能化程度。同时，操纵便捷、安全防护、降低噪声、提高可靠性和驾驶人员的舒适性等，也将是这些机械继续发展的方向。

一、主要施工机械

（一）挖掘机

1. 挖掘机的用途及工作对象

挖掘机是工程机械中的一个主要机种，是土石方施工工程中的主要机械设备之一。

各种类型与功能的挖掘机械，在国民经济建设的许多行业，如工业与民用建筑、交通运输、水利电力工程、农田改造、矿山采掘以及现代化军事工程等的机械化施工中被广泛采用。据统计，工程施工中有 60%以上的土石方量是靠挖掘机来完成的。在各类工程施工中，挖掘机主要用于完成下列工作：

（1）开挖路堑或山体土层时，可以实现Ⅰ～Ⅴ类土和纹理清晰、风化严重的砂岩石的直接开挖，同时可用于建筑物或厂房基础的开挖。

（2）挖掘土料，剥离采矿场覆盖层。

（3）采石场、隧道内、地下厂房和堆料场中的装载作业。

（4）开挖沟渠、运河和疏浚水道。

（5）更换工作装置后可进行混凝土浇筑、起重、安装、打桩、夯土等作业。

另外，由于履带式挖掘机自重大、工作速度低，一般情况下不考虑采用履带式挖掘机运土。

2. 挖掘机的分类、特点及适用范围

1）分　类

挖掘机按用途及结构特征分为周期作业式的单斗挖掘机和连续作业式的多斗挖掘机两大类。单斗挖掘机又分为建筑型单斗挖掘机、采矿型单斗挖掘机、剥离型单斗挖掘机、塔索型单斗挖掘机和隧道挖掘机五种，其中建筑型单斗挖掘机应用最广，有履带式和轮胎式两种。多斗挖掘机常用的有链斗式挖掘机、轮斗式挖掘机等。

挖掘机按工作装置与主机的连接方式分为刚性连接和挠性连接两类。前者包括正铲、反铲、刨铲和刮铲挖掘机，后者包括拉铲挖掘机等。

2）特点及适用范围

（1）建筑型单斗挖掘机

建筑型单斗挖掘机具有正铲、反铲、拉铲、抓斗、起重吊钩等工作装置（见图 1-1），其中以反铲为主，可进行多种作业。反铲挖掘机结构如图 1-2 所示。

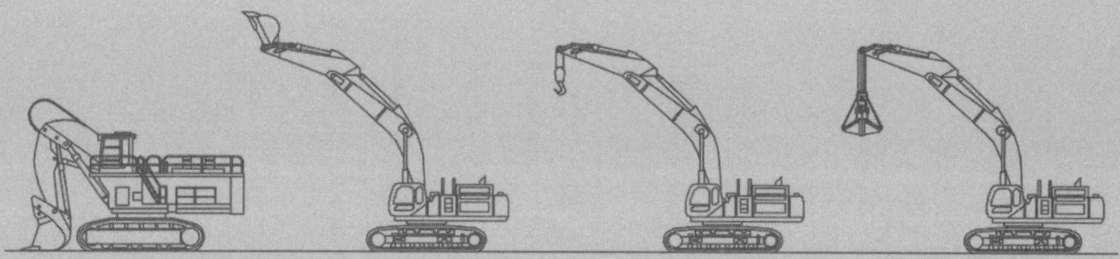

图 1-1　建筑型单斗挖掘机工作装置的主要形式

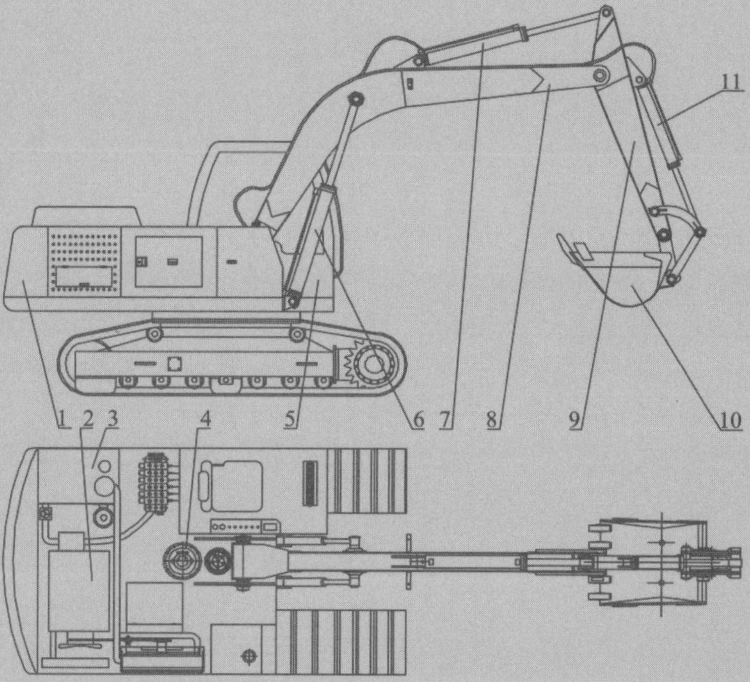

1—配重；2—发动机；3—液压油箱；4—回转机构；5—驾驶室；6—动臂油缸；7—斗柄油缸；8—动臂；9—斗柄；10—铲斗；11—铲斗油缸。

图 1-2　反铲挖掘机结构

正铲挖掘机适用于开挖含水量不大于 27%的Ⅰ～Ⅳ级土壤，主要用于开挖挖掘机停机面以上的挖掘面（停机面以下也可以挖掘一定的深度）、运距超过 1 km、有运输道路的挖运土方工程；挖掘集中的土堆及松散堆集的矿石、碎石、砂子和煤等；挖掘大于正铲最小回转半径的路堑、基坑、沟渠等工程；配备自卸汽车和其他运输工具，进行填筑路堤和其他一些回填土方工程。

反铲挖掘机主要用于开挖停机面以下的Ⅰ～Ⅳ级土壤（停机面以上者，难以装斗），适用于开挖基坑、沟渠和水下挖土。其挖出的土由自卸汽车运走，也可直接甩在坑渠两边。

拉铲挖掘机由于有抛斗的工作特点，难以采用液压操纵，所以至今只能用钢索操纵。其适合于开挖停机面以下Ⅰ～Ⅲ级土壤，如路堑、基坑、河道和管沟等。被开挖的土壤不论其含水量的大小、水上或水下作业，均可用拉铲来挖掘。拉铲挖掘机还可以用来填筑路堤。

抓斗挖掘机由于受其铲斗自重的限制，只能挖掘停机面以上或以下的一般土壤（Ⅰ～Ⅱ级）、砾石和其他松散物料，尤其适用于挖掘基坑与桩孔，也可用于水下挖掘工作，常在码头、仓库等处装载碎石、煤等松散物料。

建筑型单斗挖掘机多数是小型挖掘机，斗容量一般较小，在 2 m^3 以下。近年来，也有斗容量 2～6 m^3、自身质量达 200 t 的建筑型挖掘机出厂。

单斗挖掘机一般用一台柴油机驱动，也有用一台或多台电动机驱动的。其行走装置有履带式和轮胎式两种，行驶速度快，能远距离自行转场，且机体重心低、运行稳定性好。单斗挖掘机操纵主要采用液压或气压形式，适用于挖掘Ⅰ～Ⅴ类土及爆破后的坚硬岩石。

（2）采矿型单斗挖掘机

其主要工作装置为正铲，个别配有拉铲装置和起重装置，斗容量较大，一般为 2～8 m^3。采矿型单斗挖掘机大部分为机械式，主要用于露天矿的挖掘和装载作业。

（3）剥离型单斗挖掘机

剥离型单斗挖掘机有履带式和步行式两种，用于露天矿表层剥离、大型基建工程、河道疏浚和挖掘、土壤改良等工程中。履带式为正铲工作装置，斗容量一般为 4～53 m^3。步行式工作装置为拉铲，斗容量一般为 4～76.5 m^3，行走装置采用步行机构，接地比压小。

（4）隧道挖掘机

隧道挖掘机具有特种工作装置和较小的转台尾部回转半径，专用于隧道、坑道、地铁等狭窄的工作环境。

（5）多斗挖掘机

多斗挖掘机是一种由若干个挖斗连续循环进行挖掘作业的挖掘机械，主要用于Ⅳ类以下土壤的挖取土方或开挖沟渠、剥离采料场或露天矿场上的浮土、修理坡道以及装卸松散物料等作业。

链斗式多斗挖掘机：挖斗连接在挠性构件（斗链）上。现代链斗式多斗挖掘机的挖掘深度已超过 40 m，高度达到 27 m，斗容量达 2.5 m^3，生产率达到 3 000 m^3/h，机体质量达 3 500 t。

轮斗式多斗挖掘机：挖斗固定在刚性构件（斗轮）上，以刚性斗轮取代斗链，并用简单高效的输送带将土运出，因此，其具有切削力大、切削速度快、生产效率高、运转平稳、动载荷小、卸土简便、可靠性高等优点。斗轮装在动臂端部，动臂长度和倾角可调，转台可旋转，故能挖出多种多样的掌子面，理论生产率为 70～15 000 m^3/h，上下挖掘总采掘高度为 3～77 m，斗轮直径为 1.9～2.2 m，斗容量为 0.05～8.6 m^3，斗臂长为 5～10.5 m，动力装置功率为 45～14 300 kW，机体质量为 17.5～7 250 t。

3. 挖掘机的基本工作过程

带各种基本工作装置的单斗挖掘机是循环作业式机械，每一工作循环包括挖掘、回转、卸土和返回 4 个工作过程。

1）正铲挖掘机的基本工作过程

（1）挖掘过程

利用动臂油缸、斗柄油缸和铲斗油缸的工作，使动臂或斗柄带动铲斗下移至工作面最下部，并切入土层一定深度，借助动臂、斗柄或铲斗的向上摆动，在工作面上挖出一层弧形的土层（称内弧形挖掘带，见图 1-3），土被装入铲斗内。

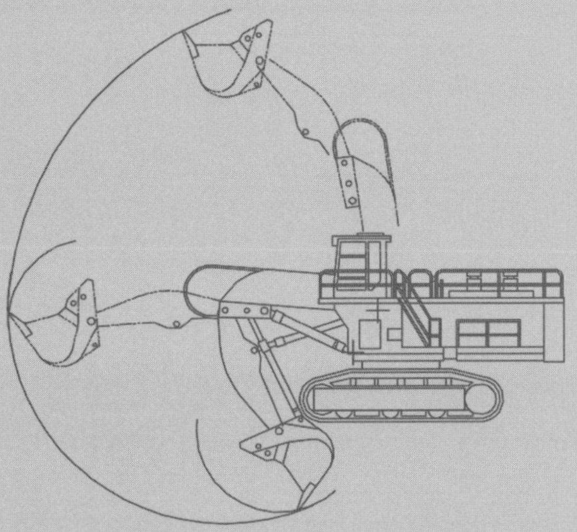

图 1-3　正铲挖掘机的挖掘过程

根据铲斗向上摆动的驱动形式不同，正铲挖掘机的挖掘方式可分为 4 种。① 动臂挖掘，即铲斗与斗柄相对固定，由动臂摆动实现挖掘。② 斗柄挖掘，即铲斗、动臂相对静止，由斗柄摆动实现挖掘。③ 铲斗挖掘，即动臂、斗柄相对静止，由铲斗摆动实现挖掘。④ 组合挖掘，即利用动臂、斗柄和铲斗三部分联合运动实现某种特殊形体工作面的挖掘。

挖掘开始时通常以停机面作为起点向上逐层挖掘，随着挖掘层次的增多，起点可逐渐向停机面以下转移。

（2）回转过程

在土装满铲斗后，先将铲斗返离工作面，然后转动回转平台，使动臂带着铲斗转到卸土处上空。在回转过程中，可适当调节铲斗的伸出度和离地高度，以适应卸土的要求。应该注意，挖掘机不能进行横扫作业（铲斗插入土层中，回转平台转动，带动铲斗回转切土），避免动臂、斗柄或铲斗被折断。

（3）卸土过程

正铲挖掘机的卸土方式有两种：一是开斗卸土，利用斗底油缸活塞伸缩，打开斗底，将土卸入运输车辆内或就地弃土；二是转斗卸土，利用铲斗油缸活塞的伸缩带动铲斗转动，借助土层重力卸入运输车辆或地面。

应该指出的是，由于开斗卸土的挖掘机铲斗的特殊结构，斗底通过铰链与斗体结合，在特殊工作状态下，斗底与斗体之间形成一种钳口，借助这个钳口可以实现对大体积石块、小型构件或其他大体积物体进行夹持搬运和装卸，从而做到多功能工作。

（4）返回过程

旋转回转平台，使动臂带着空斗返回挖掘面，在此过程中放下铲斗，斗底在油缸作用下关闭。

2）反铲挖掘机的基本工作过程

全液压反铲挖掘机的基本工作过程见图 1-4，与全液压正铲挖掘机工作过程类似，所不同的是铲斗在动臂或斗柄的带动下，在工作面上部由上向下运动实现挖掘，其挖掘面也是呈内弧面。

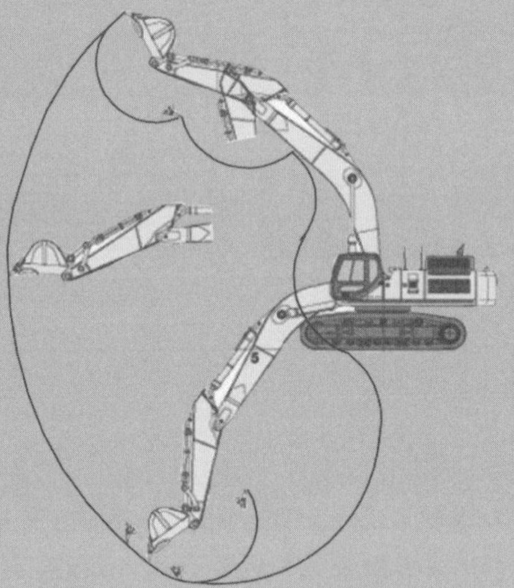

图 1-4　反铲挖掘机的挖掘过程

3）拉铲挖掘机的基本工作过程

拉铲挖掘机的基本工作过程与前述挖掘机工作过程类似，见图 1-5 中的步骤Ⅰ～Ⅳ。

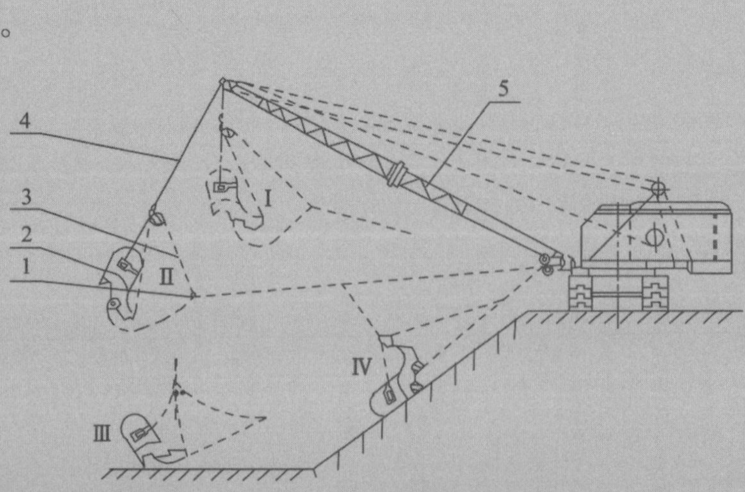

1—铲斗；2—提升钢索；3—牵引钢索；4—卸料钢索；
5—起重臂；Ⅰ～Ⅳ—挖掘过程。

图 1-5　拉铲挖掘机的挖掘过程

4. 单斗挖掘机的基本作业方法

1）正铲挖掘机的基本作业方法

正铲挖掘机的基本作业方法有侧向开挖法和正向开挖法两种。

（1）侧向开挖法

挖掘机只开挖一侧工作面，另一侧作为汽车的运输路线（见图 1-6）。汽车与挖掘机平行，在挖掘机侧面受料。此方式的主要优点是，挖掘机卸土时，其动臂回转角小于 90°，避免了运输汽车的倒车，缩短了工作循环的时间，可提高生产率。

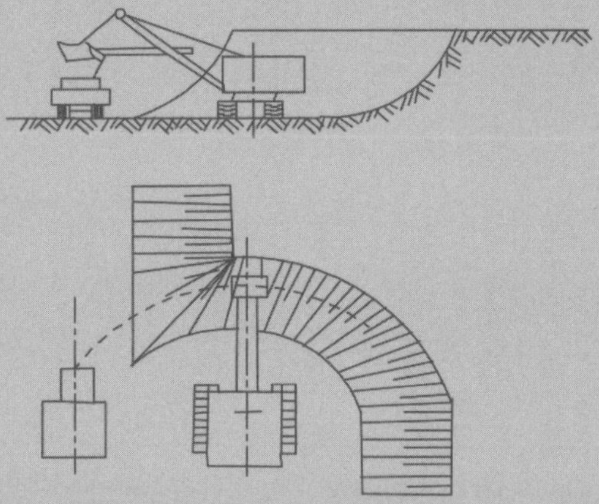

图 1-6　正铲挖掘机侧向开挖法

（2）正向开挖法

挖掘机以最大挖掘宽度在挖掘断面上进行前方挖土，运输汽车在机后两侧受料，运输路线位于挖掘机开行路线的正面（见图 1-7）。此方式的优点是机械移位次数较少；缺点是挖掘机动臂回转角度大于 90°，增加了工作循环的时间，降低了生产率。此外，其运输线路较窄，汽车要倒进去或在窄道上掉头，造成施工现场拥挤，影响挖掘机卸料。因此，该方法只限于挖掘工地进口处时使用。

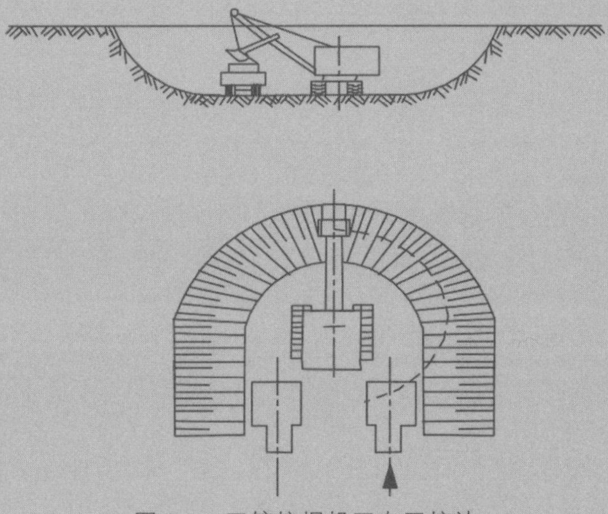

图 1-7　正铲挖掘机正向开挖法

2）反铲挖掘机的基本作业方法

反铲挖掘机的开挖方法有沟端开挖法和沟侧开挖法两种。

（1）沟端开挖法

开挖时，挖掘机沿着沟端逐渐倒退，逐渐向后开挖，如图 1-8（a）所示。汽车停在沟侧，动臂只要回转 40°～45°即可卸料。如果所挖沟宽为机械最大挖掘半径的 2 倍时（即机械每停置一处，在 180°的回转范围内挖掘），汽车只能停在挖掘机侧面，反铲要做 90°回转才能卸料。

该方法在挖掘更宽的渠道（超过最大挖掘半径的 2 倍）时，可分段开挖，如图 1-8（b）所示，机械在倒退挖到尽头后，由该端转换位置反向开挖毗邻一段。该方法每段的挖掘宽度不宜过大，以汽车能在沟侧行驶为原则，以减少每一工作循环的时间，提高机械生产率。

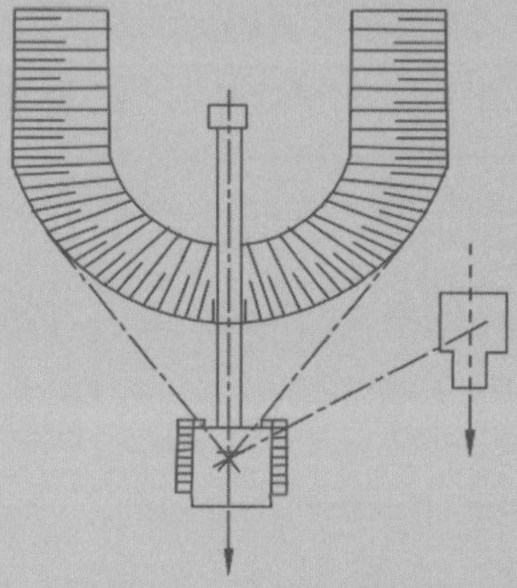

（a）沟端开挖法

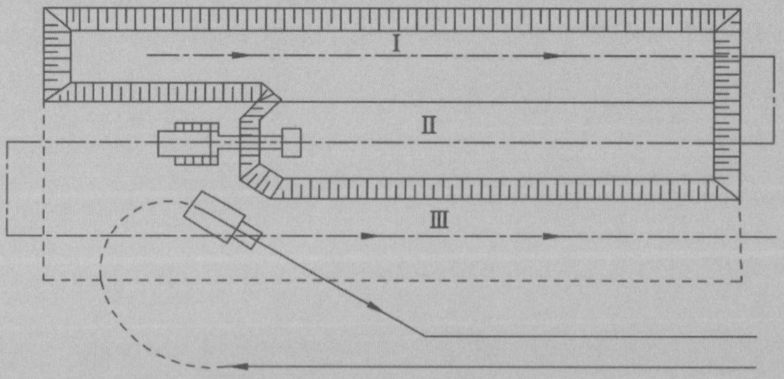

（b）沟端分段开挖法

图 1-8　反铲挖掘机沟端开挖法

（2）沟侧开挖法

反铲在沟侧开挖，汽车在沟端受料，机械做 90°回转卸料（见图 1-9）。该方法每次挖掘宽度（沟宽）只能在其挖掘半径范围以内，其缺点是所挖沟的边坡较大。

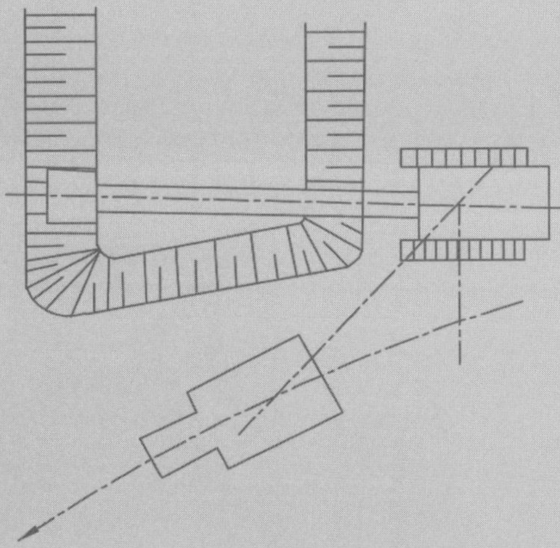

图 1-9　反铲挖掘机沟侧开挖法

3）拉铲挖掘机的基本作业方法

拉铲挖掘机的基本作业法与反铲挖掘机基本相同（见图 1-10），但其挖掘半径较大，挖得较深，可以一侧弃土，也可两侧弃土。

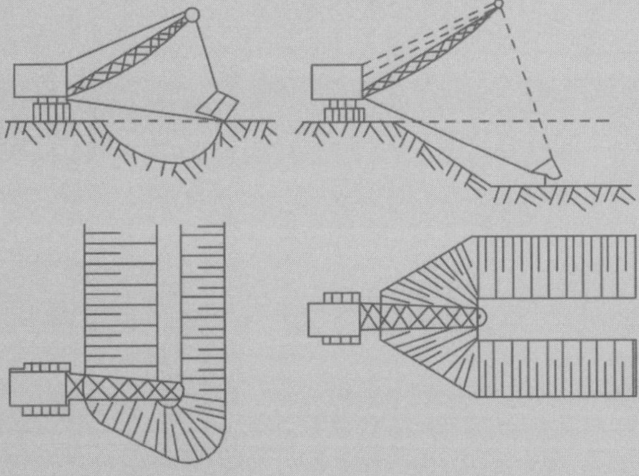

（a）沟侧开挖　　（b）沟端开挖

图 1-10　拉铲挖掘机开挖法

（二）推土机

1. 推土机的用途及工作对象

推土机是以工业拖拉机或专用牵引车为主机，前端装有推土装置，依靠主机的顶推力，对土石方或散状物料进行切削或短距离搬运的铲土运输机械。其外形如图 1-11 所示。

推土机在建筑、筑路、采矿、油田、水电、港口、农林及国防等各类工程中，均获得十分广泛的应用。推土机可进行切削、推运、开挖、填积、回填、平整、疏松、局部碾压等多种繁重的土石方作业。大型推土机加装松土器后还可以进行土石的劈松作业，加装多齿松土器后可用于劈开较薄的硬土、冻土等，加装单齿松土器除能疏松硬土、冻土外，还可以劈松具有风化和有裂缝或节理发达的岩石。此外，推土机还可给铲运机助铲或预松土，配合挖掘机修整工作面，给大型混凝土搅拌楼喂料，拔除树根，切断直径 300 mm 以下的树木，以及牵引各种拖式土方机械作业。因此，推土机是土石方施工中最基本的工程机械。

图 1-11　履带式推土机外形

推土机的合理作业范围是 50 ~ 100 m，最长一般不超过 150 m。与轮式推土机相比，履带式推土机具有很好的越野性能和较大的牵引力，在降低接地比压之后，可在比压 0.01 MPa 左右的沼泽地带工作。如果采用无线电遥控和激光控制等，推土机还可以在高温或对人体有害的环境下进行推土工作。水陆两用及水中作业推土机还可进行潜水作业。

目前，公路工程施工常用的推土机分类、特点及适用范围见表 1-1。

表 1-1　常用的推土机分类、特点及适用范围

分类形式	分　类	特点及适用范围
按发动机功率分	小型	发动机功率小于 44 kW
	中型	发动机功率为 59 ~ 103 kW
	大型	发动机功率为 118 ~ 235 kW
	特大型	发动机功率大于 235 kW
按行走机构分	履带式	此类推土机与地面接触的行走部件为履带。它具有附着牵引力大、接地比压低、爬坡能力强以及能胜任较为险恶的工作环境等优点，是推土机的代表机种
	轮胎式	此类推土机与地面接触的行走部件为轮胎，具有行驶速度高、作业循环时间短、运输转移不损坏路面、机动性好等优点
按用途分	普通型	此类推土机具有通用性，广泛应用于各类土石方工程中，其主机为通用的工业拖拉机
	专用型	此类推土机适用于特定工况，具有专一性能，属此类推土机的有：湿地推土机、水陆两用推土机、水下推土机、爆破推土机、船舱推土机、军用快速推土机等

续表

分类形式	分　类	特点及适用范围
按铲刀形式分	直铲式	也称固定式。此类推土机的铲刀与底盘的纵向轴线构成直角，铲刀的切削角是可调的。对于重型推土机，铲刀还具有绕底盘的纵向轴线旋转一定角度的能力。一般来说，特大型与小型推土机采用直铲式的居多，其经济性与坚固性较好
	角铲式	也称回转式。此类推土机的铲刀除了能调节切削角度外，还可在水平方向上回转一定角度（一般为±25°）。角铲式推土机作业时，可实现侧向卸土，应用范围较广，多用于中型推土机上
按传动方式分	机械传动式	此类推土机的传动系全部由机械零部件所组成，具有制造简单、工作可靠、传动效率高等优点，但其操作繁重，发动机容易熄火，作业效率较低
	液力机械传动式	此类推土机的传动系由液力变矩器、动力换挡变速箱等液力与机械相配合的零部件组成，具有操纵便捷、发动机不易熄火、可不停车换挡、作业效率高等优点，但制造成本较高、工地修理较难。它是目前产品发展的主要方向
	全液压传动式	此类推土机除工作装置采用液压操纵外，其行走装置的驱动也采用了液压马达，具有结构紧凑、操作轻便、可原地转向、机动灵活等优点，但制造成本高，维修较难
	电气传动式	此类推土机的工作装置、行走机构均采用电动机作动力，具有结构简单、工作可靠、作业效率高、污染少等优点，但受电源、电缆的限制，使用受到局限，一般用于露天矿、矿井作业
按铲刀操纵方式分	钢绳式	铲刀升降由钢绳操纵，简单可靠、维修方便，但不能强制切土，影响性能，所以发展受到一定限制
	液压式	铲刀在液压油缸作用下升降，可实现强制切土，作业性能较好，是目前铲刀操纵的主要方式

2. 推土机的基本作业方法

推土机也是循环作业式机械，每一工作循环包括铲土、运土、卸土和空回 4 个工作过程。其中，铲土作业有以下几种作业方法。

（1）波浪式铲土法

其优点是可使发动机功率得到充分发挥，并缩短铲土时间和距离；其缺点是空回时产生颠簸。

（2）接力式推土法

在取土场较长而土质较硬的场地作业时，可自近而远分段将土推送成堆，然后再由远而近地将各段土堆一次推送到卸土点。

（3）槽式推土法

在运送土壤时，为了尽可能减少运土损失，可在一个固定作业线上多次推运，使之形成一条土槽，或者利用铲刀两端外漏的土壤形成土埂而产生的土槽推运，这样可以增加一次推运土壤的体积，提高生产率。

（4）并列推土法

即两台以上同类型推土机并列起来同步推运土壤，可以减少运土损失，两铲刀间隔以 15 ~ 21 cm 为宜，同时必须掌握好每台推土机的运行速度和方向，避免碰车。

（5）下坡推土法

利用下坡时推土机重力的分力，加速铲土过程和增大运土量，以提高作业效率；一般坡度不宜超过 20°。

（三）铲运机

1. 铲运机的用途及工作对象

铲运机的外形如图 1-12 所示，它是一种生产率高、经济效益好的理想土方运输机械。与推土机相比，它的斗容量比推土机的推土量大得多，因而在土方工程中比推土机具有更高的效率和经济性。与挖掘机相比，一台斗容量为 10 m^3 的自行式铲运机，只需一名驾驶员，在合理运距内一个台班完成的土方量，相当于一台斗容量为 1 m^3 的挖掘机再配备 4 辆载重量为 10 t 的自卸汽车共 6 名驾驶员完成的土方量，其技术经济指标高于单斗挖掘机 5 ~ 8 倍。

图 1-12　铲运机外形

铲运机可在一次工作循环中依次连续完成铲土、装土、运土和铺卸 4 个工作过程，主要用于公路、铁路、农田、水利、机场和港口等大规模的土方工程中。

铲运机可以用来直接完成Ⅱ级以下较软土体的铲挖，对Ⅲ级以上较硬的土，应对其进行预先疏松后再进行铲挖。铲运机还可以对土进行铺卸平整作业，将土逐层填铺到填方地点，并对土进行一定的压实。应注意的是，铲运机适宜于在湿度较小的松散砂土和粉性土中施工，不适宜在干燥的粉砂土及潮湿的黏土中作业。

2. 铲运机的分类、特点及适用范围

铲运机主要根据斗容量、卸载方式、装载方式、行走机构、动力传递方式及操纵系统等进行分类。常用的国产铲运机的分类见表 1-2。

表 1-2 铲运机的分类

分　类	特　点	分　类	特　点
按斗容量分	小型：铲斗容量小于 5 m^3 中型：铲斗容量为 5 ~ 15 m^3 大型：铲斗容量为 15 ~ 30 m^3 特大型：铲斗容量大于 30 m^3	按卸载方式分	自由卸载式 半强制卸载式 强制卸载式
按行走方式分	拖式 自行式	按动力传递方式分	机械传动 液力机械传动 电力传动 液压传动
按行走装置分	轮胎式 履带式	按工作机构的操纵方式分	机械式 液压式
按装载方式分	普通式 升运式		

铲运机的适用范围主要取决于物料特性、运距、机器本身的性能和道路状况（见表 1-3）。国产铲运机的使用条件见表 1-4。

表 1-3 各种铲运机的适用范围

类　别			堆装斗容量/m^3		适用运距/m		道路坡度/%
			一般	最大	一般	最佳	
拖　式			2.5 ~ 18	24	100 ~ 1 000	100 ~ 300	15 ~ 30
自行式	单发动机	普通装载式	10 ~ 30	50	200 ~ 2 000	200 ~ 1 500	5 ~ 8
		链板装载式	10 ~ 30	35	200 ~ 1 000	200 ~ 600	5 ~ 8
	双发动机	普通装载式	10 ~ 30	50	200 ~ 2 000	200 ~ 1 500	10 ~ 15
		链板装载式	9.5 ~ 16	34	200 ~ 1 000	200 ~ 600	10 ~ 15

表 1-4 国产铲运机的使用条件

型　号		斗容量/m^3	牵引方式	功率/kW	操纵方式	卸土方式	切土深度/mm	卸土厚度/mm	适用运距/m
拖式铲运机	CT6	6 ~ 8	履带拖拉机	80 ~ 100	机械式	强制式	300	380	100 ~ 700
	CTY7	7 ~ 9	履带拖拉机	120	液压式	强制式	300	400	100 ~ 700
	CTY9	9 ~ 12.5	履带拖拉机	180 ~ 220	液压式	强制式	300	350	100 ~ 700
	CTY10	19 ~ 12	履带拖拉机	180 ~ 200	液压式	强制式	300	300	100 ~ 700
自行式产铲运机	C6	6 ~ 8	单轴牵引车	120	机械式	强制式	300	380	800 ~ 1 500
	CL7	7 ~ 9	单轴牵引车	180	液压式	强制式	300	400	800 ~ 1 500

（四）装载机

1. 装载机的用途及工作对象

装载机是一种广泛用于公路、铁路、矿山、建筑、水电、港口等工程的土石方施工机械，它主要用来铲、装、卸、运土及砂石一类的散状物料，也可对岩石、硬土进行轻度铲掘作业，如图 1-13 所示。如果换用不同的工作装置，还可以扩大其使用范围，完成推土、起重、装卸其他物料的工作。在公路特别是高等级公路施工中，它主要用于路基工程的填挖、沥青和水泥混凝土料场的集料及装料等作业。装载机具有作业速度快、效率高、操作轻便等优点，因此在国内外得到迅速发展，成为公路建设中土石方施工机械的主要机种之一。

图 1-13　装载机外形

装载机的作业对象主要是各种土壤、砂石料、灰料及其他筑路用散粒状物料等。

2. 常用国产装载机的分类、特点及适用范围

常用国产装载机的分类、特点及适用范围见表 1-5。

表 1-5　常用国产装载机的分类、特点及适用范围

分类形式	分　类	特点及适用范围
发动机功率	小型	功率小于 74 kW
	中型	功率为 74 ~ 147 kW
	大型	功率为 147 ~ 515 kW
	特大型	功率大于 515 kW

续表

分类形式	分　类	特点及适用范围
传动形式	机械传动	结构简单、制造容易、成本低、使用维修较容易；传动系冲击振动大，功率利用差，仅小型装载机采用
	液力机械传动	传动系冲击振动小、传动件寿命高、车速随外载自动调节、操作方便，可减少司机疲劳，多用于大中型装载机上
	液压传动	无级调速、操作简单，启动性差、液压元件寿命较短，仅小型装载机上采用
	电传动	无级调速、工作可靠、维修简单，设备质量大、费用高，多用于大型装载机上
行走系结构	轮胎式装载机 （1）铰接式 （2）整体式	质量轻、速度快、机动灵活、效率高、不易损坏路面，接地比压大、通过性差、稳定性差、对场地和物料块度有一定要求，应用范围广泛。 （1）转弯半径小、纵向稳定性好、生产率高，不但适用于路面，而且可用于井下物料的装载运输作业。 （2）车架是一个整体，转向方式有后轮转向、全轮转向、前轮转向及差速转向，仅小型全液压驱动和大型电动装载机采用
	履带式	接地比压小、通过性好、重心低、稳定性好、附着性能好、牵引力大、比切入力大；速度低、灵活机动性差、制造成本高、行走时易损路面、转移场地需拖运；用于工程量大、作业点集中、路面条件差的场合
装载方式	前卸式	前端铲装卸载，结构简单、工作可靠、视野好，适用于各种作业场地，应用广泛
	回转式	工作装置安装在可回转 90°～360°的转台上，侧面卸载不需调车，作业效率高；结构复杂、质量大、成本高、侧向稳性差；适用于狭小的场地作业
	后卸式	前端装料，后端卸料，作业效率高；作业安全性差，应用不广

3. 装载机的基本操作方法

1）铲装作业

（1）对松散物料的铲装作业

首先将铲斗放在水平位置，并下放至与地面接触，然后以一挡、二挡速度前进，使铲斗斗齿插入料堆中，此后，边前进边收斗，待铲斗装满后，将动臂升到运输位置（离地约 50 cm），再驶离工作面。如装满有困难时，可操纵铲斗上下颤动或稍举动臂。

（2）铲装停机面以下物料作业

铲装时应先放下铲斗并转动，使其与地面成一定的铲土角，然后前进，使铲斗切入土中，切土深度一般保持在 150～200 mm，直至铲斗装满，然后将铲斗举升到运输位置，再驶离工作面运至卸料处。铲斗下切的铲土角为 10°～30°。对于难铲的土壤，可操纵动臂使铲斗颤动，或者稍改变切入角度。其铲装过程如图 1-14 所示。

图 1-14　装载机铲装停机面以下土壤

2）铲装土丘作业

装载机铲装土丘时，可采用分层铲装或分段铲装法。分层铲装时，装载机向工作面前进，随着铲斗插入工作面，逐渐提升铲斗，或者随后收斗直至装满，或者装满后收斗，然后驶离工作面。开始作业前，应使铲斗稍稍前倾。这种方法由于插入不深，而且插入后又有提升动作的配合，所以插入阻力小，作业比较平稳。由于铲装面较长，该方法可以得到较高的充满系数，如图 1-15 所示。

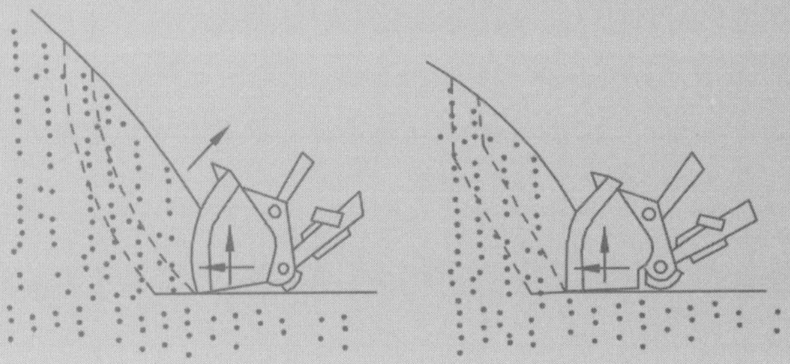
图 1-15　装载机分层铲装法

如果土壤较硬，也可采取分段铲装法。这种方法的特点是铲斗依次进行插入动作和提升动作。作业过程是铲斗稍稍前倾，从坡角插入，待插入一定深度后，提升铲斗。当发动机转速降低时，切断离合器，使发动机恢复转速。在恢复转速的过程中，铲斗将继续上升并装一部分土，转速恢复后，接着进行第二次插入，这样逐段反复，直至装满铲斗或升到高出工作面为止，如图 1-16 所示。

图 1-16　装载机分段铲装作业

4. 装载机的工作过程

装载机的一个工作循环由铲装、转运、卸料和返回 4 个过程构成。

（1）铲装过程

首先将铲斗的斗口朝前，并平放到地面上，如图 1-17（a）所示；机械前进，铲斗插入料堆，斗口装满物料，然后将斗收起，使斗口朝上，完成铲装过程，如图 1-17（b）所示。

（2）转运过程

用动臂将铲斗升起，机械倒退，转驶至卸料处，如图 1-17（c）所示。

（3）卸料过程

先使铲斗对准停止在运料车厢的上空，然后将铲斗向前倾翻，物料即卸于车厢内，如图 1-17（d）所示。

（4）返回过程

将铲斗翻转成水平位置，机械驶至装料处，放下铲斗，准备再次铲装。

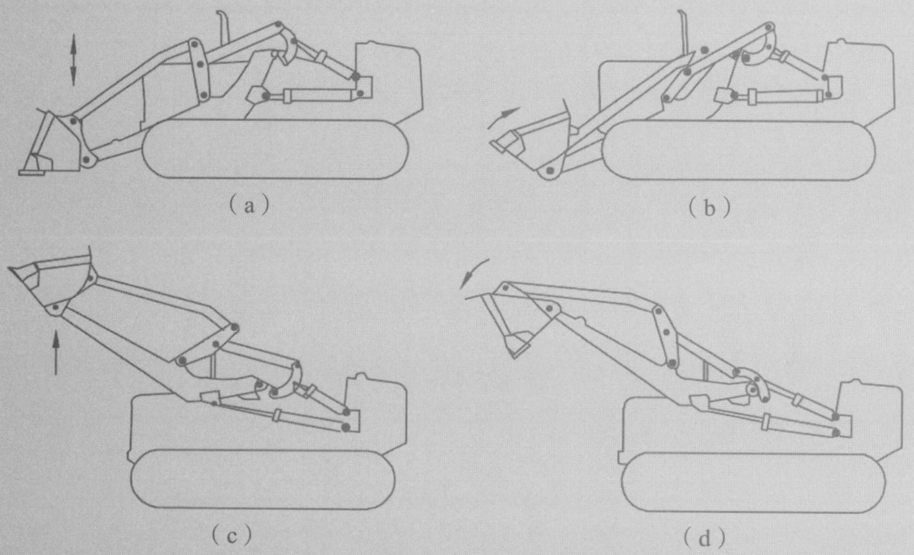

图 1-17　装载机的工作过程

（五）平地机

1. 平地机的用途及工作对象

平地机是一种以铲土刮刀为主，配有其他多种辅助作业装置，可以进行土的切削、刮送和整平作业的工程机械。其外形如图 1-18 所示。

图 1-18　平地机外形

平地机可进行砂石或砾石路面、路基路面的整型和维修，以及表层土或草皮的剥离、挖沟、修刮边坡等整平作业，还可完成材料的混合、回填、推移、摊平作业。平地机配以辅助装置，如耙子、推土铲、松土器、变形刮刀、扫雪器、碾压滚等，可以进一步提高其工作能力，扩大其使用范围。因此，平地机是一种效能高、作业精度好、用途广泛的施工机械，被广泛用于公路、铁路、机场、停车场等大面积场地的整平作业。

2. 平地机的分类、特点及适用范围

平地机按行走方式分为自行式及拖式两种。拖式平地机因机动性差、操作费力已不生产。自行式平地机由于其机动灵活、生产率高而被广泛应用。

自行式平地机按行走车轮数目分为四轮式和六轮式两种。四轮式用于轻型平地机，六轮式用于大中型平地机。

自行式平地机按转向方式分为前轮转向式、全轮转向式和铰接转向式 3 种。

自行式平地机还可按车轮对数或轴数进行分类，其表示方法为车轮总对数（或轴数）×驱动轮对数（或轴数）×转向轮对数（或轴数）。六轮的有 3×2×1（前轮转向，中后轮驱动）、3×3×1（前轮转向，全轮驱动）、3×3×3（全轮转向，全轮驱动）；四轮的有 2×1×1（前轮转向，后轮驱动）、2×2×2（全轮转向，全轮驱动），如图 1-19 所示。

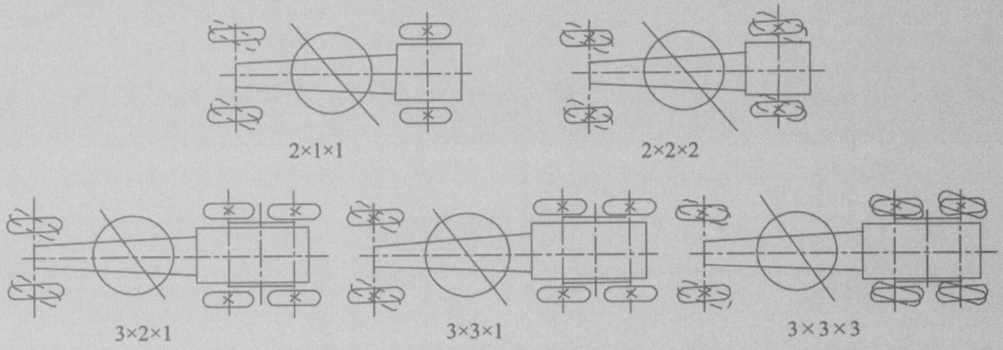

图 1-19　常用平地机按车轮分类示意（车轮上带“×”者为驱动轮）

自行式平地机驱动轮数越多，在工作中所产生的附着牵引力越大，转向轮数越多，机械的转弯半径越小。所以上述几种形式中以 3×3×3 型性能最好，大中型自行式平地机多采用这种形式。另外，大多采用铰接式机架，具有更小的转弯半径，其机动灵活性也更好。

平地机还可按刮刀长度或发动机功率分为轻、中、重型 3 种，见表 1-6。

表 1-6　平地机按刮刀长度和发动机功率分类

类型	刮刀长度/m	发动机功率/kW	质量/kg	车轮数
轻型	<3	44 ~ 66	5 000 ~ 9 000	四轮
中型	3 ~ 3.7	66 ~ 110	9 000 ~ 14 000	六轮
重型	3.7 ~ 4.2	110 ~ 220	14 000 ~ 19 000	六轮

平地机按工作装置（刮刀）和行走装置的操作方法，可分为机械操纵和液压操纵两种。目前，自行式平地机多采用液压操纵。

3. 平地机的基本操作方法

（1）铲土角选择

铲土角即切削角，指刮刀切削刃与地面的夹角。

一般平地机铲土角都有一定的调整范围，以适应不同的作业要求。中等铲土角（60°左右）适用于通常的平整作业。在切削、剥离土壤时，需要较小的铲土角，以降低切削阻力。当进行物料混合和摊铺时，应选用较大的铲土角，这样可以避免大粒物料对铲刀的推挤力，大粒物料容易从刮刀下滚过去，刮刀载料减少，使物料滚动混合作用增强。

（2）刮刀回转角选择

如图 1-20 所示，刮刀回转角 ω 是指刮刃与横坐标（垂直于前进方向）正向的夹角。当回转角增大时，工作宽度 h 减小，但物料的侧移输送能力提高，切削能力也提高，刮刀单位切削宽度上的切削力增大。对于剥离、摊铺、混合作业及硬土切削作业，回转角可取 30°～50°；对于推土摊铺或进行最后一道刮平以及松软或轻质土刮整作业时，回转角可取 0°～30°。

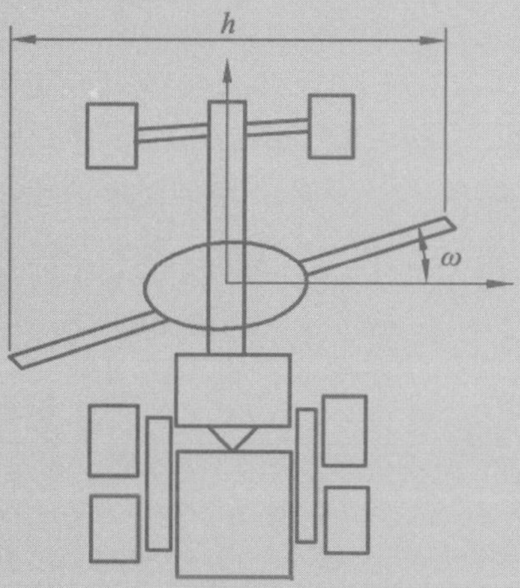

图 1-20　刮刀回转角

在狭窄地段和短距离施工时，将刮刀回转 180°，平地机可以在倒退行驶状态下作业，以提高作业效率。

（3）前轮倾斜的使用

平地机在作业时，由于刮刀有一定的回转角，或由于刮刀在机体外刮侧坡，使机器受到一个侧力的作用，常会迫使机器前轮发生侧移，以致偏离行驶方向，加剧轮胎的磨损，并对前轮的转向销轴产生很大的力矩，使前轮转向（偏摆）的阻力增大。这时，可以采用倾斜前轮的方法来避免。倾斜原则是前轮的倾斜总是与外力呈相抵消状态。

前轮倾斜除了用来抵消机器受到的侧向力外，还可用于刮坡作业时刮刀切入深度的微调，以提高刮削精度。

（4）斜行作业

利用车架铰接或全轮转向的特点，平地机可以斜行作业。在很多作业场合需要采用斜行作业方法，使车轮避开料堆，保持机器更加稳定。

（5）保持机器的稳定

平地机作业时，应尽可能保证后轮在比较平坦的地面上行驶，必要时可以让前轮在坡道上和土丘上行走，而机身放在平坦的地面，以保持机器的稳定。这样机器便于控制，刮刀也易于调节，可以保证具有较好的作业效果。

（6）刮刀侧移

平地机作业时，除了采用前轮或后轮转向操纵机器沿要求的行驶路线作业外，还需要同时操纵刮刀侧移来辅助实现刮刀的运动轨迹。当在弯道上或作业面边界呈不规则的曲线状地段作业时，可以同时操纵转向和刮刀侧向移动，机动灵活地沿曲折的边界作业。当侧面遇到障碍物时，一般不采用转向的方法躲避，而是将刮刀侧向收回，过了障碍物后再将刮刀伸出。

（7）刮刀移土作业

刮土直移作业：将刮刀回转角置为 0°，即刮刀轴线垂直于行驶方向，此时切削宽度最大，但只能以较小的切入深度作业，其主要用于铺平作业。

刮土侧移作业：将刮刀保持一定的回转角，在切削和运土过程中，土沿刮刀侧向流动，回转角越大，切土和移土能力越强。刮刀侧移时，应注意不要使车轮在料堆上行驶，应使物料从车轮中间或两侧流过，必要时可采用斜行方法进行作业，使物料离开车轮更远一些。刮土侧移作业常用于物料混合，将待混合的物料用刮刀一端切入，从刮刀另一端流出，这时应注意刮刀的回转角大小要适当，并要有较大的铲土角。但回转角过大，物料也得不到充分滚动混合，影响混合质量。

刮土侧移作业用于铺平时，还应注意采用适当的回转角，始终保证刮刀前有少量的但却是足够的料，既要保证运行阻力小，又要保证铺平质量。

（六）压实机械

1. 压实的作用

压实机械用于公路、铁路、机场、港口和堤坝等建设工程的压实作业。

在建设公路时，路基土壤和路面铺层都要进行逐层压实，这样公路才能使用。路基土壤压实的目的在于减小土壤的间隙，增加土壤的密实度，提高路基的抗压强度和稳定性，使其达到规定的承载能力。路面铺层压实的目的在于提高被压材料的密实度，使其达到规定的压实度，以抵抗在其上行驶车辆等物体的动力影响，以及雨雪的侵蚀。

在筑路过程中，路基和路面压实效果的好坏，将直接关系到公路的质量和使用寿命。

2. 压实方法

按压实工作机构的作用原理，压实机械有以下几种主要压实方法（压实原理见图 1-21）。

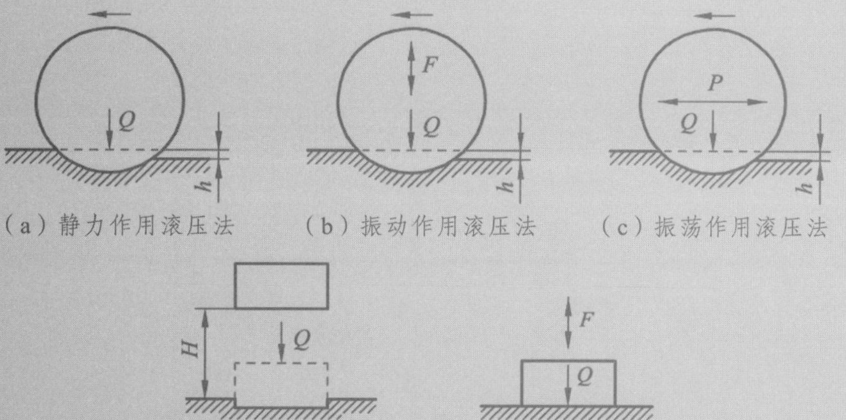

（a）静力作用滚压法　（b）振动作用滚压法　（c）振荡作用滚压法

（d）夯实法　（e）振动夯实法

Q—静压力；F—振动力；P—剪切力；H—落下高度；h—永久变形。

图 1-21　压实原理示意

（1）静力作用滚压法

压路机滚轮沿被压实面往返滚动运行，滚轮分配质量的静压力作用，使被压实层达到压实，见图 1-21（a）。这类压实机械包括各种光轮压路机、轮胎压路机和拖式压路机等。

（2）振动作用滚压法

压路机滚轮高频振动对被压实层做快速反复冲击并与滚轮的滚压相结合，振动力和滚轮分配质量的静压力综合作用，使被压实层达到压实，见图 1-21（b）。这类压实机械包括各种自行式振动压路机、拖式振动压路机和手扶式振动压路机等。

（3）振荡作用滚压法

压路机滚轮高频振荡（摆动）对被压实层做快速反复冲击并与滚轮的滚压相结合，振荡力矩产生的剪切力和滚动分配质量的静压力综合作用，使被压实层达到压实，见图 1-21（c）。这类压实机械包括自行式振荡压路机和具有振荡功能的多功能压路机。

（4）夯实法

利用压实机构从一定高度落下产生的冲击夯实力使被压实层达到压实，见图 1-21（d）。这类压实机械包括各种内燃式打夯机、电动式打夯机及冲击式压路机。

（5）振动夯实法

压实机构高频振动，同时以冲击夯实力和振动力作用，使被压实层达到压实，见图 1-21（e）。这类压实机械包括振动平板夯和快速冲击夯等。

另外，压实机械按压路机行驶方式可分为自行式、拖式和手扶式三种；按压路机滚轮的外部结构可分为光轮、凸块轮、羊脚轮和充气轮胎式等。

3. 压实机械的使用范围

1）静力作用压路机

（1）光轮压路机

光轮压路机的滚轮是圆柱形筒体，以压路机滚轮分配质量的重力压实筑路材料铺层，而且滚轮可加沙或水等一定质量的配重，改变其滚轮线压力。滚轮未加配重时，压路机为最小工作质量，滚轮加足配重后，压路机为最大工作质量，这样可扩大压路机的应用范围。其外形如图 1-22 所示。

图 1-22　三轮二轴式光轮压路机

光轮压路机按工作质量可分为轻型、中型、重型和超重型，其使用范围见表 1-7。

表 1-7　光轮压路机使用范围

压路机形式	工作质量/t	驱动轮线荷载/（N/cm）	使用范围
轻型	≤4/5	<350	压实人行道和修补路面，路基和路面的初步预压实
中型	6/8～8/10	350～550	路基和路面的中间压实及简易路面的最终压实
重型	10/12～12/15	550～800	中等级公路的路基和路面及沥青混凝土路面的最终压实
超重型	≥15/18	>800	高等级公路的路基及黏土和坚硬石料的压实

（2）轮胎压路机

轮胎压路机机动性好，调运方便，压实作业时筑路材料与轮胎同时变形，全压力作用时间长、接触面积大，并有揉合作用，压实效果好，适用于压实黏性土及非黏性土，如黏土、砂黏土和砂砾土等。其外形如图 1-23 所示。

图 1-23　轮胎压路机

（3）羊脚压路机

羊脚压轮能提高对黏土表面的作用力，且能破碎土层中坚硬的团块，压实深度大而均匀，因而有很好的压实效果和较高的生产率。羊脚压路机用于黏性土分层压实，而不适用于非黏性土和高含水量土的压实。

（4）凸块式压路机

凸块式压路机又称压实机，具有圆柱形筒状的滚轮，在其上焊有多排对称状的凸块，与羊脚滚轮羊脚的结构布置相似，但凸块高度较低，个数较少。静力式凸块压路机最大工作质量可达 40 t，压实铺层厚度可达 0.3 m。这种压路机可高速工作，凸块对被压材料产生附加冲击荷载，凸块对土壤也有挤压和揉合作用，它的生产率（m^3/h）通常比羊脚压路机高，而且压实面层的质量比羊脚压路机更加均匀和密实。凸块式压路机适用于大型黏土工程及垃圾的压实，所以其代替羊脚压路机已是一种趋势。其外形如图 1-24 所示。

图 1-24　凸块式压路机

2）振动压路机

振动压路机种类很多，使用范围广。光轮振动压路机（见图 1-25）最适用于压实非黏性土壤、碎石、块石、堆石、沥青混凝土及各种类型和厚度的沥青铺层，这种压路机不起振时可作为静力式压路机使用。羊脚或凸块式振动压路机既可压实非黏性土，又可压实含水量不高的黏土和细颗粒砂砾石，以及碎石和土的混合料。振动凸块式压路机比静力式凸块压路机能压实更厚的铺层，其压实的铺层厚度可达 0.4 m。

图 1-25　轮胎驱动单钢轮振动压路机

振动压路机适用于高等级路面的面层和基层压实，其压实面层的密实度和平整度超过静力式压路机，对可碾压的水泥混凝土材料（RCC 材料）也能很好地压实。

振动压路机使用范围见表 1-8。

表 1-8 振动压路机使用范围

质量和形式	块石	砂、砾石		粉土、粉质土、冰碛土		黏土	
		优良级配	均匀粒级	粉质砂、粉质砾石、冰碛土	粉土、砂质粉土	低、中强度黏土	高强度黏土
3 t 以下光轮		□	□	□	□		
3～5 t 光轮		●	●	□	□	□	
5～10 t 光轮	□	●	●	●	□	□	□
10～15 t 光轮	●	●	●	●	□	□	□
振动凸块式			□	□	●	●	●
振动羊脚式			□	□	□	●	●

注：●表示适用，□表示可用。

3）夯实机械

夯实机械分为振动夯实机械和冲击夯实机械，其体积小、质量轻，主要用于狭窄工作面的土层、石碴的压实。振动夯实机械用于非黏性土、砾石、碎石的压实，而冲击夯实机械或夯实板则适用于黏土、砂质黏土和灰土的夯实作业。

冲击式压路机（见图 1-26）的出现引起了工程界极大的关注。南非 Aubrey Berrange 首创了能获得巨大冲击力（理论计算可达 40 kN）、影响深度可达 2.5 m 的高效冲击式压路机，它的压实轮形状有三边、四边、五边和六边形，有实体、空体和可充填式十几个机种。它对土方压实能产生极强的冲击波，具有地震波的传播特性，大大提高了土方嵌锁的紧密程度，减少了路堤施工后的沉降变形；它对更宽含水量土壤压实适应性好，尤其对干旱地区（中国中西部岩土层）更具优势；它还能够实现自检压实，通过低频、大振幅、高能量冲击土体，使其由弹塑性状态变为弹性复原状态，在路床下形成一个 2 m 左右厚的连续稳定加强层，而表面则凭借所获得的沉降量直观地检测原路基的压实质量，并在这种检测中使其得到补压，即称之为“检测性增强补压”。这种大面积 100%的检测是其他任何路基检测手段力所不及的，也是其他压路机不可比拟的。总之，该机种非常适用于公路建设，实现稳地基、强路床、薄面（简称强基薄面）的压实作业。对于其他如机场、土石坝等基础设施建设，这种方式也是提高工程质量的有效压实手段。

图 1-26　冲击式压路机

二、施工作业

（一）土方开挖

1. 利用单斗挖掘机开挖

单斗挖掘机在公路工程中常用来开挖路堑和填筑路堤，一般均需自卸汽车配合。在进行路基土方施工前，应根据现场的施工条件，如地形、取送土位置、土壤等级、土方量、施工进度要求等，选择适宜的铲斗、斗形、斗容量，然后根据既定的挖掘机性能决定施工设计方案。

1）正铲和反铲挖掘机开挖路堑

在开挖路堑时，应严格按照路堑纵横断面图去土，不超挖。为了正确做出路堑开挖施工方案，首先应根据既定挖掘机的性能（动臂和斗柄长度、挖掘半径、挖掘高度）按比例设计出挖掘机的工作断面图，然后用它在同一比例的路堑断面图上套绘出各种布置方案的工作断面图，从中确定最佳施工方案。该最佳施工方案应使掘进道数目、运输道路的转移次数和所留土角最少；工作面的最大高度不应超出该类土壤和该型挖掘机所容许的高度，掘进道具有较大的缓坡，以利于运输和排水。挖掘机的工作断面图上应标明各掘进道桩号、机械和自卸汽车的位置以及工作面的曲线轮廓等，并且在路堑纵断面图的若干个里程桩号处也应有工作断面图，以精确定出挖掘机位置、工作道路和挖掘土方（见图 1-27）。

用正铲挖掘机挖路堑时，一般先采用正向开挖，按其断面大小分层纵向掘进，然后根据路堑宽度要求选取侧向开挖或联合开挖法。

（1）侧向开挖路堑

侧向开挖路堑适用于开挖深路堑。图 1-27 所示为侧向分层开挖深路堑时挖掘机在纵横断面上停置的位置和顺序。第一掘进道工作面因自卸汽车停在路堑边沿受料，故挖掘高度较低。其他各个掘进道按图示顺序进行，自卸汽车停在前一个掘进道的边沿受料。挖掘机在挖完一个掘进道到达尽头时，可退回或回头反向开挖下一掘进道。

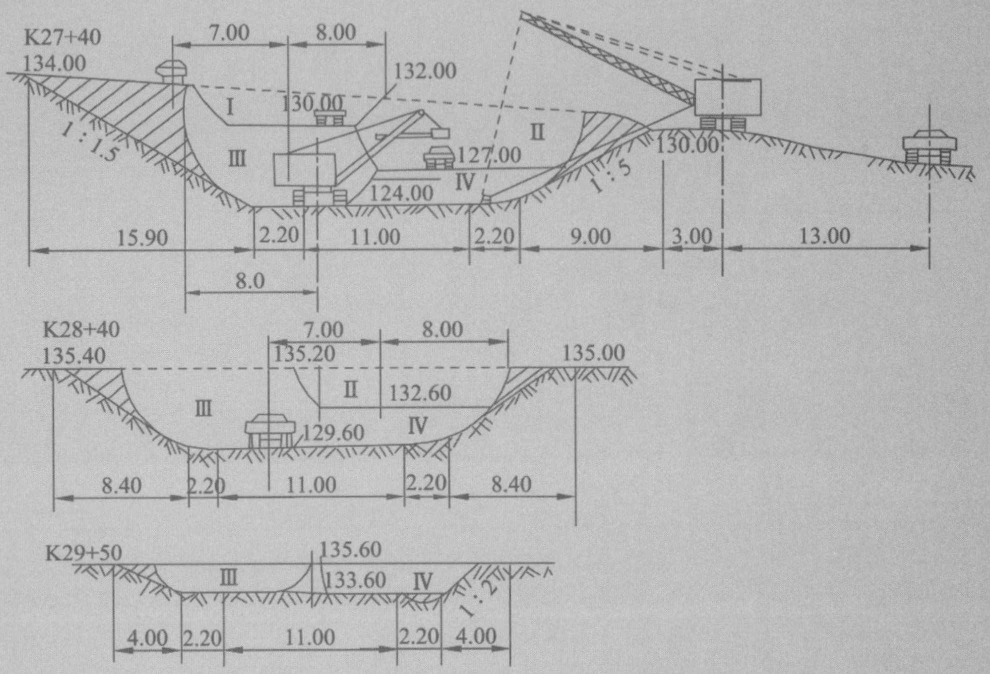

图 1-27　挖掘机侧向开挖工作断面

挖掘机开挖后在路堑边坡上留下的土角，可用拉铲挖掘机或推土机来进行调整。

（2）正向开挖法开挖路堑

正向开挖法开挖路堑主要用于路堑深度在挖掘机的最大挖掘高度范围以内的路堑，挖掘机一次向前开挖全路堑至设计标高，自卸汽车则与挖掘机留在同一水平面的后面或两侧（见图 1-28）。路堑较宽时，需多次掘进，才能全部挖完（见图 1-29）。

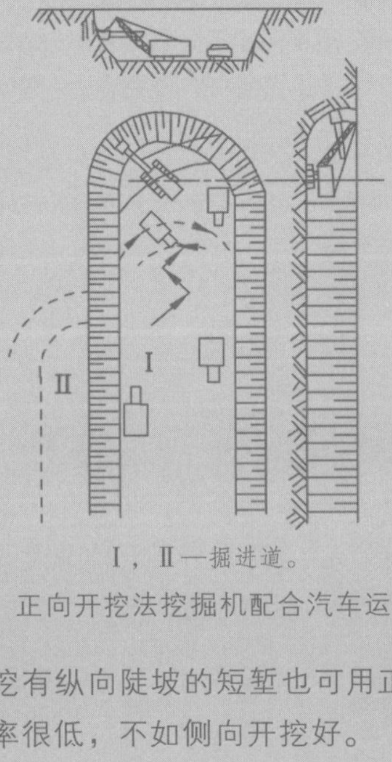

Ⅰ，Ⅱ—掘进道。

图 1-28　正向开挖法挖掘机配合汽车运输布置

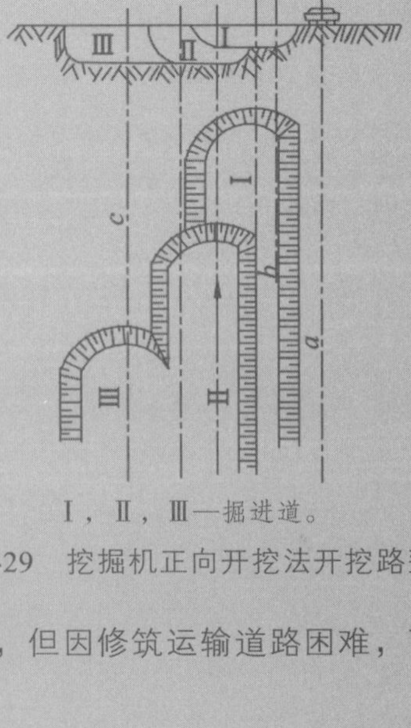

Ⅰ，Ⅱ，Ⅲ—掘进道。

图 1-29　挖掘机正向开挖法开挖路堑

开挖有纵向陡坡的短堑也可用正向开挖法施工，但因修筑运输道路困难，而且生产率很低，不如侧向开挖好。

2）拉铲挖掘机开挖路堑

拉铲挖掘机适用于土壤松软且直接弃土于附近弃土堆的路堑开挖。

为了充分发挥挖掘机的性能，提高生产率，在施工前也应进行周密的施工组织设计，要充分考虑施工现场条件、路堑断面形状、土方量、弃土堆的位置与距离、动臂在平面上的转角、最大挖掘半径等因素。工作面尺寸大小和形式、机械运行方向、汽车行驶路线、弃土堆形状等与正铲挖掘机施工图所规定的相同。如果两侧弃土开挖路堑，弃土堆的位置离路堑中心线的距离在挖掘机卸料半径范围以内时，则挖掘机可停置在路堑中线上进行全断面开挖，如图 1-30（a）所示。反之，则采取两掘进道开挖。如果一侧弃土开挖路堑，挖掘机应沿路堑边缘作业，如图 1-30（b）所示。

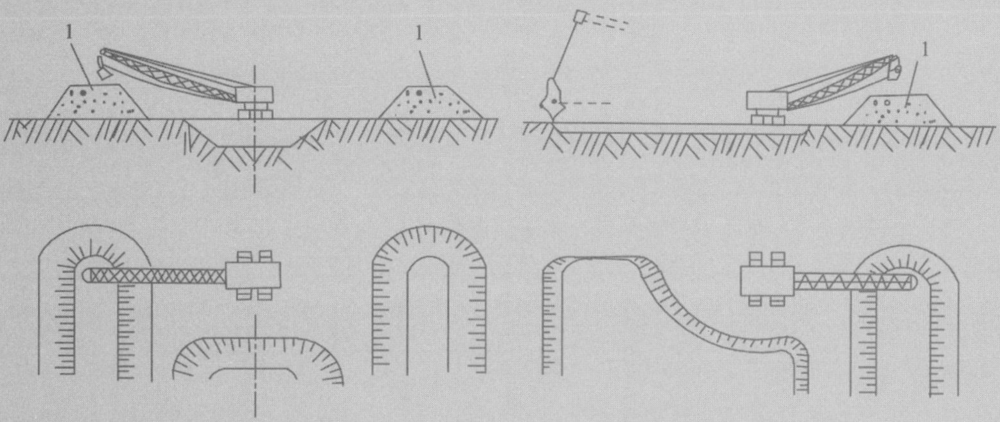

（a）停置在路堑中线上作业　　（b）沿路堑边缘作业

1—弃土堆。

图 1-30　拉铲挖掘机开挖路堑

2. 利用推土机开挖

1）施工前的准备工作

（1）清除地面丛林、树干及障碍物。

（2）排除施工地区的地面水。在施工区域内设置临时性或永久性排水沟，将地面水排走。山坡地区，可在较高处（离边坡土沿 5～6 m）设置截水沟，阻止地面雨水流入挖填区域内，或在需要的地段修挡水坝阻水。

（3）建筑物放线或设立标志。施工前，在地面定出土方工程的轮廓，这是一项极其重要的工作。大面积土方施工时，均以树立明显标志来替代放线，通常使用木桩、花杆或带色小旗，以便识别建筑物的边线、中心线和边坡脚线的位置。

（4）规划推土机的走行路线。提高推土机的生产率，取决于采用正确的施工方法、减少土方的运送距离、加快机器的运输速度、缩短非生产时间。因此，在施工前必须合理规划推土机的走行路线，并铺筑必要的运输干道。

以上准备工作对非推土机类工程机械的施工也有参考价值。

2）推土作业一般施工技术

（1）直铲作业

① 直铲推土机的铲土作业

推土机铲土时，首先使铲刀切入土内一定深度，然后边推边前行，以最短的时间、最短的距离铲满土或多铲土，此为铲土过程。一般常用接力铲土法，即分次铲土、叠堆推送的方法。接力铲土法可分 4 次、6 次等接力铲土。次数的多少则根据土壤类别、铲土深度和铲土长度来决定。一般遇Ⅰ、Ⅱ类松土时，铲土厚度可深一些，铲距长一些，次数少一些；反之，遇到Ⅱ、Ⅲ类土壤时，则铲土深度浅一些，铲距短一些，次数多一些。图 1-31 为接力推土法。

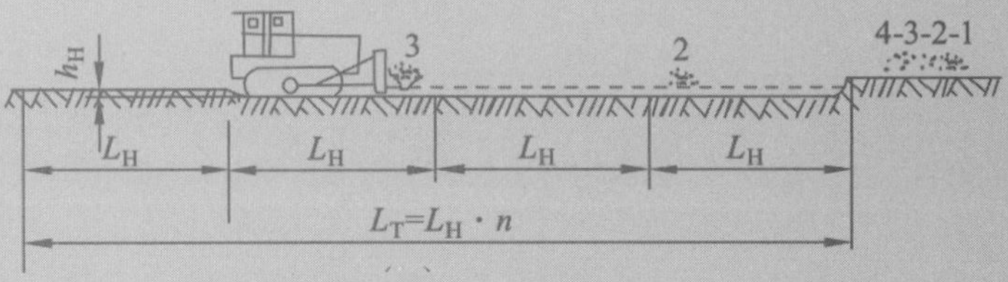

（a）4 次接力推土法

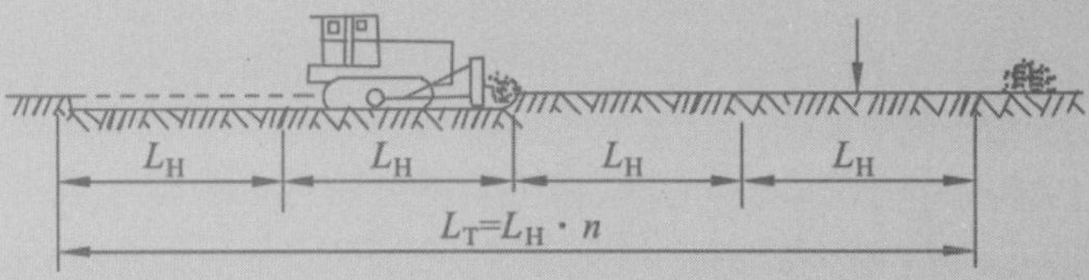

（b）刨削式铲土

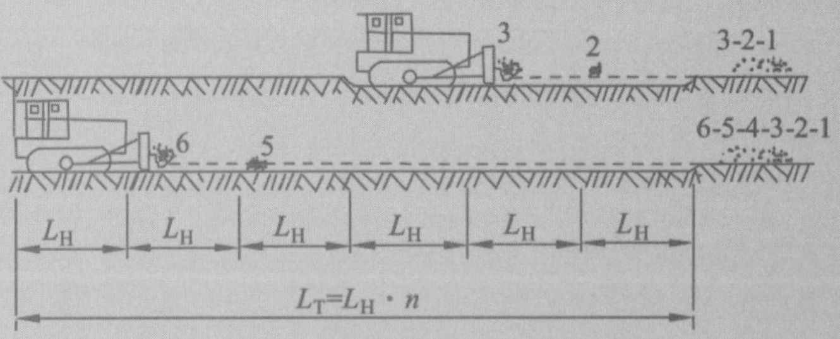

（c）6 次接力推土法

L_H—铲土长度；h_H—铲土深度；L_T—工作地段长度（$L_T=L_Hn$），n—分段数。

图 1-31　接力推土法

② 直铲推土机的运土作业

铲土过程结束后，适当提高铲刀，使之处于恰当的送土位置，并将土堆推送到卸土地点，此为运土过程。推土机运土时，为了尽可能减少运土损失，常用沟槽推土法[见图 1-32（a）]、并列推土法[见图 1-32（b）]和刀架加挡板法[见图 1-32（c）]。

（a）沟槽推土法

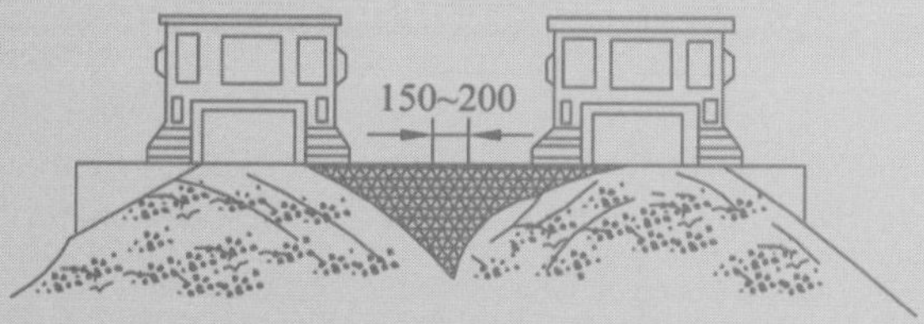

（b）并列推土法

（c）刀架加挡板法

图 1-32　几种运土方法

③ 直铲推土机的卸土作业

推土机通常是用提升铲刀的方法完成卸土作业的。卸土的方法视施工条件不同而异。图 1-33 为推土机分层填土、行驶卸土的情况。

图 1-33　推土机分层填土法

图 1-34 所示为推土机自路侧借土坑或自路堑运土填筑路堤过程中，前进或停止后慢提升铲刀卸土，有时又重新放下铲刀架，倒退行驶拖平土壤的情况。

（a）局部填土　　　（b）提起铲刀卸土、下坡推平

图 1-34　推土机局部填土法

图 1-35 所示为推土机填塞沟堑、土坑及填筑路堤时，采用迅速提起铲刀来卸土的情况。

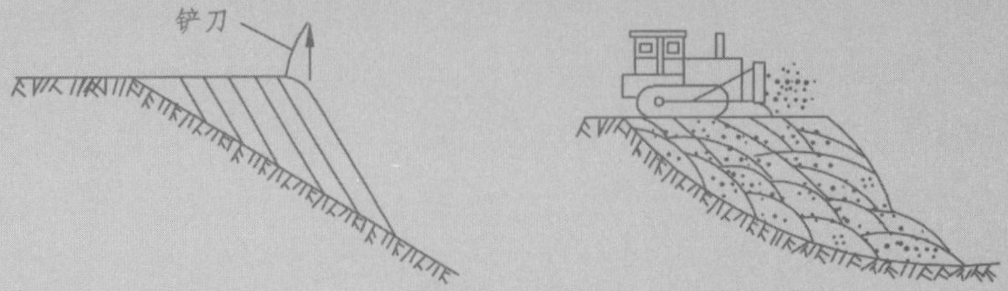

图 1-35　推土机填塞边坡下沟槽等卸土法

（2）斜铲作业

斜铲作业主要用于傍山铲土、单侧弃土或落方推运。

此时，推土铲刀的水平回转角一般为左右各 25°。作业时，一边切削土壤，一边将土壤移至一侧。

斜铲推土机的铲土、运土和卸土 3 个过程是同时连续进行的，大都采用低速挡行进。推土机在进行斜铲作业时，应注意机器直行，以免机身受力转动。斜铲作业的经济运距一般较直铲为短，生产率也低。

（3）侧铲作业

在铲掘 Ⅱ ~ Ⅳ级的实土堆、小丘、台地以及冻土块时，一般的直铲与斜铲作业不能满足施工要求，此时，必须把铲刀刀片调整为侧倾。一般在Ⅳ级土壤上其倾角为 4° ~ 8°，在斜坡上工作时调为 5°。此时，只用铲刀的一端工作（见图 1-36）。

（a）侧铲削坡　　（b）侧铲挖沟

图 1-36　推土机侧铲作业

大型推土机是通过液压系统自动调整铲刀侧倾角度的，而中小型推土机大多需用人力来进行。因此，在推土机作业中，应尽可能不进行铲刀的调整，以免影响生产率。

3）推土机开挖时的合理使用

推土机合理使用要点如下：

（1）推土机在 Ⅲ ~ Ⅳ级土壤或多石地带作业时，应先进行爆破或用松土机疏松。

（2）填沟作业时，铲刀不能超出沟坡边缘。后退时，应先换挡，然后提升铲刀进行倒车。

（3）在深沟、基坑或陡坡地区作业时，必须有专人指挥，其垂直边坡深度一般不超过 2 m，否则应放出安全边坡。

（4）推倒房屋的围墙或旧房墙面时，墙面高度一般不超过 2.5 m。不宜推带有钢筋或与地基基础连接的混凝土桩等建筑物。

（5）在电杆附近推土时，铲刀板前应保持一定的土堆，用推土机推倒树干时，应注意树干的倒向和高空架设物。

3. 利用铲运机开挖

铲运机开挖路堑的作业方式有移挖作填、挖土弃掉式综合施工等。图 1-37 为综合作业方式的运行路线。

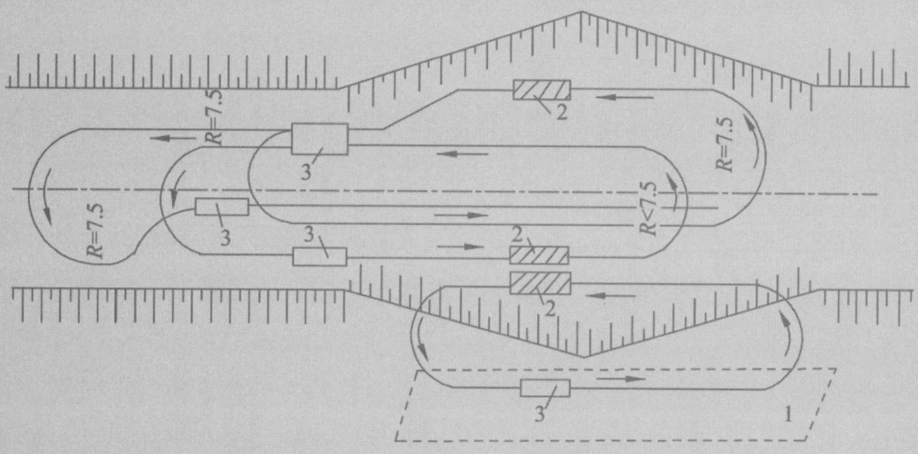

1—弃土堆；2—铲土；3—卸土。

图 1-37 综合作业方式的运行路线（单位：m）

铲运机开挖路堑，应先从路堑两边开始，如图 1-38 所示，以保证边坡的质量，防止超挖和欠挖；否则，将增加边坡的修整作业量。

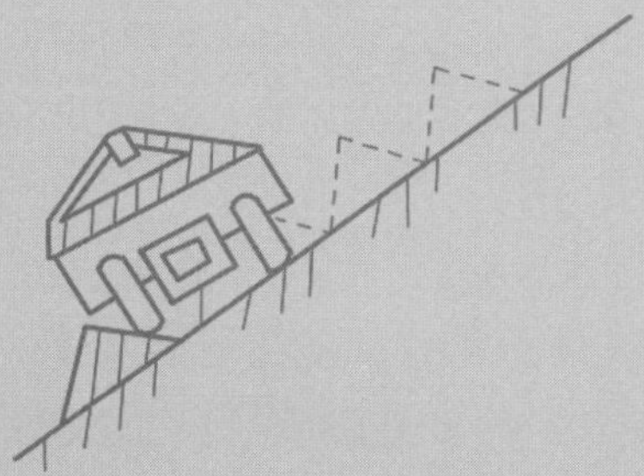

图 1-38 铲运机开挖路堑的顺序

图 1-39 所示的傍山挖土是修筑山区道路的挖土方法。施工前，先利用推土机将坡顶线推出，并修出铲运机作业的上下坡道，作业应按边坡线分层进行，保持里低外高的作业断面，如图 1-39（a）所示。若施工作业断面里高外低时，可先在里面铲装几斗，形成一土坎，并使一侧轮胎位于土坎上，使铲运机向里倾斜，然

后铲装几斗后，便可形成外高内低的工作面，如图 1-39（b）所示。但傍山挖土多用推土机和挖掘机进行。

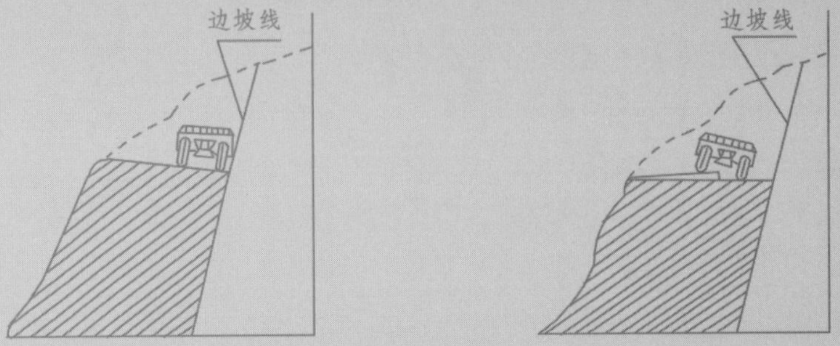

（a）里低外高作业断面　（b）利用土坎形式外高内低作业

图 1-39　铲运机傍山挖土

4. 利用装载机开挖

装载机开挖作业的铲装方法有一次铲装法、配合铲装法和挖掘机铲装法 3 种。

（1）一次铲装法

装载机直线前进，铲斗刀刃插入料堆，直至铲斗后壁与料堆接触装载机才停止前进，当铲斗向上转至装满位置后提升动臂至运输高度，如图 1-40（a）所示。一次铲装法是最简单的铲装方法，对驾驶员操作水平要求不高，但其作业阻力大，需要把铲斗很深地插入料堆，因而要求装载机有比较大的插入力，同时需要很大的功率来克服铲斗上翻的转斗阻力，常用在铲装容重轻、工程量大、堆积较高的松散物料，如砂、煤、焦炭等。

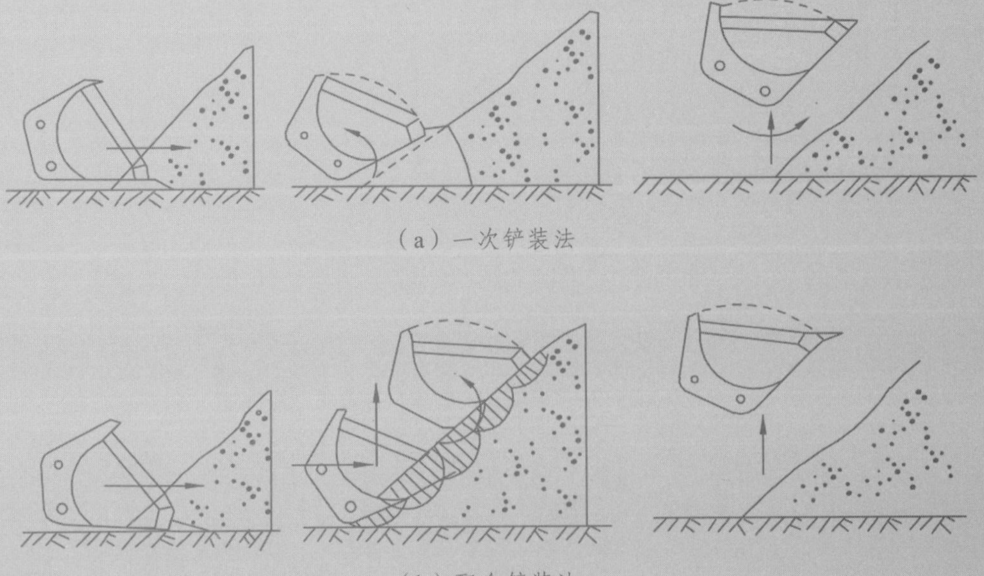

（a）一次铲装法

（b）配合铲装法

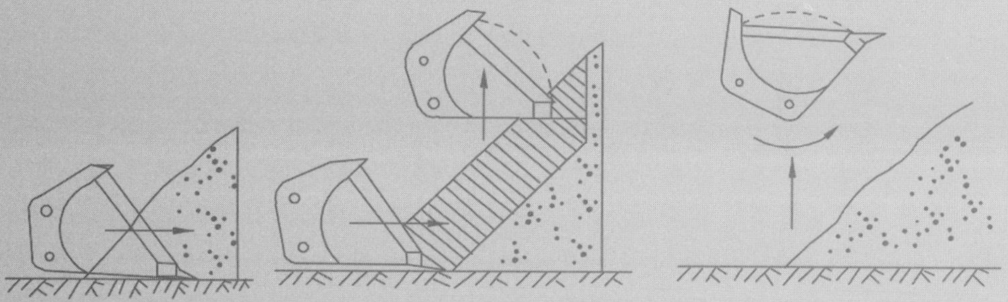

（c）挖掘机铲装法

图 1-40 装载机铲装方法

（2）配合铲装法

装载机在前进的同时，配合转斗和动臂提升动作进行铲装作业，即当铲斗插入料堆不大的深度（0.2～0.5 斗深）时，在装载机前进的同时，间断地操纵铲斗上翻，并配合动臂提升，直至装满铲斗，如图 1-40（b）所示。这种方法适用于较硬的土层或工程量较大且分铺面广、厚度不大的土料。采用配合铲装方法，铲斗不需要插得很深，靠插入运动与斗刃转动、提升运动的配合，使插入阻力大大减小，铲斗也容易装满。该方法是一种比较有效的作业方法，但要求驾驶员具有较高的操作水平。

（3）挖掘机铲装法

挖掘机铲装法也称迎面施工法。当铲斗插入料堆一定深度后，装载机类似挖掘机工作状态，整机停滞在地面上，借助动臂上抬和转斗使斗齿沿工作面由下部向上摆动，形成内弧工作带。铲斗上移，切土与装料同步进行，当斗刃离开料堆后，铲斗转至运输位置，如图 1-40（c）所示。该方法适用于工作面位置较高、土质较坚硬的施工场合。

5. 利用平地机开挖

1）平地机作业

（1）平地作业

平地作业有下面几种方法（见图 1-41）：

① 正铲平整作业：刮土板垂直于平地机的纵向轴线，平地机直线前进完成平整作业。刮土板以较小的入土深度和最大的切削宽度工作，如图 1-41（a）所示。

② 刮土和移土作业：平地机斜身直行时，将刮土板置于与前进方向成某一角度，则刮起的土被移至一侧，如图 1-41（b）所示。这一作业方式也可用于大量筑路材料的搅拌作业。由于刮土板可在不同方向上做不同程度的回转，所以可以根据作业需要进行多种选择。

③ 将牵引架侧摆，同时引出刮土板，可对机器侧边较远地方加以平整，如图 1-41（c）所示。

④ 借助铲刀回转 180°，平地机可在不需掉头的进退行驶状态实现往返作业。这一情况多用于机器无余地掉头或可以掉头但较困难时。因为回转刮土板 180°所需时间较机器掉头所花时间短，对于熟练的平地机驾驶员，在进行大面积平整作业时，为了提高作业效率，也往往采用这种方法，如图 1-41（d）所示。

⑤ 如果被平整的平面的边界是不规则的曲线（边界有曲线障碍物），驾驶员可以通过同时操纵转向和刮土板的引入或伸出，机动灵活地沿曲折的边界进行作业，如图 1-41（e）所示。

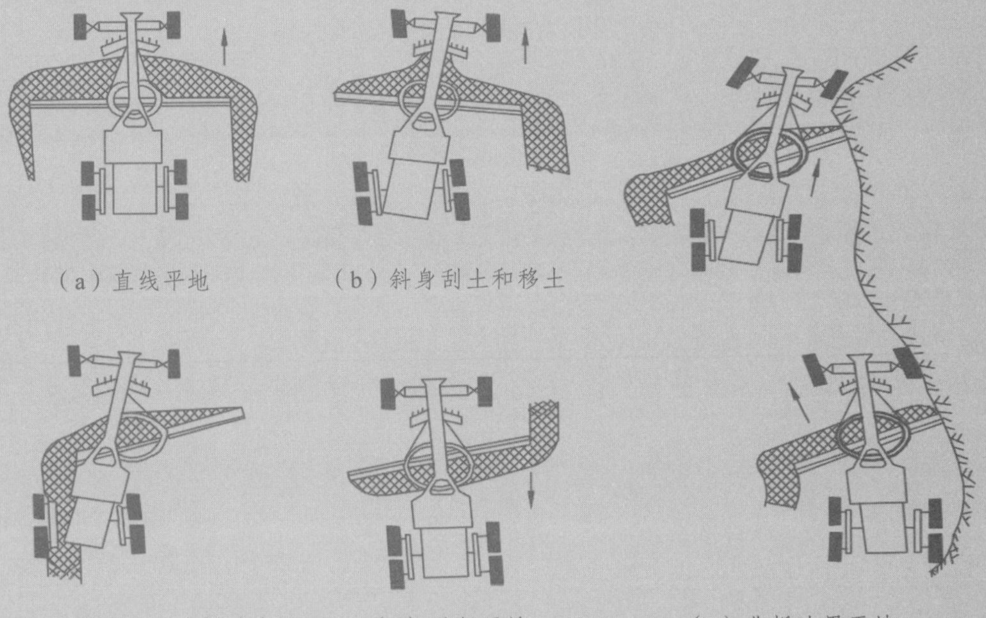

（a）直线平地　（b）斜身刮土和移土　（c）斜身引出刮土板移土　（d）退行平地　（e）曲折边界平地

图 1-41　平地作业

（2）刷坡作业

刷坡是一种对斜坡表面的平整作业。需要修刷的坡面有路堤坡、路堑坡、取土坑和边沟坡等。在刷坡时，平地机的刮刀要侧向伸出，并调成与坡面相适应的倾角，平地机以一挡行驶，为使行驶稳定，前轮应向刮刀侧伸反方向倾斜。路堤坡的修刷如图 1-42 所示。

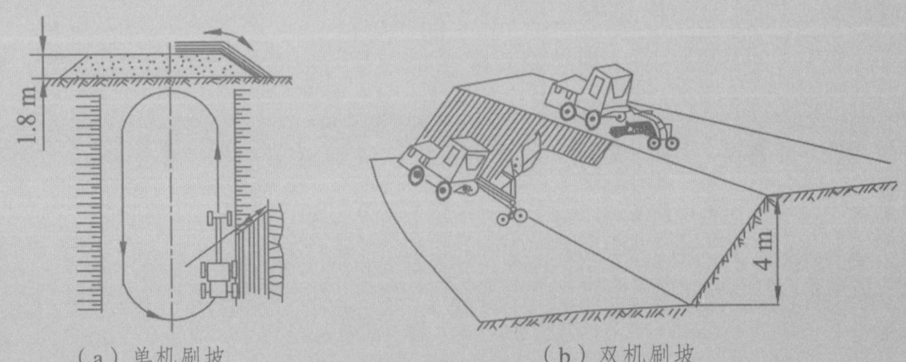

（a）单机刷坡　（b）双机刷坡

图 1-42　路堤坡的修刷

当路堤坡高于平地机刮刀所能修刷的范围但坡面长度小于刮刀长度时，可用一台平地机在路堤上沿路堤边缘环形行驶，如图 1-42（a）所示。如果路堤较高，一台平地机无法修刷全坡时，则可用两台平地机联合作业，一台平地机在路堤上向下刮土，另一台平地机在路基边缘沿取土坑向上刮土，如图 1-42（b）所示。开始时，在路堤上的平地机应先行一步（先行 10 m 以上），然后堤下的平地机再开始工作，这样不会因堤上平地机工作时所刮下的土壤散落而影响堤下的平地机工作，同时也便于堤下平地机驾驶员按照堤上平地机所刮成的边坡斜度为标准，把两个平面连成一个斜面。若修刷边坡与修整路型结合进行时，可装用下弯的刷坡刀，平地机沿路堤边驶过，即可同时修整路堤和修刷坡面。

路堑坡面的修刷如图 1-43 所示。先将刮刀倾斜于机侧，然后使刮刀上端朝前，平地机以一挡前进并放刀切土，于是被刮下的土壤顺刀卸于左右车轮之间，然后再将这些土移走。

（a）刷边沟边坡　　（b）刷路堑边坡

图 1-43　平地机修刷边沟边坡和路堑边坡

刷路堑边坡时刮土角应大些，刷边沟边坡时刮土角应小些。

若要修刷 90°陡坡，应将平地机刮刀倾角调整 90°。为达到此目的，首先要改变刮刀升降机构的支承位置，然后靠刮刀的倾斜、侧伸和升降 3 个机构的协调工作来实现。

2）平地机的安全操作

（1）每天出车前，必须检查制动装置和转向装置的功能。

（2）机器下坡时必须挂挡，防止超速。

（3）平地机非作业行驶时，必须将铲刀、耙子等作业装置提升到最高位置，并将铲刀斜置，铲刀两端不得超出后轮外侧。

（4）平地机车身长、轴距大，因而转弯半径大，故在掉头和转弯时应使用低速挡，在正常行驶时应用前轮转向，只有在场地狭窄时才允许使用后轮转向。

（5）铲刀回转、铲土角调整以及牵引架向机外引出都必须在停机时进行，同时应避免铲刀调整时可能与轮胎等发生碰撞。

（6）在较坚硬地面松土时，应缓慢下落齿耙，以免折断齿尖；不得使用平地机代替推土机完成繁重的推土及松土作业。

（7）禁止平地机拖拉其他机械。

（二）运土作业

1. 挖掘机运土

由于履带式挖掘机自重大、工作运行速度低，一般不能用于运土。在工程量较少、运输距离较短、其他运输机械不宜进场作业的情况下，可选用轮式挖掘机挖掘并运土。绝大部分施工情况下，应采用履带式挖掘机与自卸汽车配套作业，由自卸汽车运土。

2. 铲运机运土

铲运机运土主要考虑斗容量大小、运输距离及运行线路。常见的运行线路如下：

（1）环形运行路线

如图 1-44（a）所示，铲运机自路线外的单侧或两侧取土坑取土填筑路堤，或挖掘路堑弃土于路堑两侧时可按环形路线运行。完成一个循环的铲土、运土、卸土、回驶 4 个过程中，有两次转向时间的消耗。这种运行路线大多用于工作地段狭小、运距短而高度不大的填堤或挖堑工作。

（2）8 字形运行路线

如图 1-44（b）所示，8 字形运行路线由两个环形连接而成，省去了两个急转弯。此运行路线中重载上坡的坡道较缓，重载与空载行驶路程较短。一次循环运行中，可完成两次铲土和卸土工作，效率较高。机械左右交替转弯，可使机械磨损均匀。其缺点是要有较大的施工工作面，地形要平坦，多机同时施工时容易互相干扰。

（3）之字形运行路线

如图 1-44（c）所示，之字形运行路线成锯齿状，无急转弯，效率高。这种运行路线适用于工作地段较长的施工对象，并适宜于机群工作。其缺点在于循环太大（填挖到尽头后再转弯反向运行），松碎泥土的距离较长，遇雨季难以施工，因而停工时间多，必须要有周密的施工组织才行。

（4）穿梭式运行路线

如图 1-44（d）所示，与上述几种运行路线比较，穿梭式运行路线的优点是：全程长度短，空载路程少，一个循环运行中有两次装土和卸土作业，效率高。其缺点是只适用于两侧取土，且转弯时间长。

（5）螺旋形运行路线

如图 1-44（e）所示，螺旋形运行路线实际上是穿梭式的变形。按此路线运行一圈有两次铲土与卸土，其运距短、效率高。

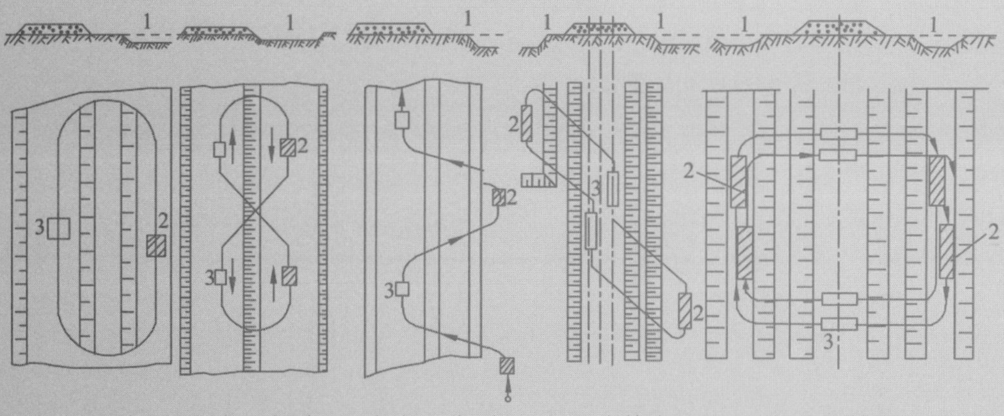

(a) 环形运行路线　(b) 8字形运行路线　(c) 之字形运行路线　(d) 穿梭式运行路线　(e) 螺旋形运行路线

1—取土坑；2—装土；3—卸土。

图 1-44　铲运机运行路线

铲运机在施工中应根据具体条件采用相应形式的运行路线。在布置运行路线时，应考虑“挖近填远，挖远填近”的原则，即创造下坡取土的条件，并保持一段较平坦的运土路线。

3. 推土机运土

由于推土机运土是借助推土刀与地面形成的包容空间进行前移，泥土容易侧向泄漏，所以不宜长距离运土（经济运距小于 100 m）。为了实现较长距离运土，可采用如下方法：

（1）接力式推土法

在取土场较长而土质较硬的场地作业时，可自近而远分段将土推送成堆，然后再由远而近地将各段土推一次推送到卸土地（见图 1-31）。

（2）槽式推土法

在运送土壤时，为了尽可能减少运土损失，可在一个固定作业线上多次推运，使之形成一条土槽，或者利用铲刀两端外漏的土壤形成土埂而产生的土槽推运，这样可以增加一次推运土壤的体积，提高生产率（见图 1-32）。

4. 装载机运土

装载机运土有两种方法。

1）装载机独立运土

由装载机本身的工作循环（铲土、运土、卸土、返回）实现土料的搬运称为装载机独立运土。该方法适用于运距小于 200 m、斗容量较大（一般大于 1 m^3）的施工场合。

2）装载机与载重汽车配合运土

装载机与载重汽车配合运土的施工作业方式有以下几种（见图 1-45）。

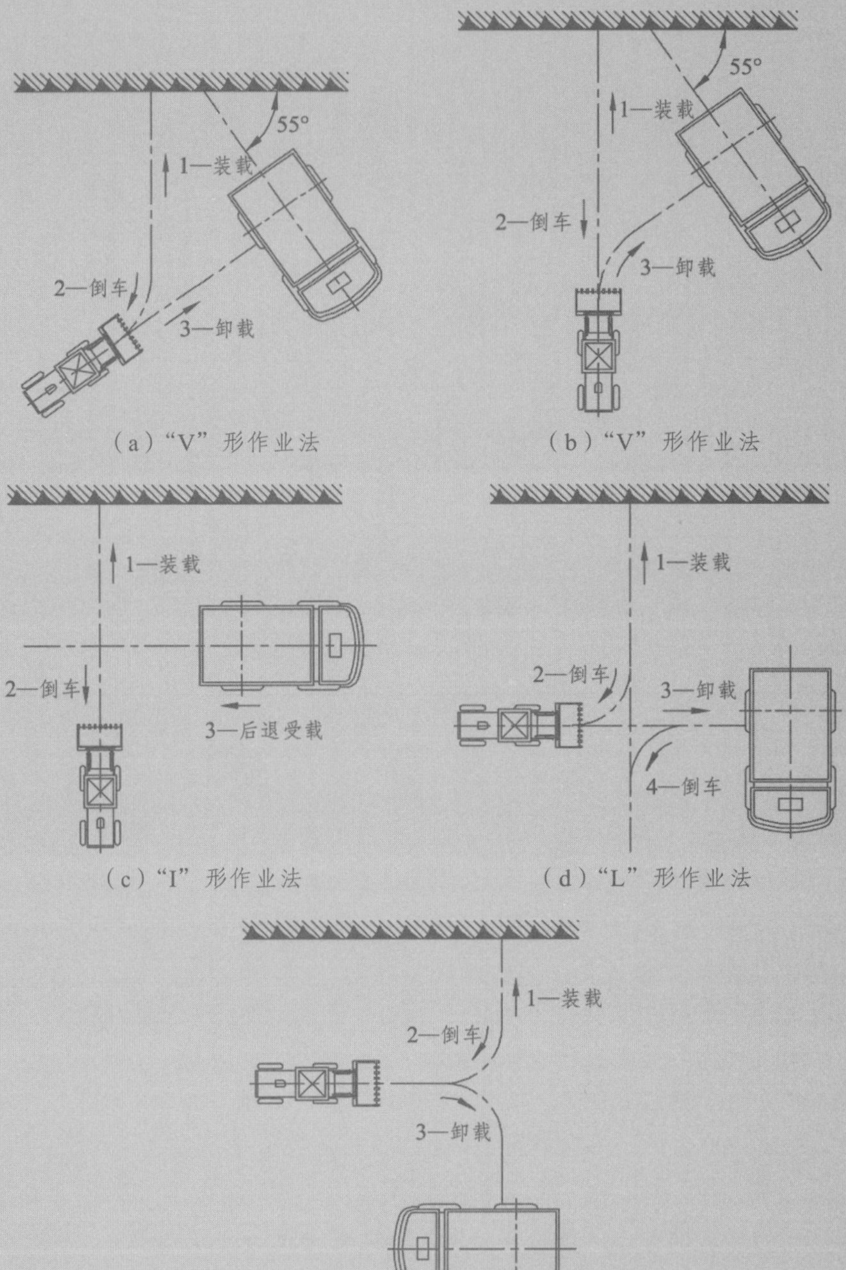

（a）"V" 形作业法　（b）"V" 形作业法

（c）"I" 形作业法　（d）"L" 形作业法

（e）"T" 形作业法

图 1-45　装载机作业方式

（1）"V" 形作业法

自卸汽车与工作面布置成 50°～55°角，装载机的工作过程则根据本身结构和形式而有所不同。

履带式装载机和刚性车架后轮转向的轮胎式装载机采用该方案时，装载机装满铲斗后，在倒车驶离工作面的过程中，车头转 50°～55°，使装载机垂直于自卸汽车，然后向前驶向自卸汽车并卸载。卸载后，装载机倒车驶离自卸汽车，然后掉头驶向料堆，进行下一个作业循环，如图 1-45（a）所示。

带有铰接式车架的轮胎式装载机在采用这种方案时，其工作过程略有不同。装载机在工作面装载后，可直线倒车后退 3 ~ 5 m，然后使前车架转动 35° ~ 45°，再前进驶向自卸汽车进行卸载，如图 1-45（b）所示。“V”形作业法工作循环时间短，在许多场合得到广泛的应用。

（2）“I”形作业法

自卸汽车平行于工作面适时地做往复前进和后退，而装载机则穿梭地垂直于工作面做前进和后退，所以也称之为穿梭作业法，如图 1-45（c）所示。

装载机装满铲斗后，直线后退，在装载机后退一定距离并把铲斗举升到卸载位置的过程中，自卸汽车后退到与装载机相垂直的位置，装载机向前驶向自卸汽车并卸载。卸载后自卸汽车向前行驶一段距离，以保证装载机可以自由地驶向工作面，进行下一个作业循环，直到自卸汽车装满为止。这种作业方式省去了装载机的调车时间，对不易转向的履带式和整体车架式装载机比较合适，但增加了自卸汽车前进和后退的次数，因此，采用这种作业方式，装载机的作业循环时间，取决于装载机和与其配合作业的自卸汽车司机的驾驶熟练程度。

（3）“L”形作业法

自卸汽车垂直于工作面，装载机铲装物料后，倒退并调转 90°，然后向前驶向自卸汽车卸载，空载的装载机后退并调转 90°，再向前驶向料堆，进行下次铲装，如图 1-45（d）所示。这种作业方式在运距较小而作业场合比较宽广时，装载机可同时与两台自卸汽车配合工作。

（4）“T”形作业法

自卸汽车平行于工作面，但距离工作面较远，装载机铲装物料后，倒退并调转 90°，然后再向相反方向调转 90°驶向自卸汽车卸料，如图 1-45（e）所示。

（三）填筑路堤

1. 利用挖掘机填筑路堤

由借土坑或取土场取土填筑路堤，对挖掘机来说工作比较简单，只要按照前面介绍的挖掘机的基本作业技术进行操作，在选定的取土场开辟有利地形的工作面，以最经济合理的施工方法挖出所要求的土壤，即可利用自卸汽车运去填筑路堤。但是，挖掘机如何与自卸汽车配合施工，必须有很好的组织工作。

1）正铲及反铲挖掘机配合汽车运输填筑路堤

图 1-46 为正铲及反铲挖掘机配合自卸汽车填筑路堤时的汽车运行路线图。图中挖掘机在取土场按 4 个掘进道掘进取土，并在汽车装载土壤后按土壤性质分两路运送。该方法不适用于卸往弃土场，适用于填筑路堤的土直接运到路堤卸土。卸土时应在边坡桩界内，分层铺垫，每层厚度 30 ~ 60 cm。卸完后用推土机进行平整压实，也可由汽车自压或用压路机压实。

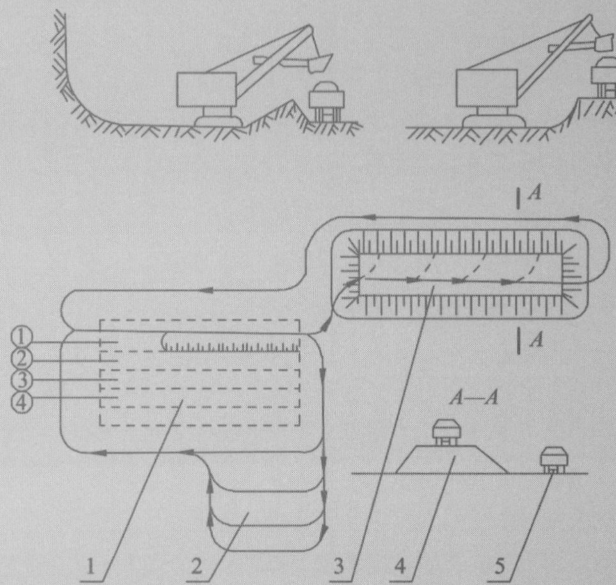

1—基坑；2—弃土场；3—路堤；4—重载道路；5—空载道路；①～④—四个掘进道。

图 1-46　正铲及反铲挖掘机配合汽车运输填筑路堤运行路线

挖掘机与汽车配合作业时，除需配够所需汽车的数量外，还必须和配合挖掘机修筑路堤的其他平整、压实等机械（推土机、平地机、压路机等）的工作量相平衡，这样才能使所有参加施工的机械发挥最大工效。

图 1-47 为正铲及反铲挖掘机开挖路堑配合汽车运土填筑路堤流水作业机械配置技术操作平面运行路线图。

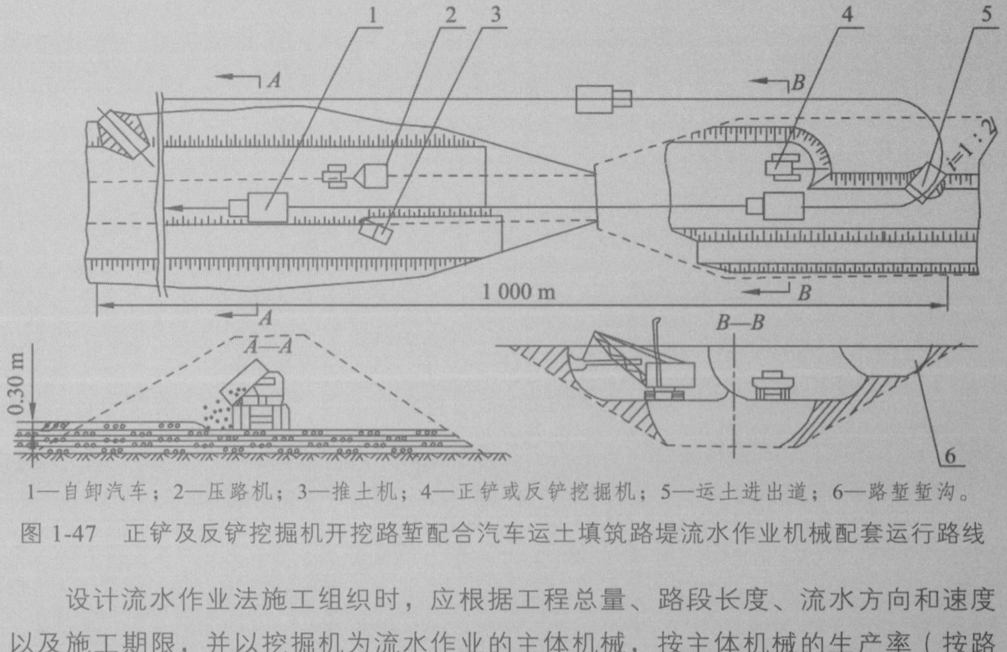

1—自卸汽车；2—压路机；3—推土机；4—正铲或反铲挖掘机；5—运土进出道；6—路堑堑沟。

图 1-47　正铲及反铲挖掘机开挖路堑配合汽车运土填筑路堤流水作业机械配套运行路线

设计流水作业法施工组织时，应根据工程总量、路段长度、流水方向和速度以及施工期限，并以挖掘机为流水作业的主体机械，按主体机械的生产率（按路段工程总量标出主体机械数量）分别估算其他配合机械（推土机、平地机、压路机）和设备的数量。

2）拉铲挖掘机配合汽车运输填筑路堤

拉铲挖掘机配合汽车填筑路堤时，其运输道路的布置、汽车数量的估算以及平整、压实等机械的配合和正铲挖掘机基本相同。图 1-48 为拉铲挖掘机与汽车运输配合装土工作图。拉铲斗在卸土时有甩土动作，因此要求挖掘机司机必须有熟练的操作技术。

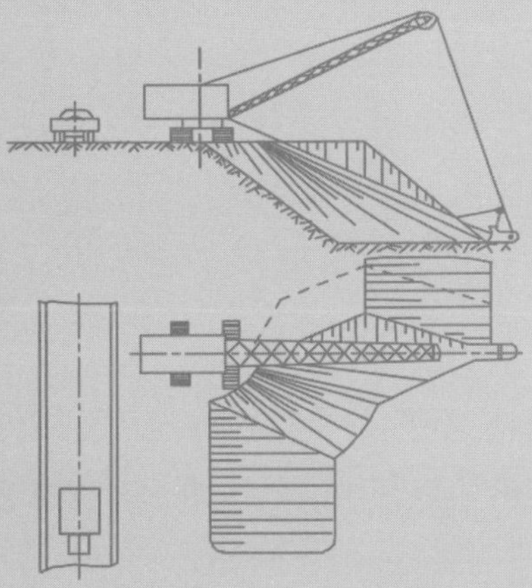

图 1-48　拉铲挖掘机与汽车配合装土工作图

2. 利用推土机填筑路堤

推土机填筑路堤的方法如下：

（1）对于不挖不填的路基，只需先将表面杂物清除，再将路两边的土铲去一薄层，然后将土铺到路基中间形成路拱即可。

（2）对于填土路基，应在路基的一侧或两侧取土，再向路基中心处运送。

在一侧取土时，若取土场距路基中心线小于 50 m，可用一挡速度直接将土送至卸土位置，然后用二挡或三挡退回取土位置，再进行下一轮作业。若取土距离大于 50 m，可在卸土后转向，然后快速回到取土场，也可以采取分段运土的方法，即先将土送至一半距离处，待积成土堆后再运到路基上，这样可以缩短每次运土的距离，减少土壤的漏失。在两侧取土时，路基两边的推土机要将土推过路基中心线一段距离，以避免中央地带缺土。

上述作业过程中，卸土时应采取分层填土法，即在行进中将土平铺于路面，并按施工要求分层填筑并压实，每层厚度不应超过 30 cm。

（3）对于采用移挖填土修筑的路基，推土机应采用纵向作业方法，即从需要挖土的路段直接将土送到需要填高的路段，如图 1-49 所示。在卸土过程中，应分层均匀填筑，并分层逐次压实，尤其应利用回程进行压实。

图 1-49　用推土机构筑移挖填土的路基

（4）半挖半填路基（通常是指在横坡上构筑的路基），就是将高坡的土填在低坡上形成平坦的路面。

若使用推土机构筑半挖半填路基，其路基的横坡度一般不得大于 20°，否则容易发生推土机侧翻事故。同时最好使用可调式铲刀，即将铲刀调整为朝高坡处倾斜，然后沿着道路延伸方向，从路基的内边线（即上边坡）铲土，分段分层进行作业，使土壤沿铲刀自动填到下坡处。若坡度不大且要求路基较宽时，可从路基内边坡由上往下并垂直于路基中心线铲土，然后再纵向平整。若坡度大于 20°，则应先推出作业平台，以使机身能放平，再以平台为基础，沿路基中心线方向铲切土壤，逐渐加深加宽，直至形成平整的路基。

3. 利用铲运机填筑路堤

利用铲运机填筑路堤分为纵向填筑和横向填筑。

纵向填筑应从路堤两侧开始，铺卸成层，逐渐向路堤中线靠近，并经常保持两侧高于中部，以保证作业质量和安全。填筑路堤高度在 2 m 以下时，多采用椭圆形运行路线，如运行地段较长时，也可采用“之”字形路线。当填筑高度在 2 m 以上时，多采用“8”字形作业路线，这样可使进出口的坡道平缓些。

填筑路堤两侧边时，应使铲斗沿路堤边线行驶，并留 20 ~ 30 cm 的距离卸土。卸土时尽量放低铲斗，使卸下的土向边线推挤，从而保证两侧高、中间低的状况，如图 1-50 所示。

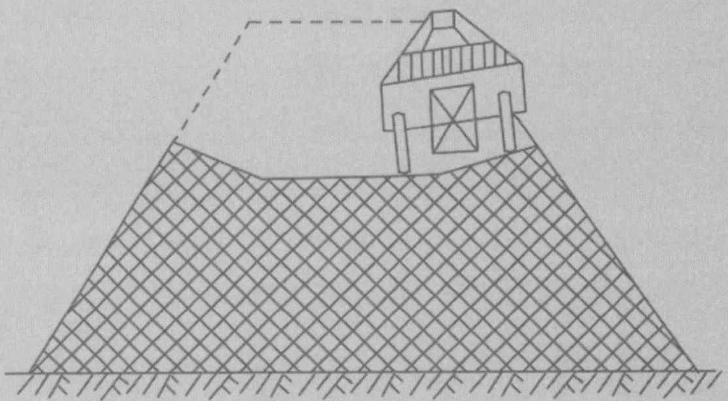
图 1-50　纵向填筑路堤时由两侧向中间填筑

卸土时，应将土均匀地分布于路堤上，以便轮胎压实土方，保证路基的压实质量。当路基填筑到 1 m 以上时，应修筑进口上下坡道，进出口间距一般在 100 m 以下，宽度不小于工地最宽工程机械行驶宽度。横向填筑路堤可选用“螺旋”形运行路线施工，作业方法同纵向填筑路堤的施工方法。

4. 利用平地机填筑路堤

利用平地机填筑路堤时，其堤高在 0.5 m 以内时，效率最高；堤高达 0.75 ~ 0.8 m 时，效率较低。

用平地机来填筑路堤时，只适合于路侧取土坑取土，然后把土移送到路线上堆成路堤。平地机堆土方法有散堆铺垫、半挤紧铺垫和挤紧铺垫 3 种。

（1）两侧取土填筑路堤的施工方法如图 1-51 所示。路堤底层（第一层）采用散堆或半挤紧堆土方法，从路边向路中心逐次铺垫，每移送一列土堆后应及时修平。面层（第二层）从路中心向路边缘逐次铺垫，其堆土方法可以采用挤紧堆土，如图 1-51（a）所示；或先采用半挤紧方法，靠路边的最后数列土堆挤紧，如图 1-51（b）所示，最后修平堤面和坡面。在堆筑过程中，每堆一层土后，应用压路机进行压实。

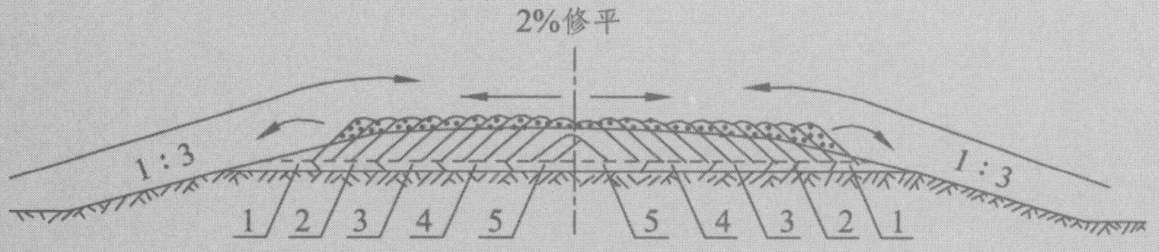

（a）面层用挤紧推土法

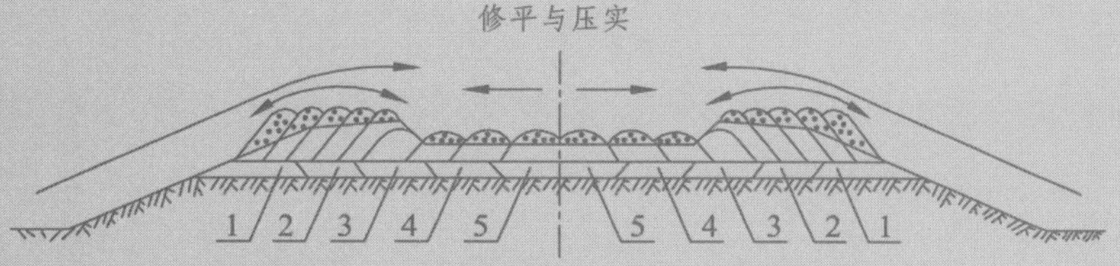

（b）面层用半挤紧和挤紧推土法

图 1-51　平地机从两侧取土填筑路堤

（2）平地机在横坡上填筑半路堤的施工方法如图 1-52 所示。平地机驾驶员先将挖掘处的表层草皮、杂物除去，然后按施工员标出的挖掘次序进行作业。挖掘方法有两种：一是从上到下，按矩形断面分层进行，如图 1-52（a）所示；二是从下挖掘，如图 1-52（b）所示。采用前一种方法时，平地机在移送土壤时，其稳定性较好。

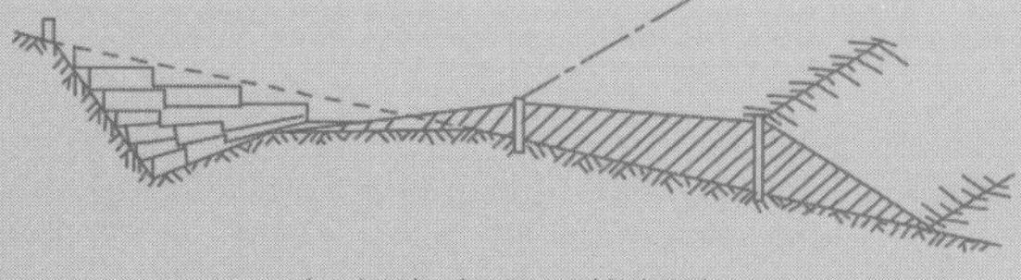

（a）自上而下挖掘法

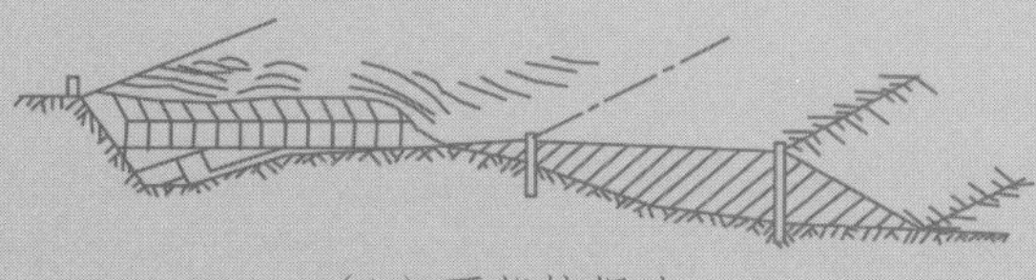

（b）下部挖掘法

图 1-52　平地机在横坡上填筑半路堤

若是全回转式刮刀，则进、退都可进行挖掘，以提高效率。采用第二种方法时，平地机以刮刀刃角从斜坡的底部挖进，使其上层土壤自动塌下，然后把塌下的土壤移送到填方处，因而挖掘土壤和清理塌下土壤要交替进行。在工作中，平地机刮刀要适当侧伸，前轮要相应倾斜。

（四）路基压实

为了提高工程质量，延长道路的使用寿命，路基必须经过充分压实。

对于石质路基，以选用重型振动压路机进行振动压实为宜。而静力式压路机对石质路基的压实效果不理想。对于土质路基，各种类型压路机均有较好的适应性，这里主要介绍土质路基的压实。

1. 路基压实作业原则

路基的压实作业，应遵循“先轻后重、先慢后快、先边后中、由低到高”的原则。

（1）先轻后重：开始时先使用轻型压路机进行初压，然后再换重型压路机进行复压。

（2）先慢后快：压路机碾压速度随碾压遍数的增加而逐渐加快。

（3）先边后中：碾压作业中始终坚持从路基两侧开始，逐渐向路基中心移动的碾压原则，以保证路基设计拱形和防止路基两侧塌落。

（4）由低到高：在碾压坡道时，应从坡底向坡上碾压，倒退时以原碾压带下行，在坡底转入新碾压带，再向上碾压，这样往复进行，以保证一定的纵坡度。在碾压设有超高的弯道时，由低的一侧向高的一侧碾压，以便形成单向超高横坡。

2. 路基压实作业的一般方法

1）确定相关参数

首先，根据路基土质特性和所选用的压路机压实功能，参照表 1-9 确定适宜的压实厚度。

表 1-9　几种类型压路机适宜的压实厚度

压路机类型	适宜的压实厚度/cm	碾压遍数	适应土壤种类
8～10 t 静力光轮压路机	15～20	8～12	非黏性土
12～20 t 静力光轮压路机	20～25	6～8	非黏性土
9～20 t 轮式轮胎压路机	20～30	6～8	亚黏土、非黏性土
30～50 t 拖式轮胎压路机	30～50	4～8	各类土壤
2～6 t 拖式羊脚压路机	20～30	6～10	黏性土
14 t 拖式振动压路机	100～120	6～8	砂砾土、碎石
10 t 振动压路机	50～100	4～6	非黏性土

然后，测定土壤的含水量。含水量应控制在最佳含水量的 ± 2%范围内。表 1-10 为几种土壤的最佳含水量。一般，土壤含水量是由工程技术人员通过试验方法测定后，并通知压路机驾驶员。驾驶员也可以通过简易方法判断土壤的含水量。

通常“手握成团，没有水痕，离地1米，落地散开”，即说明土壤的含水量接近最佳含水量。

表1-10 几种土壤的最佳含水量

土壤种类	砂土	亚砂土	粉土	亚黏土	黏土
最佳含水量/%	8～12	9～15	16～22	12～15	19～23

在整个压实作业中，均应随时掌握和了解压实层的含水量及压实度的变化。

2）路基压实作业步骤

路基压实作业可按初压、复压和终压3个步骤进行。

（1）初压

初压是指对铺筑层进行的最初1～2遍的碾压作业。初压的目的是使铺筑层表层形成较稳定、平整的承载层，以利于压路机以较大的作用力进行复压作业。

一般，采用重型履带式拖拉机或羊脚（凸块）碾进行路基的初压，也可采用中型静力式压路机或振动式压路机以静力碾压方式进行初压作业。

初压时，碾压速度应不超过1.5～2 km/h。初压后，需要对铺筑层进行整平。

（2）复压

复压是指继初压后的5～8遍作业。复压的目的是使铺筑层达到规定的压实度。复压是压实的主要作业阶段。

复压作业中，应尽可能发挥压路机的最大压实功能，以使铺筑层迅速达到规定的压实度。例如，增加压路机配重、调节轮胎气压，使单位线荷载和平均接地比压达到最佳状况，调整振频和振幅，使振动压实功能最佳。

复压作业，碾压速度应逐渐增大，静力光轮压路机速度为2～3 km/h，轮胎式压路机速度为3～4 km/h，振动压路机速度为3～6 km/h。

复压作业中，应随时测定压实度，以便做到既达到压实度标准，又不过度碾压。

（3）终压

终压是指继复压之后，对每一铺筑层竣工前所进行的1～2遍碾压作业。终压的目的是使压实层表面密度平整。一般，分层修筑路基时，只在最后一层实施终压作业。

终压作业，可采用中型静力式压路机或振动压路机以静力碾压方式进行碾压，碾压速度可适当高于复压时的速度。

采用振动压路机或羊脚（凸块）碾进行分层压实时，由于表层会产生松散现象，可将该层10 cm左右厚度算作下一铺筑层范围进行压实，这样就可不进行终压压实。

3）压路机运行路线的选择

压实质量一靠碾压遍数，二靠碾压的均匀度来保证，而碾压的均匀度必须以机械的正确运行路线来保证。一般路基路面的碾压运行路线采用穿梭法（见图 1-53），大面积场地运行路线用螺旋法（见图 1-54）。

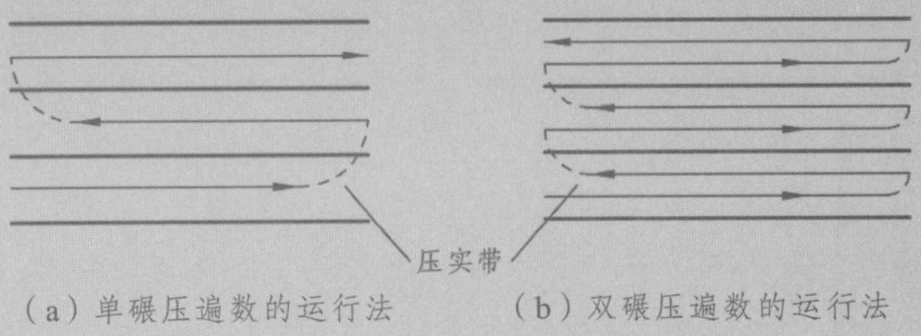

图 1-53　穿梭法运行路线

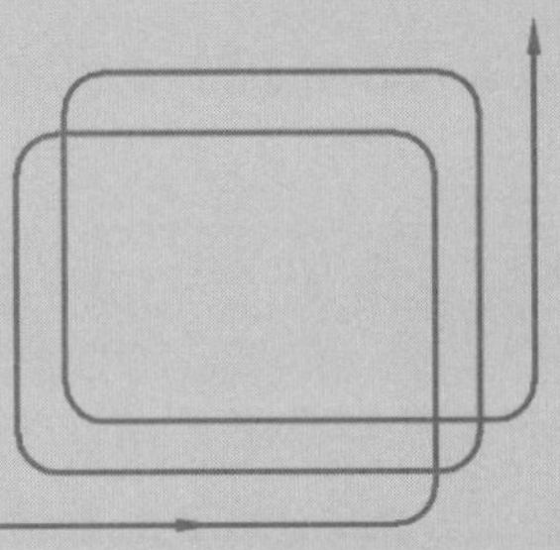

图 1-54　螺旋法运行路线

机械在碾压过程中，压实轮经过的轮迹形成一条压实带。当机械由这一压实带转入另一压实带时，为保证碾压的均匀度，两带之间应有一定的重叠度。

一般，对于路基填土碾压（或夯击），两碾压带的重叠度为 15 ~ 20 cm。在碾压路面时，两碾压带的重叠度，两轮两轴压路机为 25 ~ 30 cm，三轮压路机为主轮（后轮）宽度的 1/3 ~ 1/2。

碾压道路是一种线性作业，从某一始点开始碾压完一段道路，形成一碾压面后逐段延伸，直至碾压完整条道路为止。在形成碾压面积的过程中，为保证碾压的均匀度，必须注意碾压带的重叠度、碾压遍数和机械进退换向时停机点的变换。碾压面推进的方法有矩形推进法和平行四边形推进法两种。

矩形推进法见图 1-55。每一碾压区段的碾压面（由于停机点的变换）近似矩形。在碾压区段①转移到碾压区段②时，开压的始点可以在同一边，也可以在另一边。前者两次通过碾压宽度时，压够要求的遍数；后者一次通过碾压全宽即压够要求的遍数。

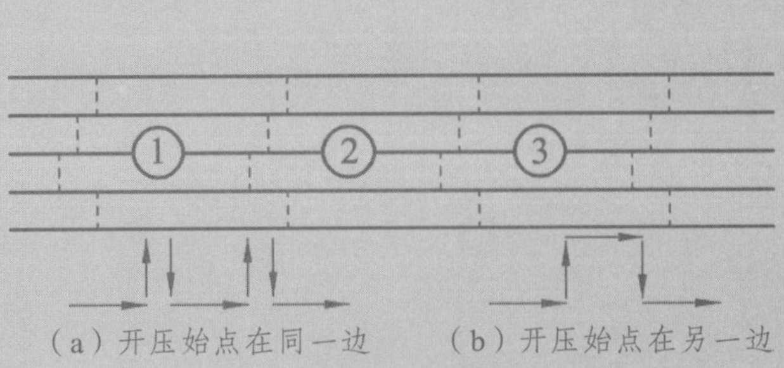

图 1-55　碾压面矩形推进法

平行四边形推进法见图 1-56。每一碾压区段的碾压面成平行四边形，在碾压区段的转换中，开压始点不在同一边。此法采用碾压遍数为双数的运行路线。

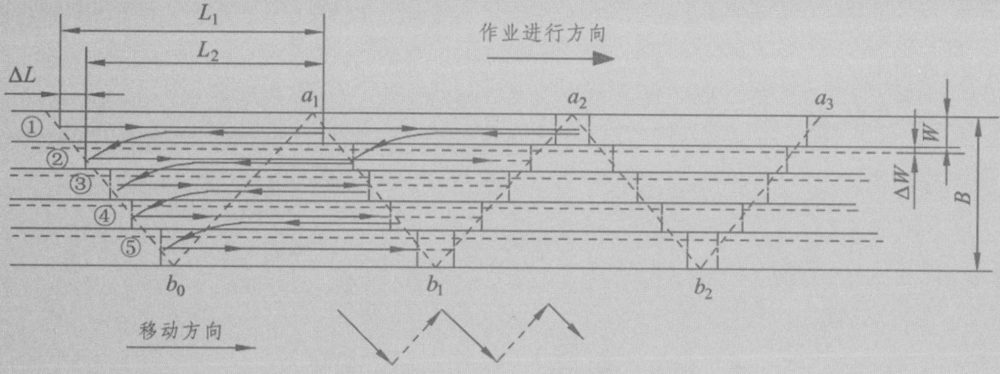

W—碾压带宽度；△W—重叠量；B—路面宽。

图 1-56　平行四边形推进法

为了实现平行四边形的碾压段，压路机前进距离 L_1 和后退距离 L_2 之间有如下关系：

$$L_2 = (1 - 2/pn)L_1$$

式中　n——碾压遍数（4 的倍数）；

p——路宽压实带分值。

平行四边形推进法碾压区段的形成和碾压遍数的关系如图 1-57 所示。只要适当选择 L_1 和 L_2 就可实现 4 的倍数的多遍压实。该方法碾压有规律，压实遍数和均匀度易于控制，可利用自控装置辅助操纵压路机进行施工，压实质量高，适用于沥青面层的碾压。

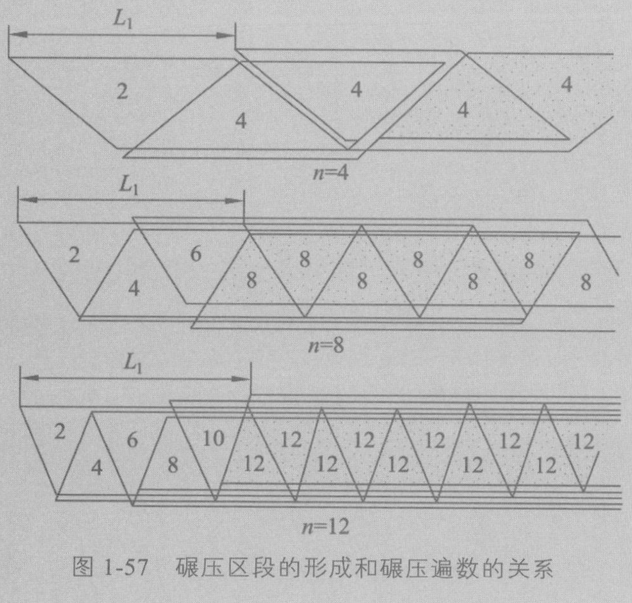

图 1-57　碾压区段的形成和碾压遍数的关系

3. 边坡的碾压

路堤填土的坡面应该充分压实，而且要符合设计截面。如果边坡面层和路堤整体相比压得不够密实，下大雨时，由于表层流水洗刷和不渗透，易发生滑坡、崩溃和路侧下沉等现象，因此，边坡碾压不可忽视。

边坡面施工有剥土坡面施工和堆土坡面施工两种方法。

剥土坡面施工，路堤堆土要加宽，经正常的填土碾压后，再将坡面没有压实的土铲除并修整坡面，如用液压挖掘机对坡面进行整型（见图 1-58）。

图 1-58　用液压挖掘机对坡面整型

堆土坡面施工是采用碾压坡面的方法，碾压机械可用振动压路机、推土机或挖掘机等。

坡面的坡度在 1∶1.8 左右时，要先粗拉线放坡，用自重 3 t 以上的振动压路机从填土的底部向上滚动，并振动压实（见图 1-59）。为防止土壤塌落，压路机下行时不要振动。压路机的上下运动，用装在推土机后的卷扬机来操作。土质良好时，可以利用推土机在斜坡上下行驶碾压（见图 1-60）。对于含水量高的黏性土，可使用湿地推土机进行碾压。

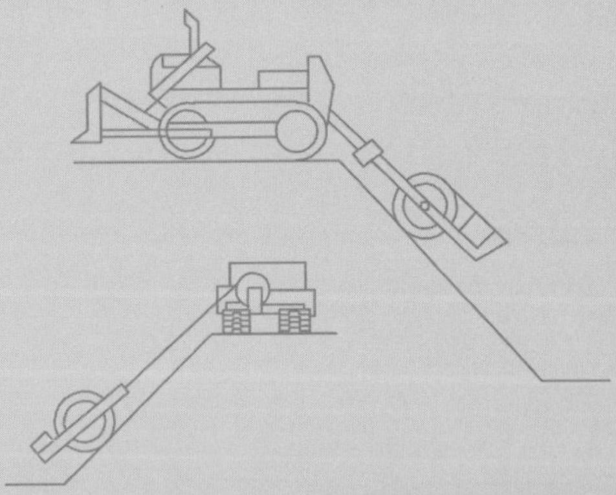

图 1-59　用振动压路机压实坡面

图 1-60　用推土机压实坡面

此外，坡面还可以利用装有夯板的挖掘机来拍实，若用人工拍实，则应注意其压实度。

4. 里填回填的压实

桥梁、箱形涵洞等构筑物和填土相连接部分（见图 1-61），一般在行车后，连接部发生不同程度的沉陷，使路面产生高差而导致损坏，影响正常交通。究其原因，除基础地基和填土下沉外，碾压不足也是其原因之一，因此里填回填的压实工作必须认真做好。

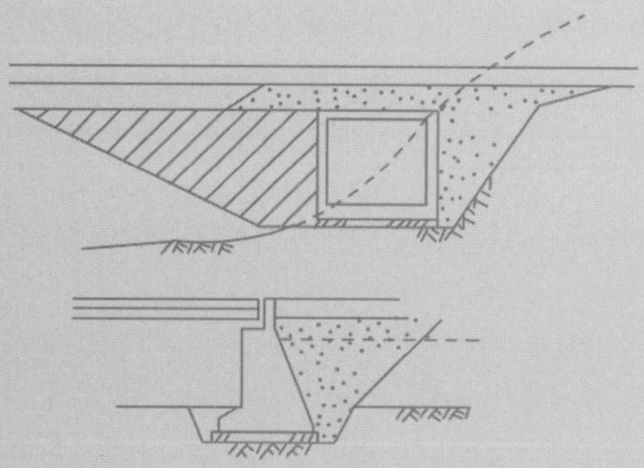

图 1-61　里填构造

里填回填用土最好采用容易压实的压缩性小的材料。当能用大型压实机械进行充分压实时，选用粒度分布良好者即可。

在压实施工中，将路堤端挖成一定的坡面（1∶1.0～1∶2.0 或更小），坡面成台阶形，清理中间的废土，分层铺层厚度在 20 cm 以下，底部用小型振动压实机（小型夯锤、振动夯板等）、上部用轮胎压路机压实。为使构筑物两侧受压均匀，在里填土时，要从构筑物两侧平均薄填施压，不要一侧施压。若用大型机械压实时，必须有大的里填场地，但构筑物侧仍应用小型机械。

5. 路基压实作业中的注意事项

（1）碾压时，相邻碾压轮应相互重叠 20～30 cm。

（2）压实作业时，应随时掌握压实层的含水量，只有在最佳含水量时，压实效果才最好。

（3）保证当天铺筑，当天压实。

（4）碾压中，土体出现“弹簧”现象，应立即停止碾压，并采取相应措施，待含水量降低后再进行碾压。对于局部“弹簧”现象，也应及时处理，不然会造成路基强度不均，留下隐患。

（5）碾压时，若压实层表层出现起皮、松散、裂纹等现象，应及时查明原因，采取措施处理后再继续碾压。一般，土壤含水量低、压路机单位线压力高、碾压遍数过多及土质不良等原因易造成上述不良现象。

（6）碾压作业中，应随时注意路基边坡及铺筑层土体的变化情况，出现异常，及时处理，以免发生陷车或翻车事故。一般，碾压轮外侧面距路缘不小于 30～50 cm，山区公路则距沟崖边缘不小于 100 m。

（7）遇到死角或作业场地狭小的地段，应换用机动性好的小型压实机械进行压实，切不可漏压，以免路基强度不均匀留下隐患。

（8）每班作业结束后，应将压路机驶离新铺筑的路基，选择硬实平坦、易于排水的地段停放。

三、施工机械的选用

（一）土方工程机械的选用

1. 常用土方工程机械产品型号表示方法

常用土方工程机械产品型号表示方法由三部分构成，第一部分用汉语拼音字母表示机械类型，其中 W 表示挖掘机，T 表示推土机，Z 表示装载机，C 表示铲运机，P 表示平地机，Y 表示压实机；另外，用 Y 表示液压传动，用 L 表示轮式行走装置，机械传动、履带式行走装置均不表示。第二部分用数字表示土方机械的主要性能，其中推土机、平地机表示发动机功率，铲运机、挖掘机表示铲斗容积，装载机表示铲斗物料的重量，压实机表示整机自重。第三部分用字母表示其他内容。

具体示例如下：

TY220：表示液压传动、履带式推土机，发动机功率为 220 马力（相当于 160 kW）。

CL-10：表示机械传动轮式铲运机，铲斗容积为 10 m^3。

ZL50C：表示机械传动轮式装载机，额定铲斗物料重量为 50 kN，C 表示第 3 次改进型。

WY160：表示斗容量为 1.6 m^3 的履带式液压挖掘机。

WD200A：表示斗容量为 2 m^3 第 1 次改型的履带式电动挖掘机。

WLY25：表示斗容量为 0.25 m^3 的轮式液压挖掘机。

PY180：表示发动机功率为 180 马力的液压传动平地机。

2Y8/10：表示 2 轴 2 轮式静力压路机，自重为 8 t，加重后总机重为 10 t。

YZD4：表示振动式压路机，D 表示结构特征，4 表示机重为 4 t。

YL16：表示自重为 16 t 的轮胎式压路机。

2. 土方工程机械的选用

1）单斗液压挖掘机的选用

（1）若开挖停机面以下的较坚实的土石方，选用反铲单斗液压挖掘机为宜，由于它对停机面以上的土石方也具备一定的挖掘能力，因而在施工中得到了最广泛的应用。

（2）若开挖停机面以下较松的土方和砂石、稀泥等，选取拉铲或抓斗挖掘机较经济，尤其是进行水下开挖时。

（3）若开挖停机面以上的土石方，往往选用正铲单斗液压挖掘机最宜，若土质松散，选用拉铲较经济。

（4）若开挖隧道，则应选用具有特种工作装置和较小转台回转半径的专用于隧道、坑道等狭窄工作环境的隧道挖掘机。

（5）若开挖面积大，一般单斗挖掘机达不到挖掘深度，且土质在Ⅳ级以下的土方，则选取多斗挖掘机较适宜。

（6）若施工现场无法进出平板拖车，或者施工现场不允许履带齿碾压，则选用轮式挖掘机为宜，反之，选用履带式挖掘机。

（7）挖掘机的台数与斗容量必须与现场允许的汽车通过能力相匹配，单台挖掘机的生产率必须与配套汽车和工期相匹配。

2）推土机的选用

推土机的选用应综合考虑如下因素：

（1）根据工作对象选用推土机类型

如果工作场地土方和石方都有，最好选用履带式推土机；如果工作场地全是纯土，且土质较松，平板拖车不便进出，则最好选择轮式推土机；如果工作场地是沼泽地，则必须选用湿地推土机；如果工作场地属高原地区，则最好选用带增压发动机的推土机；如果工作场地土、石夹杂，且土质坚硬，则最好选用带松土器的推土机；如果工作场地需要横坡推土，最好选用回转式推土机，而不选用固定式推土机，否则会严重影响生产率，甚至无法开展工作。

（2）根据工程量的大小选用推土机型号

如果推土方量少，工期不受严格限制，则一般选用小型推土机较经济；如果工期紧，推土方量大，则一般选用大型推土机；如果推土机只用于开路、助铲、回填、压实，则一般选用中、小型推土机即可满足要求。

（3）根据配套工程机械情况和土石方量确定推土机数量

在较大规模工程施工中，推土机的首要任务往往是开路，因为在诸多工程机械中只有推土机对路面的要求最低。因此，在考虑推土机数量时，首要考虑的就是开路和修整工作场地的需要，其次才是完成土方工作量和与其他机种配合作业的需要。只有综合考虑了这三方面因素，才有可能选用最适宜的推土机型号和数量。

3）铲运机的选用

选用铲运机时应综合考虑如下因素：

（1）按运距选用

铲运机的经济运距是选用铲运机的基本依据。在运距为 100 ~ 2 000 m 时，土方工程最佳的装运设备是铲运机。

一般情况下，小斗容量（5 m^3）铲运机的最短运距应大于 100 m 为宜，而最大距离应小于 350 m，其最经济的运距为 200 ~ 350 m；大斗容量（15 ~ 30 m^3 以上）铲运机的最短运距为 800 m，而最大运距可达 2 000 m 以上。铲运机的经济运距一般与其斗容量成正比。

各种铲运机的适用运距可参见表 1-3 和表 1-4。

（2）按铲装材料的性质选用

普通装载式铲运机适合于在Ⅱ级以下土质中使用，若遇Ⅲ、Ⅳ级土时，应对其进行预先翻松。铲运机最适宜在含水量为25%以下的松散砂土和黏性土中施工，而不适合在干燥的粉砂土和潮湿的黏性土中施工，更不适合在地下水位高的潮湿地带、沼泽地带以及岩石类地区作业。

链板装载式铲运机装载物料的范围较广，除装普通土外，它还可装载砂、砂砾石、级配良好的小石碴以及经良好破碎的石料等混凝土骨料，但不宜用于大的鹅卵石、石碴和潮湿黏土等的施工。带松土齿的铲运机可铲装较硬的土质。

（3）按施工地形选用

利用下坡铲装和运输可提高铲运机的生产率，适用铲运机作业的最佳坡度为7°～8°，坡度过大则不利于装斗。因此，铲运机适用于从路旁两侧取土坑取土填筑路堤（3～8 m高）或两侧弃土挖深3～8 m路堑的作业。

铲运机适用于大面积场地平整作业、铲平大土堆，以及填挖大型管道沟槽和装运河道土方等工程。

（4）按机种选用

铲运机类型主要根据使用条件选择，如土的性质、运距、道路条件、坡度等。

双发动机铲运机可提高功率近一倍，并具有加速性能好、牵引力大、运输速度快、爬坡能力强、可在较恶劣地面条件下施工等优点，但其投资大。所以，只有在单发动机式铲运机难以胜任的工程条件下，双发动机式铲运机才具有较好的经济效果。

4）装载机的选用

选用装载机时应综合考虑如下因素：

（1）根据工作环境选用装载机类型

如果是进行地下施工，为了便于与自卸汽车配合，往往选用侧卸式低排放装载机；如果铲装路面很差（多石碴、稀泥等），或者虽然铲装路面好，但石头较多，往往选用履带式装载机而不选轮胎式装载机；如果工作场地平板拖车无法行进，往往选择轮胎式装载机。现代施工中，以选用单斗轮胎式装载机居多。

（2）根据工作对象选用装载机型号

一般，装载机的额定载重量越大，其铲装硬土的能力越强，因此，如果是铲装松散物料，工期不受限制，往往选用小型装载机较经济，若铲装硬土，则往往选用中型以上装载机；有时为了赶工期或者充分利用全部工程机械（挖掘机紧缺时），往往先用推土机将硬土推松，然后再用装载机实施铲装，此时装载机的选用则应着重考虑它与自卸汽车和推土机的配套情况。

（3）装载机与自卸汽车的匹配原则

自卸汽车斗容量应为装载机斗容量的若干倍，以免造成不足一斗也要装一次车的时间和动力的浪费，装载松散物料时，此点尤为重要。装载机装满自卸汽车所需的斗数，一般以2～5斗为宜。斗数过多，自卸汽车等待时间过长，不经济；

斗数过小，则装载机卸料时对汽车冲击载荷过大，易损坏车辆，物料也易溢出车厢外。

装载机的卸载高度和卸载距离要满足物料能卸到汽车车厢中心的要求。

5）平地机的选用

（1）按生产率选用

若工期要求不急，选用主参数较小的平地机较经济，反之选用主参数较大的平地机为宜。

（2）按地形选用

若工地较狭窄，转向不方便，则选用铰接式平地机便于施工，反之选用整体式较经济。

（3）按平整精度要求选用

若施工要求平整精度较高，选用铰接式平地机较可靠；反之，选用整体式较经济。

（二）压实机械的选用

1. 压实质量

压实系数（压实度）k 是衡量压实质量的主要指标：$k = p/p_c$，其中 p、p_c 分别为碾压后混合料的密实度和以标准击实法测定的混合料的最大密实度。道路压实度通常取 0.9～1，公路等级越高，k 取值越大，对于公路的基层，往往规定压实度 k 为 0.98～1。

土壤或混合材料的含水量是影响压路机压实效果的重要因素，土壤或混合材料在最佳含水量状态下才能很好地被压实。用轻型标准击实法测定的土壤最佳含水量和最大密实度的变化范围见表 1-11。

表 1-11　土壤的最佳含水量和最大密实度

土壤类型	最佳含水量 /%	最大密实度 /（g/cm^3）	土壤类型	最佳含水量 /%	最大密实度 /（g/cm^3）
砂土	8～12	1.80～1.88	亚黏土	12～15	1.85～1.95
亚砂土	9～15	1.85～2.08	重亚黏土	16～20	1.67～1.79
粉土	16～22	1.61～1.8	黏土	19～23	1.58～1.70
粉质亚砂土	18～21	1.65～1.74			

高等级公路（一级公路和高速公路），目前常采用重型标准击实法来测定土的最佳含水量和最大密实度，其最佳含水量除砂土外均比用轻型标准击实法测定的要低 3%～8%，而最大密实度约高 10%。对于沥青混凝土路面，除用 k 值来评价其物理机械性能外，还可以采用水饱和状态和条件塑性等评价指标。

道路建筑材料的压实过程是公路、城市道路和机场跑道建设的重要工艺过程。

要达到最好的压实质量，必须根据压实工况，合理选择压实方法和压实设备参数。提高材料密实度是通过压实机械一遍一遍地压实获得的，压实机构与被压材料的接触表面压力也是逐渐增加的。为了高质量地压实路面，压实开始和压实终了的最大接触压力不应大于材料压实层表面相应的许用压力。对于光轮压路机，试验所得的几种压实层表面的许用压力见表 1-12。

表 1-12 压实层表面的许用压力　　单位：MPa

压实层的类型	压实开始	压实终了	压实层的类型	压实开始	压实终了
碎石路面和路基	0.6 ~ 0.7	3 ~ 4.5	水泥稳定土	0.3 ~ 0.4	4 ~ 5
砾石路基	0.4 ~ 0.6	2.5 ~ 3	沥青稳定土	0.3 ~ 0.4	1 ~ 1.5
热沥青混凝土	0.4 ~ 0.5	3 ~ 3.5			

土壤在终压时所承受的压力为其抗压强度极限的 80% ~ 90%时，可获得最佳的压实效果。终压时的压力不能大于材料抗压强度极限，否则将发生材料从压实工作机构压出现象，导致滚压时形成波纹、地面不平或裂纹。

材料所需密实度的压实深度取决于压实机械工作机构接触面积的大小，当接触应力相应于最佳值，滚压时有效的压实深度（土壤均匀形变的深度）可由接触表面最小边尺寸决定。几种材料路基和路面压实层的最佳深度及土壤压实层最佳厚度计算公式见表 1-13 和表 1-14。

表 1-13 几种材料压实层的最佳深度　　单位：cm

压路机类型	碎石、砾石	含有黏性料的碎石和砾石	沥青混凝土
轻型	12 ~ 8	7 ~ 6	4 ~ 5
中型	14 ~ 10	9 ~ 8	5 ~ 6
重型	20 ~ 12	12 ~ 10	6 ~ 8

表 1-14 土壤压实层最佳厚度计算公式

压路机类型	土壤类型	
	黏性土	非黏性土
光轮压路机	$h = 0.25\dfrac{w}{w_1}\sqrt{qR}$	$h = 0.35\dfrac{w}{w_1}\sqrt{qR}$
轮胎压路机	$h = 0.25\dfrac{w}{w_1}\sqrt{0.1G}$	
式中：h——土壤压实层最佳厚度，cm；w——土的实际含水量，%；w_1——土的最佳含水量，%；g ——压路机滚轮单位线压力，kN/m；R——压路机滚轮半径，cm；G——轮胎压路机轮胎上的荷载，N。		

2. 压实机械类型的选用

1）根据机械配套情况正确选用压路机

一般来说，机械化施工程度高，则应选用压实功能大、作业效率高的压路机；机械化施工程度低，则应选用相应功能且经济的压路机，以免浪费压路机的压实功能。

在选用压路机时，还应考虑压路机与其他配套施工机械生产率之间的协调。

压路机生产率一般是指单位时间内获得压实标准的土的体积。

计算公式如下：

$$Q = 3\,600(B - c)LhK_b/[(L/v + t)n] \quad (1\text{-}1)$$

式中 Q——压路机生产率，m^3/h；

B——碾压带的宽度，m；

c——两相邻碾压带的重叠宽度，m，一般 c 取 0.15～0.25 m；

L——碾压带长度，m；

h——铺层压实的厚度，m；

v——碾压速度，m/s；

t——转弯掉头或换挡时间，s；

n——碾压遍数；

K_b——时间利用率，一般 K_b 取 0.85～0.95。

2）根据压实作业项目正确选用压路机

压实作业项目不同，适用的压路机种类、规格也应不同。

光轮压路机主要用于碾压各种路面及路基垫层；在土方工程中多数用来碾压路床面，对黏性土的薄层碾压有效，一般不作厚垫层的碾压之用；不适用于含水率高的黏性土或粒径均一的砂质土等。光轮压路机的生产效率低于振动压路机。

轮胎压路机机动性好，适应各种材料，压实效果较好，影响深度大。轮胎的接地压力可用改变配重和轮胎气压来调节，对不同的土质和铺筑层厚度有较好的适应性。轮胎气压直接和压实效能有关，一般碾压碎石时，接地压力要提高，碾压黏性土时，接地压力要降低。改变轮胎气压在实际操作中尚有困难，一般应预先定好充气压力，在碾压过程中通常保持不变。由于碾压过程中轮胎的弹性变形，对表面产生揉压作用，对消除沥青路面的裂纹和表面热裂缝尤具优越性。轮胎压路机加配重后，可使机重提高两倍左右，但若加载不当，将使压实效果下降，因此，必须试验确定配重。在碾压土层时，如果土中有块石或片石，将使机械行驶不稳定，施工时应将一定粒径的石头清除掉。

振动压路机一般对非黏性土（砂质土）或缺乏黏性的道碴的碾压效果较好。重型振动压路机向深部压实的效果好，铺土厚度可厚些（1.5～2 m）。使用振动压路机时，应根据土的性质和整机质量来选定振动频率和离心力的大小。振动压路机容易在混有块石或片石的土里打滑，使用时应予以注意。振动压路机碾压沥青混合料达到静力式压路机同样的压实效果时，其碾压遍数少，生产率比静力压路机高 40%～60%，而且振动压路机具有良好的水饱和指标，压出的路面比较耐用。总之，振动压路机生产效率高，使用性好，故被广泛应用于各种材料的路面和各种土质路基的碾压中。

振动压实机具，如内燃、风动和电动的小型夯锤或振动板等，适用于构造物的里填、回填、坡面、沟槽等的压实工作。

夯捣式压路机，因滚筒上的凸块形状不同而名称不一，但凸块能集中荷重，对土块、块石等能起破碎及压实作用。它适用于大土方工程现场的填土初压之用，对黏性土效果不好，对非黏性土（砂土）则不起作用。但是，对于灵敏度大的高含水率黏性土，由于凸块将土揉来滚去，反而使土松软化，施工时应特别注意。

推土机、铲运机适用于黏性和非黏性土的下层路基、坡面等的压实作业。

总之，一般进行路基压实作业时，多选用压实功能大的重型和超重型静力式压路机、振动压路机等。进行路面压实作业时，为使表面密实平整，多选用中型静力式压路机、振动压路机和轮胎式压路机。若进行人行道、小面积修补桥涵等压实作业，则可选用轻型或小型压路机。具体选用可参照表 1-15。

表 1-15　压实机械机种的选用

填土构成	土质	光轮压路机	轮胎压路机	振动压路机	夯捣式压路机		推土机		振动压实机	蛙式打夯机	备注
					自行式	牵引式	普通型	湿地型			
部分填土路基	岩石块，经过挖掘、压实也不易碎的石块			☆					△	大△	硬岩石
	风化岩、泥岩等已部分成细粒和组织紧密的岩石等		大○	☆	○	○			△	大△	软岩石
	单粒度砂、缺少细粒度的道碴、砂丘的砂等			○					△	△	砂、砾石混合砂
	适当含有细粒、粒度适中、容易压实的土细砂、道碴等		大☆	○	○				△	△	砂质土、砾石混合砂质土
	细粒较多，但灵敏性低的土，含水率低的黏性土，容易碎的泥岩等		大○		☆	☆				△	黏性土、混有砾石的黏性土
	含水率调解困难，不易造成交通线的土、粉砂质土等						●				含水过多的砂质土
	黏性土等含水率高、灵敏性高的土						●	●			灵敏的黏性土
路床	粒度分布好的土	○	大☆	☆					△	△	调粒材料
	单粒度砂及粒度差的砾石混合砂和碎石	○	大○	☆					△	△	砂、砾石混合砂
里填			○	小☆					△	△	有时使用吊锤
坡面	砂质土			小☆					☆	△	
	黏性土			○			○		○	△	
	灵敏的黏土、黏性土							●		○	

注：☆—有效的；○—可用的；●—不得已而使用的；△—因现场条件，只能用的；大—大型机；小—小型机。

3）根据被压材料特性正确选用压路机

铺筑路基和路面所用材料的特性对压路机选用有一定限制。

砂土和粉土的黏结性差，水易侵入，不易被压实，一般不单独作道路铺筑材料，需要掺入黏土或其他材料改善处理后使用。压实此类改善土铺筑的路基时，应选用压实功能大的重型静力式压路机。

黏土的黏结性高，含水量大，一般选用凸爪滚轮式压路机和轮胎压路机。

介于砂土和黏土之间的各种砂性土、混合土有较好的压实特性，各类压路机均可选用。其中，振动压路机的压实效果最佳。

对于级配、碎砾石铺筑层，可选用静力式压路机和振动压路机。振动压路机压实效果好。

对于沥青混合料，各类压路机均可选用。具体可参照表 1-16 选用。

表 1-16　碾压不同料层的压路机机种的选用

料层性质	常用机种
有机结合料稳定土	轮胎压路机和光轮-轮胎组合式压路机
碎石料层	10～15 t 三轮二轴光轮压路机
沥青混合料	6～10 t 二轮二轴光轮压路机、16 t 光轮-轮胎组合式压路机或 20 t 轮胎压路机
碎石沥青混合料	轮胎压路机或光轮压路机
乳化沥青混合料	轮胎压路机或二轮二轴光轮压路机

4）根据铺筑层土壤含水量正确选用压路机

铺筑层土壤在最佳含水量状态下压实效果最好。若铺筑层土壤实际含水量比最佳含水量低 3%～5%，而施工时又不易补充水分，则可选用超重型静力式压路机和重型振动压路机。若铺筑层土壤实际含水量比最佳含水量高 2%～3%，则不宜用振动压路机。若铺筑层土壤实际含水量比最佳含水量高 3%以上，则需要采取适当措施降低含水量。

3. 压实施工作业参数的选择

1）正确选择压路机的压实作业参数

选定压路机后，还应根据施工组织形式、工程质量、技术要求和作业内容确定压路机的压实作业参数，以使压实质量和作业效率达到最佳。

就静力式压路机而言，压实作业参数主要有单位线压力、平均接地比压、碾压速度、碾压遍数及压实厚度等，轮胎式压路机还有轮胎气压，而振动压路机则还应有振频、振幅、激振力等。

（1）单位线压力

在选定机型时，其线压力不应超过碾压材料的强度极限，否则将引起土基破坏或石料的破碎。土的强度极限见表 1-17。一般石料强度和压路机单位线压力的关系如表 1-18 所示。

表 1-17　碾压与夯实时土的强度极限

土　类	土的极限强度					
	光轮碾		轮胎碾		夯板（直径 70～100 cm）	
	kPa	kg/cm^2	kPa	kg/cm^2	kPa	kg/cm^2
低黏性土（砂土、低液限黏土、粉土）	294～588	3～6	294～392	3～4	294～686	3～7
中等黏性土（粉质中液限黏土、中液限黏土）	588～980	6～10	392～588	4～6	686～1 176	7～12
高黏性土（高液限黏土）	980～1 470	10～15	588～784	6～8	1 176～1 960	12～20
极黏的土（很高液限黏土）	1 470～1 764	15～18	784～980	8～10	1 960～2 254	20～23

注：表列值均为最佳含水量下的土。

表 1-18　石料强度和压路机单位线压力的关系

石料性质	软	中等	硬	极硬
石料名称	石灰岩、砂岩	石灰岩、砂岩、粗粒花岗岩	细粒花岗岩、正长岩、闪绿岩	辉绿岩、玄武岩、闪长岩、辉长岩
极限强度/MPa	29.4～58.5	39.2～98	98～196	196 以上
压路机单位线压力/kPa	5 880～6 860	6 860～7 800	7 800～9 800	9 800～12 250

线压力与机械质量有关。一般，土的含水量偏低、铺层厚，压实度要求高的选用重型机；反之，选用轻型机。面层材料碾压机型的线压力可按规范来确定。在压实各种路面材料选用静力式压路机时，可参考表 1-19。

表 1-19　选择碾压路面材料用静力压路机的一般数据

路面铺筑层形式	各个碾压阶段所需压路机单位线压力/kPa	各个阶段压路机行驶速度/（km/h）	压路机质量/t	压路机类型
泥结碎石路面	2 940～3 720 4 900～6 860 7 840～11 760	1.5～2 1.5～2 3～4	5～8 7～8 12～15	二轮二轴 三轮二轴
沥青结合料表面处至水结碎石	2 940～3 920	2～4	5～6 7～8	二轮二轴
沥青结合料浅贯入和深贯入	2 940～3 920 4 900～7 350	2～4	5～6 7～8	二轮二轴
沥青混凝土	3 000～4 000 4 000～76 000 5 100～76 000	1.5～2 2.5～3 2～4	5～6 7～8 12～15	二轮二轴 三轮二轴 轮胎压路机
沥青碎石路面	3 000～4 000 5 100～76 000	2～4	5～6 8～10	二轮二轴 三轮二轴

（2）碾压速度

压路机碾压速度的选择，受土壤或材料的压实特性、压路机的压实功能、工程技术和质量要求，以及压实层厚度、作业效率等因素的影响。例如，黏性土壤变形滞后现象明显，碾压速度不宜过高。又如，对铺筑层进行初压时，由于铺筑层变形大，压路机滚动阻力大，并且为使碾压作用传递深度大些，碾压速度也不宜过高。一般情况下，碾压速度高，作业效率高，但压实质量差；碾压速度低，压实厚度大，压实质量高，但作业效率低。

一般，压路机进行初压作业时，静光轮压路机适宜的碾压速度为 1.5 ~ 2 km/h，轮胎式压路机碾压速度为 2.5 ~ 3 km/h，振动压路机的碾压速度则为 3 ~ 4 km/h。随着碾压遍数增加，压路机进行复压和终压作业时，静光轮式压路机碾压速度可增到 2 ~ 4 km/h，轮胎式压路机碾压速度可增到 3 ~ 5 km/h，振动压路机的碾压速度可增到 3 ~ 6 km/h。

（3）碾压遍数

相邻碾压轮迹重叠 0.2 ~ 0.3 m，依次将铺筑层全宽压完为一遍，而在同一地点如此碾压的往返次数，称为碾压遍数。

碾压遍数和土质、含水量、铺层厚度、机械种类及质量等有关，一般压实遍数要在 5 ~ 8 遍以上。工地上为了决定最佳机种、合理的铺层厚度和压实遍数，要进行压实试验。试验时，选用有代表性的堆填材料堆成宽 5.0 m、长 20 m 左右的试验区段，就其 15、20、25 和 30 cm 四种铺层厚度进行各种压实机械的压实试验，对不同压实遍数（如 1、2、3、5、10 和 15 遍）测量铺层的压实度和含水量，从而决定各机种的最佳压实遍数。

压实度和压实遍数的关系如图 1-62 所示。压实遍数为 a 时为最佳。不同机种对不同土质，在不同含水量时，其所需的碾压遍数是不同的。显然，小于 a 的碾压遍数，达不到压实度的要求，大于 a 的碾压遍数则效果甚微，应适当控制。对于含水量高的黏性土，若碾压过量，将出现弹性变形，强度反而降低。

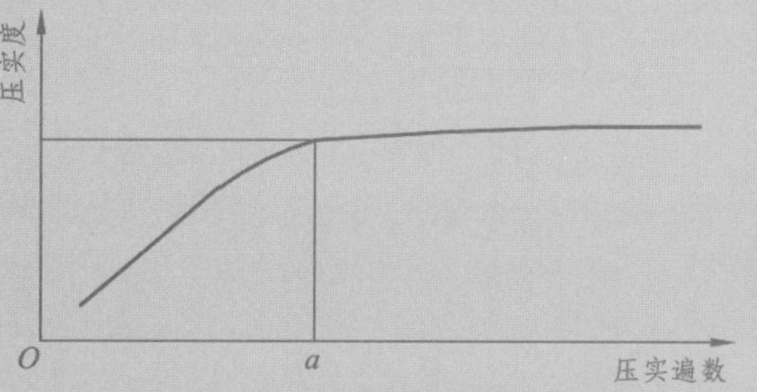

图 1-62　压实度与碾压遍数的关系

一般，压实路基和路面基层时，需要碾压 6 ~ 8 遍；压实石料铺筑层时，需要碾压 6 ~ 10 遍；压实沥青混合料路面时，需要碾压 8 ~ 12 遍。采用振动压路机时，碾压遍数可相应减少。

（4）压实厚度

压实厚度是指铺筑层压实后的实际厚度。压实厚度小，施工效率低，压实层表面易产生裂纹；压实厚度大，则铺筑层深部不易被压实。

厚度是以铺筑层松铺厚度来保证的，它们之间的关系为：松铺厚度＝松铺系数×压实厚度。所谓松铺系数，是指压实干密度与松铺干密度的比值，需要通过试验的方法确定。根据施工作业方式和土壤特性，土壤的松铺系数一般为1.3～1.6。

由压路机作用力的最佳作用深度决定的各种类型压路机适宜的压实厚度见表1-20。

表1-20　几种类型的压路机适宜的压实厚度

压路机类型	适宜的压实厚度/cm	碾压遍数	适应的土种类
8～10 t静力式光轮压路机	15～20	8～12	非黏性土
12～20 t静力式光轮压路机	20～25	6～8	非黏性土
9～20 t轮胎压路机	20～30	6～8	亚黏土、非黏性土
30～50 t拖式轮胎压路机	30～50	4～8	各类土
2～6 t拖式羊脚压路机	20～30	6～10	黏性土
14 t拖式振动压路机	100～120	6～8	砂砾石、碎石
10 t振动压路机	50～100	4～6	非黏性土

（5）振频和振幅

振频和振幅是振动压路机压实作业的重要性能参数。振频是指振动轮单位时间内振动的次数，其单位符号为Hz。振幅是指振动时振动轮跳离地面的高度，其单位符号为mm。振幅参数一般是指标称振幅，即假设在完全弹性的表面上振动，振动轮完全自由地跳离地面的高度。实际振动压实时，实际振幅一般稍大于标称振幅。

振频高，被压实层表面平整度好；振幅大，作用在压实层上的激振力大。根据作业内容，振频与振幅相互协调，才能获得较理想的压实效果。一般，压实厚层路基时，应以低振频（25～30 Hz）与高振幅（1.5～2 mm）相配合进行振动压实，以期获得较大的激振力和压实作用深度，以提高作业效率。压实薄层路面时，应以高振频（33～50 Hz）与低振幅（0.4～0.8 mm）相配合进行振动压实，以期获得单位距离内有较多的冲击次数，以提高路面质量。

思考题

1. 土方工程机械化施工的过程是怎样的？
2. 利用挖掘机开挖土方工程的施工方法及技术要领是什么？
3. 利用推土机开挖及运输土料的方法及技术要领是什么？
4. 利用铲运机开挖及运输土料的施工方法及运行路线是怎样的？

5. 利用装载机开挖及运输土料的施工方法和注意事项有哪些？
6. 平地机施工作业的内容有哪些？主要技术要求是什么？
7. 常用土方机械的类型有哪些？
8. 如何计算挖掘机、推土机、铲运机、装载机及平地机的生产率？
9. 压实机的结构类型有哪些？
10. 各类压实机的主要施工特点是什么？
11. 压实机械的施工作业参数有哪些？怎样确定压实机的施工作业参数？
12. 压实机的施工作业技术要领是什么？
13. 压实机在路基压实作业工程中的注意事项有哪些？
14. 土方机械选择的方法及内容是怎样的？

学习情景二 路面机械在施工中的应用

学习目标

知识目标

（1）能描述沥青洒布机、沥青混凝土拌和设备、沥青混凝土摊铺机的用途、分类及基本结构组成。

（2）能描述水泥混凝土搅拌设备和水泥混凝土摊铺机的用途、分类及基本结构组成。

（3）能描述沥青混合料拌和的工艺流程。

能力目标

（1）能根据施工内容和条件，选用相应类型的路面机械。

（2）能运用路面机械进行施工作业。

一条公路由主路路基部分和路面部分所组成。路基工程主要是土壤的搬移、平整和碾压，路面工程主要是路面材料的拌制和铺筑。路面是由多种材料铺筑的多层建筑物，由于地理位置和公路等级的不同，使得筑路材料种类繁多，再加上施工机械多种多样，施工方法各有异同。本情景主要介绍路面机械在稳定土路面、沥青混凝土路面和水泥混凝土路面施工中的应用。

一、主要施工机械

（一）沥青洒布机

1. 沥青洒布机的用途和分类

沥青洒布机是在以贯入法、表面处置法修筑路面、稳定土壤以及路拌沥青混合料等工程中，用以运输、洒布液态沥青和煤焦油的一种专用机械。

沥青洒布机按其用途分类有养护用和筑路用两种。养护用沥青洒布机的贮料箱（贮存液态沥青）的容量较小，一般不大于 400 L；筑路用沥青洒布机的贮料箱的容量为 3 000 ~ 20 000 L。

沥青洒布机按运行方式分类有自行式、拖式和半拖式 3 种。自行式沥青洒布机安装在汽车底盘上；拖式和半拖式用汽车或单轴牵引车牵引。

沥青洒布机按沥青泵的驱动方式分类有汽车发动机驱动和专用发动机驱动两种。后者可在较大范围内调节沥青的洒布量。

2. 自行式沥青洒布车的构造

自行式沥青洒布车的外形如图 2-1 所示，其全部工作装置都装在汽车底盘上。工作装置包括贮料箱、加热系统、传动系统、循环-洒布系统、操纵机构和检查计量仪表等。

图 2-1 自行式沥青洒布车

1）贮料箱

贮料箱的作用是贮存高温液态沥青并具有一定的保温作用。

贮料箱（见图 2-2）是由钢板焊制而成的椭圆形长筒，箱体外包以 50 mm 厚的玻璃绒或石棉，用以保温和隔热，可使箱内的热态沥青在外界温度为 12 ~ 15 °C 时，冷却速度保持在 2 °C/h 左右。隔热层外用金属薄皮套包住。在运输过程中，为了减轻沥青对箱壁的冲击，在箱内设有底部带有缺口的隔板 17。在箱顶的中部有一个带滤网 5 的大圆口，可以直接加料，也可供维修人员进出之用。箱内还装有进油管 13 和测定液量的浮标 15 等。

2）加热系统

加热系统的作用是加热沥青，使贮料箱中的沥青温度保持在 150 ~ 170 °C，以确保工作的需要。它由燃油箱、两只固定喷灯、一只手提喷灯、两根 U 形火管、滤清器、油管和仪表等组成。

两根 U 形火管安装在贮料箱底部，两只固定喷灯向 U 形火管内喷入火焰，加热贮料箱内的沥青；一只手提喷灯用于施工前加热沥青泵与管路，熔化凝集的沥青，使各运动部件灵活运转。

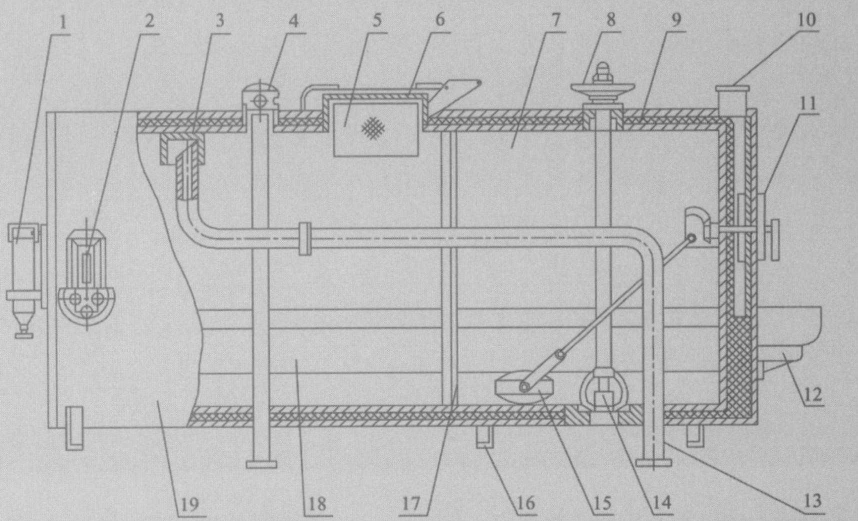

1—灭火器；2—温度计；3—溢流管；4—排气盖；5—进料滤网；6—进料口盖；7—筒体；8—总阀门手轮；9—玻璃绒；10—排烟口；11—刻度盘；12—固定喷灯；13—进油管；14—总阀门；15—浮标；16—料箱固定架；17—隔板；18—加热火管；19—箱外罩。

图 2-2　贮料箱

3）传动系统

传动系统的作用是使车辆行走，驱动沥青泵进行工作。

4）循环-洒布系统

循环-洒布系统主要有沥青泵、全部循环-洒布管路和各种三通阀等部分组成，如图 2-3 所示。

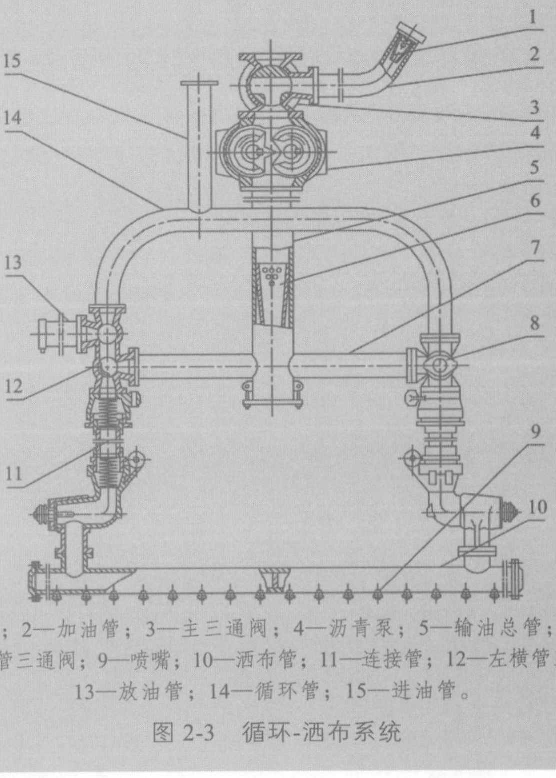

1、6—滤网；2—加油管；3—主三通阀；4—沥青泵；5—输油总管；7—横管；8—右横管三通阀；9—喷嘴；10—洒布管；11—连接管；12—左横管三通阀；13—放油管；14—循环管；15—进油管。

图 2-3　循环-洒布系统

5）操纵机构

操纵机构一般包括三通阀的拨动和洒布管的操纵（提升、下降、水平移动和回转）两部分。对于后置专用发动机驱动操纵机构，还包括对驱动沥青泵的发动机和减速器的操纵控制部分。这些操纵机构都集中在车后的操纵台上，通过手轮和操纵杆进行，如图 2-4 所示。

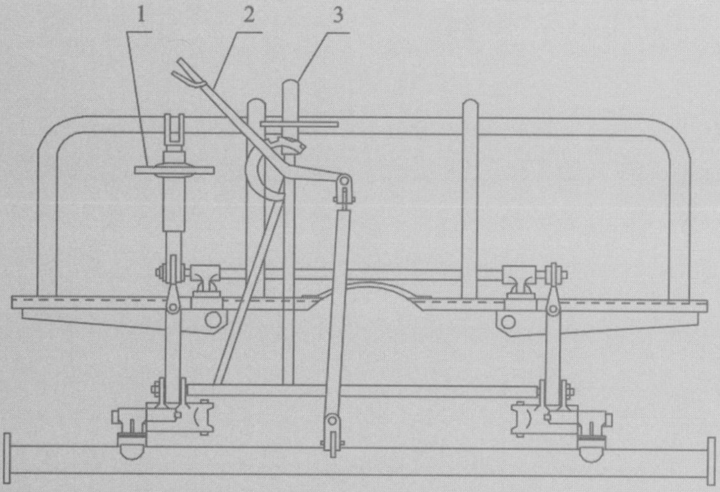

1—洒布管的升降手轮；2—洒布管的喷油角调整手柄；3—洒布管的左右摆动推杆。

图 2-4　沥青洒布机的操纵机构

（二）沥青混凝土拌和设备

沥青混凝土的拌和是将高温液态沥青与加热风干后的骨料及石粉在相应的拌和设备中进行混合的过程，最终得到颜色均匀一致、密度相同的均匀混合物。

由于机型不同，其工艺流程也不完全相同。目前，国内常用的机型是强制搅拌式和连续滚筒式，现就这两种类型的工艺流程简述如下。

1. 间歇强制式拌和设备

间歇强制式拌和设备的工艺流程见图 2-5。

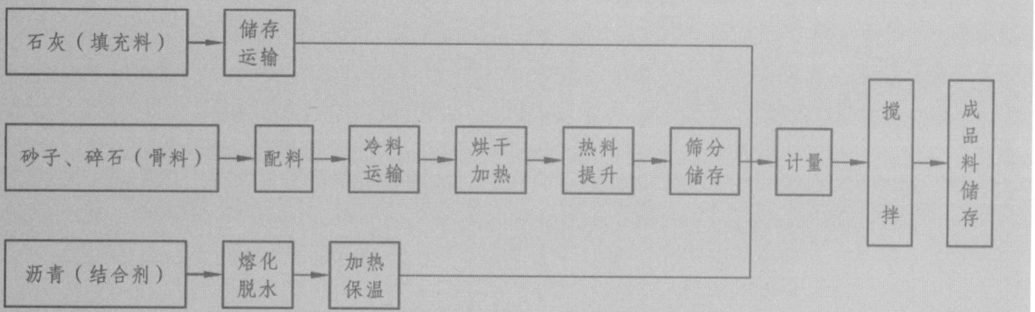

图 2-5　间歇强制式拌和设备工艺流程

从工艺流程图中可以看出，骨料的处理工艺阶段比较长，所配备的设备自然要复杂一些。图 2-6 所示为间歇强制式沥青混凝土搅拌设备总体结构。

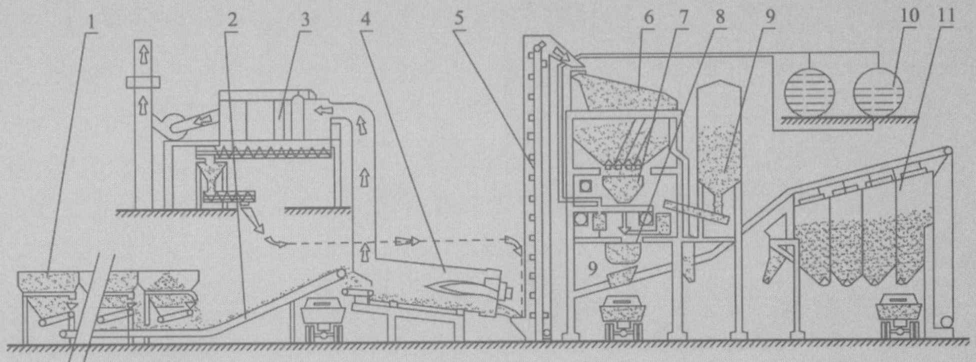

1—冷集料定量给料装置；2—冷集料输送机；3—除尘装置；4—干燥滚筒；5—热集料提升机；6—热集料筛分机和储斗；7—热集料计量装置；8—搅拌器；9—矿粉储仓和定量给料装置；10—沥青保温罐和定量给料装置；11—成品储仓。

图 2-6　间歇强制式沥青混凝土搅拌设备总体结构

2. 连续滚筒式搅拌设备

连续滚筒式搅拌设备工艺流程见图 2-7。

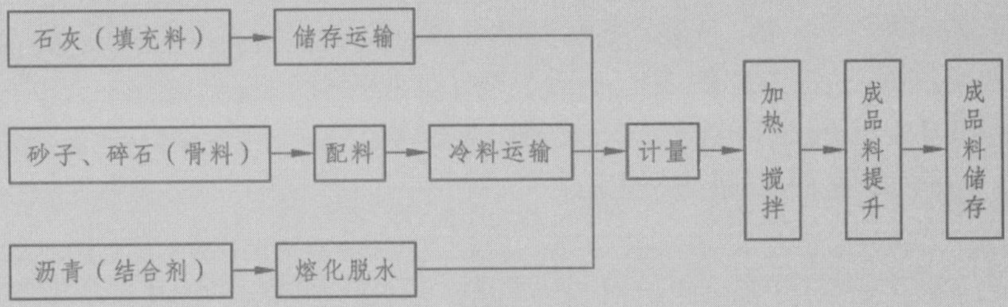

图 2-7　连续滚筒式搅拌设备工艺流程

从工艺流程图中可以看出，连续滚筒式搅拌设备工艺流程大为简化，设备也随之简化，便于管理和搬迁，能耗可以降低 15%～30%。图 2-8 所示为连续滚筒式沥青混凝土搅拌设备总体结构。

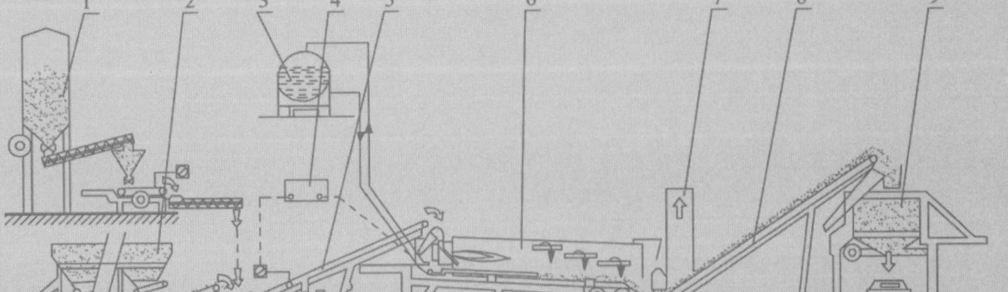

1—矿粉供给系统；2—冷集料容积式定量给料装置；3—沥青供给装置；4—自动控制中心；5—冷集料输送机；6—干燥搅拌筒；7—除尘装置及烟囱；8—混合料输送机；9—混合料成品储仓。

图 2-8　连续滚筒式沥青混凝土搅拌设备总体结构

(三)沥青混凝土摊铺机

沥青混凝土摊铺机是摊铺沥青混凝土路面的专用机械。它可将已拌制好的沥青混合料按一定的技术要求(横断面形状和厚度)迅速而均匀地摊铺在已整好的路基或底基层上，并给予初步捣实和整平。这既大大增加了铺筑路面的速度，节约了成本，又提高了路面的质量。

1. 沥青混凝土摊铺机的用途和分类

沥青混凝土摊铺机广泛用于公路和城市道路的建设和养护中，还用于机场、港口、停车场等工程施工中。

沥青混凝土摊铺机的分类如下:

(1)按行走装置分类

沥青混凝土摊铺机按行走装置的不同分为轮胎式和履带式两种。

轮胎式摊铺机一般为全桥驱动，其前轮为实心光面轮胎，实心的目的是防止因料斗内混合料重量的变化引起前轮的变形，从而影响到摊铺厚度的变化；后轮为充气或充气液二相轮胎，可提高其爬坡及附着能力。轮胎式摊铺机可获得较大的行驶速度，机动性好，在弯道上摊铺可实现较平滑的过渡。

履带式摊铺机如图 2-9 所示。其履带为无履刺式。履带式摊铺机可获得较大的牵引力，接地比压低，对路基不平度敏感性较差。但其行驶速度较低，在弯道处摊铺会形成锯齿状。

图 2-9　履带式摊铺机

(2)按动力传动系统分类

沥青混凝土摊铺机按动力传动系统的不同分为液压式、机械式和液压机械式3种。

液压式摊铺机的行走、供料、分料、熨平板和夯实板的振动、熨平板的延伸等均采用液压传动。目前，摊铺机向着全液压的方向发展，并广泛采用机电液一体化技术。

机械式摊铺机的行走、供料、分料采用机械传动，结构复杂，操作不便。由于机械式摊铺机传动链多，且中心距较大，故多采用链式传动，但其调速性和速度匹配性较差。

液压机械式摊铺机的结构是机械式和液压式摊铺机的结合，其结构特点和使用性能介于二者之间。

（3）按摊铺宽度分类

沥青混凝土摊铺机按摊铺宽度的不同分为小型、中型、大型和超大型 4 种。

小型摊铺机摊铺宽度一般小于 3.6 m，主要用于沥青混凝土路面的养护和低等级路面的摊铺。

中型摊铺机摊铺宽度一般为 4 ~ 6 m，主要用于二级以下公路的修筑和养护作业。随着自动调平系统的应用，该机型也可用于一级公路的摊铺。

大型摊铺机摊铺宽度为 7 ~ 9 m，主要用于高等级路面的摊铺，传动形式以液压机械式和全液压式为主，具有自动找平系统，摊铺质量高。

超大型摊铺机摊铺宽度在 12 m 以上，主要用于高速公路的施工，路面纵向接缝少，整体性好。

2. 沥青混凝土摊铺机的构造

沥青混凝土摊铺机主要由一台特制的轮胎式或履带式基础车、供料设备、工作装置以及操纵机构等部分组成，如图 2-10 所示。

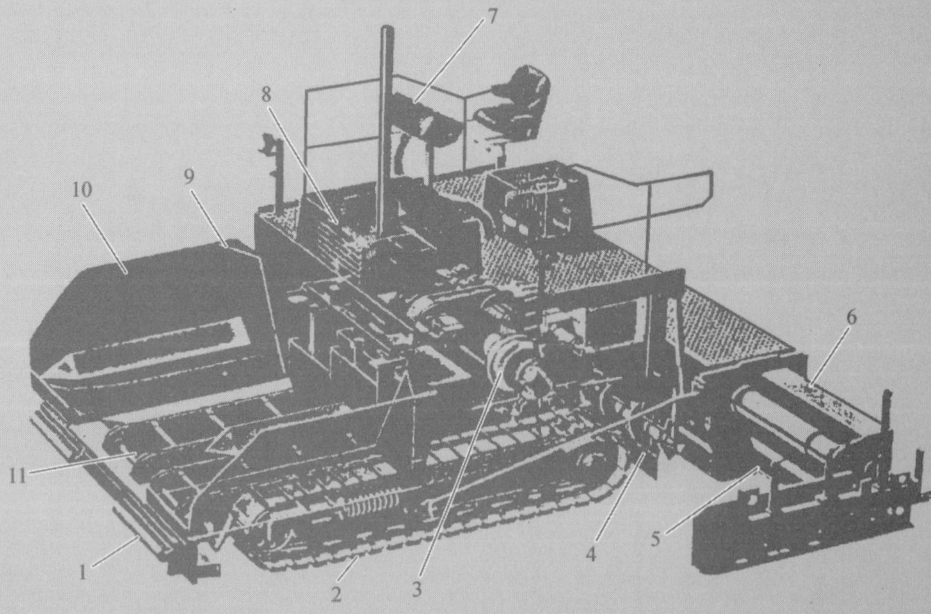

1—摊滚；2—履带行走装置；3—传动系统；4—螺旋分料器；5—振捣器；6—整平装置；7—操纵台；8—发动机；9—料斗闸门；10—料斗；11—刮板输送器。

图 2-10　履带式沥青混凝土摊铺机结构

1）供料设备

供料设备由料斗 10、刮板输送器 11 和料斗闸门 9 组成。

料斗置于机械前面，用来接收汽车卸下的混合料。料斗的两侧壁连同其毗连部分（斗底）都可由其下面的油缸向中央顶翻，以便将料斗内的混合料向中央倾卸。

刮板输送器位于料斗下面，用来将料斗内的混合料连续向后输送到摊铺室内，它由一块与斗底共用的底板和两副装在链条上的许多刮板所组成，如图 2-11 所示。链条转动使刮板沿底板向后移动，将料斗内混合料向后刮送，一直送到摊铺室内卸下。左右两副刮板独立操纵，可控制在同速或不同速下运转。

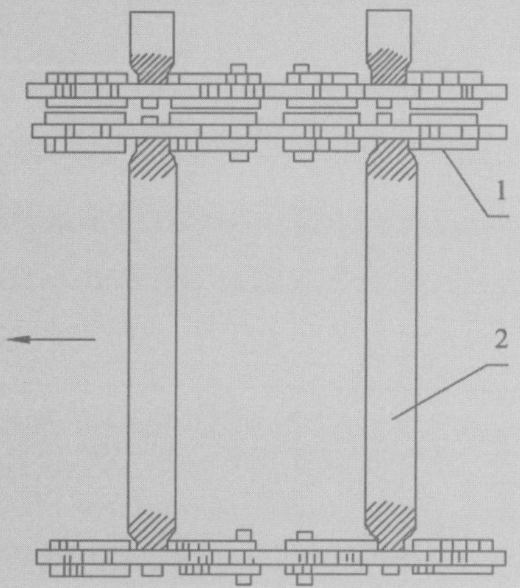

1—链条；2—刮板。

图 2-11　刮板输送器

闸门有左右两扇，可以独立升降，以控制向后输送混合料的强度。闸门开启的大小有标志，驾驶人员可在驾驶室内观察到。

现代摊铺机一般设有供料电控系统，可根据摊铺室内混合料高度的变化成比例地调整供料速度。

2）工作装置

工作装置（见图 2-10）由螺旋分料器 4、振捣器 5 和整平装置 6 组成。

螺旋分料器由两根大螺距、大叶片、螺旋方向相反的螺杆组成。它们同向旋转时能将混合料自中间向两侧推移。

振捣器（夯实板）是左右两块矩形板，由液压驱动的偏心轴来驱动上下振动，对所铺混合料进行初步振实。

整平装置（熨平板）紧贴在振捣器之后，分左右两块，由竖板与箱形纵截面的底座组成，用来熨平混合料并做成所需路拱。箱形底座中装有电加热器（远红外加热器），以便冬季施工时加热混合料。

螺旋分料器、振捣器和整平装置三者的左右外侧都可接加长段，以便摊铺更宽的路面。

3）自动调平系统

现代摊铺机都设有自动调平系统，可根据道路不平度的变化随时调节两大臂牵引点的垂直高度，使摊铺的路面平整度符合技术要求，而不受路基不平度的影响，如图 2-12 所示。

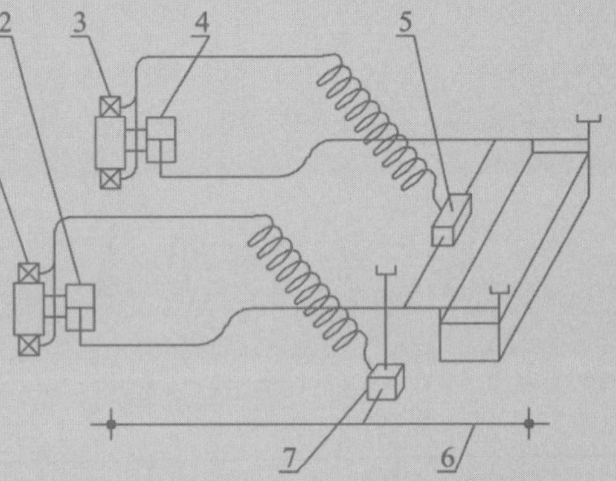

1，3—电磁阀；2，4—调平油缸；5—横坡传感器；6—基准线；7—纵坡传感器。

图 2-12　开关式自动调平系统布置

自动调平系统的工作原理如下：摊铺机工作时，当左侧路面不平使左牵引臂的牵引点升降时，安装在左牵引臂上的纵坡传感器也随之升降，改变了传感器的传感臂与基准线之间的初始夹角（一般为 45°），从而产生高度偏差信号，并经驱动电路推动左侧电磁阀，使调平油缸带动牵引臂的牵引点升降，直到整平装置恢复原来的工作仰角，传感器也回到原位。此时偏差信号消失，油缸停止调节。

右侧的调节与左侧相似，不同之处是它用横坡传感器检测横坡坡度的变化，只要有坡度偏差，右侧调平油缸便进行调节，直到横坡坡度恢复到设定值。

（四）水泥混凝土搅拌设备

1. 水泥混凝土搅拌设备的用途

水泥混凝土搅拌设备是将一定配合比的水泥、砂子、碎石和水等拌制成水泥混凝土的专用设备，在道路、桥梁、房屋建筑等方面应用最为广泛。

2. 水泥混凝土搅拌设备的分类

水泥混凝土搅拌设备的种类繁多，它的分类和特点如下：

（1）按其生产能力和自动化程度分类

水泥混凝土搅拌设备按其生产能力和自动化程度可分为大、中、小型混凝土搅拌设备。

大型混凝土搅拌设备主要用于混凝土制品厂的混凝土搅拌楼，生产效率可达 100～200 m^3/h，同时由计算机控制，自动化程度高。

中型混凝土搅拌设备主要是作为中小型建设工程现场使用的各种混凝土搅拌站，其生产能力为 60～100 m^3/h。

小型混凝土搅拌设备主要指那些零散的简易式浇筑场所，生产能力在 20 m^3/h 以下，一般以手动控制。

（2）按其拌和的方式分类

水泥混凝土搅拌设备按其拌和的方式分为自落式拌和设备和强制式拌和设备。

自落式混凝土拌和机的搅拌过程是：滚筒体内壁上设置的刮料叶片在随滚筒的旋转中，将砂石、水泥和添加剂等组成的物料提升到一定高度，随后物料在重力作用下沿叶片的斜面向下滑落，在滑落过程中相互混合，经过反复提升、下落、混合，物料最终被搅拌均匀。这种搅拌机适用于建筑工程中坍落度低、骨料颗粒比较大的混凝土。图 2-13 所示的双锥反转出料式搅拌机即属于自落式混凝土搅拌设备。

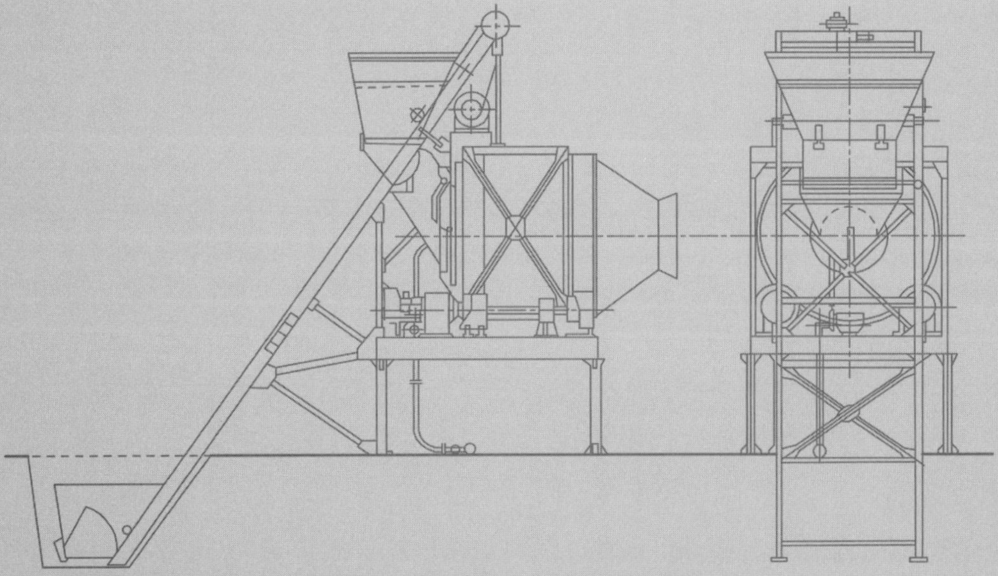

图 2-13　双锥反转出料式搅拌机

强制式混凝土搅拌设备与自落式的显著区别是它采用的搅拌机为强制式的。这种强制式搅拌机又可分为主轴圆盘式搅拌机、单卧轴式搅拌机和双卧轴式搅拌机等。工作中都是通过安装在搅拌轴上的铲板（或叶片）对水泥混凝土的混合料进行强制性铲刮和翻腾搅拌，拌和激烈，时间短，质量好，但能耗大，可用于拌制低塑性混凝土，适用于水泥混凝土路面工程。图 2-14 所示为强制式混凝土搅拌设备。

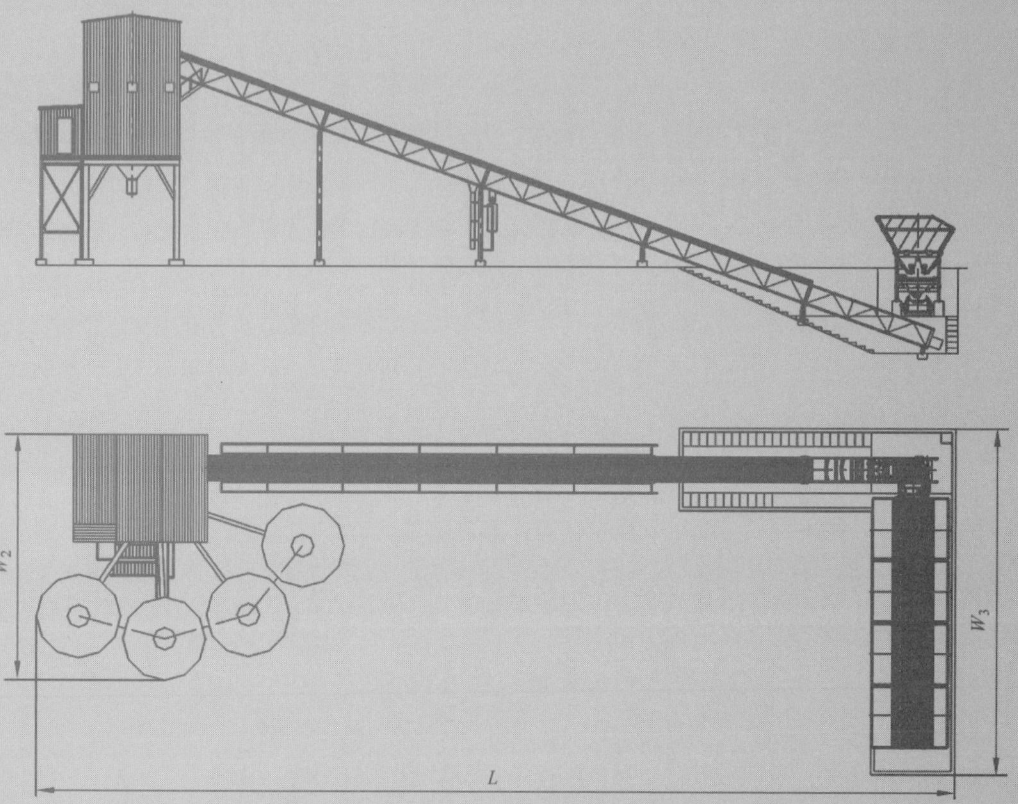

图 2-14　强制式混凝土搅拌设备示意

（3）按作业方式分类

水泥混凝土搅拌设备按作业方式可分为循环作业式和连续作业式两种。

循环作业式搅拌设备的进料、拌料和出料是分批循环进行的，完成一个循环后，再进入下一个循环。连续作业式搅拌设备的进料、拌料和出料工艺过程是连续不断进行的。后者的计量精确度不易保证，各种材料的配合比和拌和时间难以控制，混凝土质量一般较差。

水泥混凝土搅拌设备除上述分类方法外，还有其他分类方法。如按装置的方式可分为固定式和移动式；按出料方式可分为倾倒式和非倾倒式；按拌和鼓的形式又可分为犁式、筒形、双锥形、盘形和槽形等。

3. 水泥混凝土搅拌设备的主要组成及结构

1）上料机构

上料机构可分为骨料上料机构和水泥上料机构。

（1）骨料上料机构

用于水泥混凝土搅拌楼的骨料上料机构最常见的是皮带上料机构和斗式提升上料机构。皮带上料机构是连续不断地进行工作，生产效率高，故障比较少。斗式上料机构占地面积少，投资费用低，但生产效率低，而且传动链易磨损，故目前采用皮带上料机构的比较多。

（2）水泥上料机构

水泥混凝土搅拌站所用的水泥基本上以散装水泥为主，其上料机构有以下几种形式：螺旋输送机上料、斗式提升机上料和压缩空气上料等。压缩空气上料是通过管道形式输送。另外，还有一些配套设备，如空压机、喂料机、除尘器等。

2）集料储存机构

集料储存机构是具有一定容积的储存仓，它储存的砂、石、水泥等原料可以不间断地供给搅拌设备，保证搅拌设备工作的连续性。

骨料仓位于搅拌楼的上部，形状多样化，有正方形、矩形、六角形及圆形等，一般都是由隔板分成 5～6 个储料斗的形式使用。每个料斗的下面设有出料斗门，可以向下方的秤料斗排料。在每个料斗中设有料位指示器。在料仓的顶部设有一台回转式配料器，以将送来的骨料按品种规格分别配送到相应的储斗中。

水泥储仓以圆筒形的居多，数量一般为 2～4 个，储量可以是 50～100 t 不等，或者更大些，可以储存不同品种和牌号的水泥。其直径一般在 3 m 左右，高度为 5～15 m。水泥储仓由仓体、仓顶、下圆锥、底架和辅助设施等组成，由钢板卷制焊接成型。为防止水泥起拱，在仓内设有破拱装置或者在仓外设置仓壁振动器。

3）供水系统

在混凝土搅拌工艺中，水的计量精度是特别重要的。水灰比的控制稳定与否，直接影响到混凝土的和易性及最后的结构强度。常见的控制方法有定时控制、流量控制及容积控制多种形式。

定时控制是利用供水时间的长短来控制供水量的装置。图 2-15 为定时供水系统图，它由电动机、水泵、节流阀和管路等组成。这种装置简单易行，但是供水误差偏大，只能用于不精确的场合。

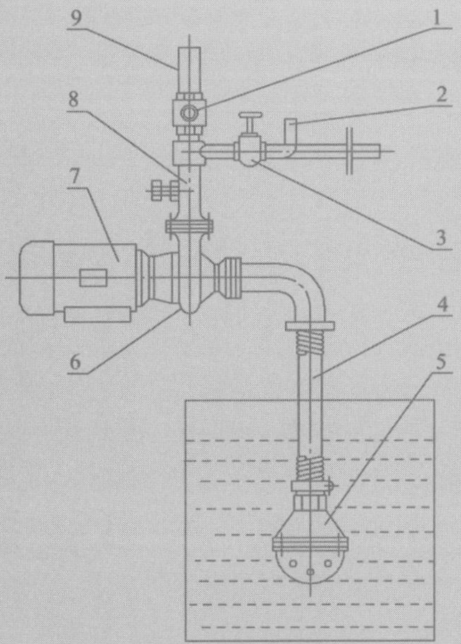

1、3—球阀；2—冲洗管；4—吸水管；5—底阀；
6—水泵；7—电动机；8—节流管；9—出水管。

图 2-15　定时供水系统

流量控制是采用流量数字控制仪进行自动供水计量的，其结构如图 2-16 所示。它由水泵、输水管、过滤器、冲洗管、电磁阀及蜗轮流量变速器组成，属于电脉冲控制形式，精度较高，对计量要求高的场合是首选设备。

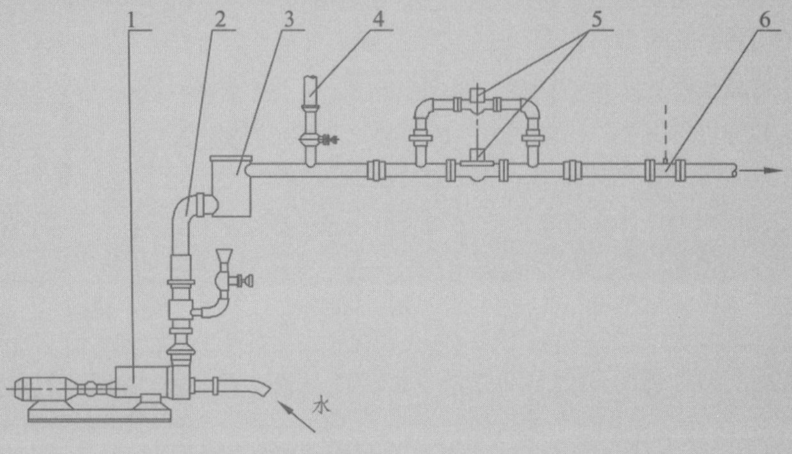

1—水泵；2—输水管；3—过滤器；4—冲洗管；
5—电磁阀；6—涡轮流量变速器。

图 2-16　流量控制供水系统

容积式计量机构是以固定容器（如水箱等）容积的变化来控制供水量的，它由水箱、进排水电磁阀、液位控制开关等组成，结构简单且可靠性好，供水计量误差一般在 ±1%左右，是一种简单易行的供水装置。

4）称量机构

称量机构是搅拌设备中的关键部分之一。它主要是对各种材料进行计量，精度的高低对水泥混凝土的质量及成型后的强度有较大的影响。常用的称量机构有机械杠杆式称量机构及电子秤等。

（1）机械杠杆式称量机构

机械杠杆式称量机构一般采用三组或四组杠杆比为 1/800 的多级杠杆，在最后一级杠杆的平衡位置有微型触点开关和进料斗门联锁，实行程序自动化控制。机械杠杆式称量机构使用时反应迟钝，偏差大，但简单耐用，易维修。

（2）电子秤

电子秤也称微处理机构，它由电阻式拉力传感器、稳压电源、测量电桥、放大器、调速或可逆转电机、微处理器等元器件组成，是目前较先进的称量机构。它的基本原理是将自重和秤斗中的料重所产生的拉力转换为电信号后送往控制台进行控制。图 2-17 为电子秤工作原理图。

电子秤称量机构比机械杠杆式机构精度高，其配合比的变化范围也比较大，可以同时储存多种材料的多种配合比，而且体积小，容易操作。但是，其对周围环境条件，如湿度、振动、电源干扰等比较敏感。

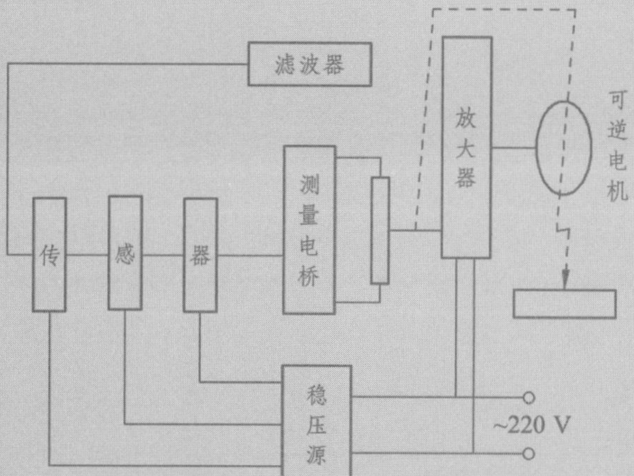

图 2-17　电子秤工作原理

5）搅拌机构

搅拌机构是水泥混凝土搅拌设备的主要组成部分，常用的有 JZ 系列双锥形混凝土搅拌机、单卧轴混凝土搅拌机和双卧轴混凝土搅拌机。

（1）JZ 系列双锥形混凝土搅拌机

双锥形混凝土搅拌机是目前国内常见的搅拌设备，有 JZ250、JZ350 及 JZ750 型等几种。搅拌筒是搅拌机的主要工作部件，其结构为双锥形，筒体内焊有两组高低叶片，高低叶片分别与搅拌筒轴线形成一定的夹角。搅拌筒旋转时，叶片使物料做提升和下降运动，同时又使物料做轴向移动。图 2-18 所示为双锥形搅拌筒。这种搅拌机的出料方式有反转出料和倾翻出料两种形式。

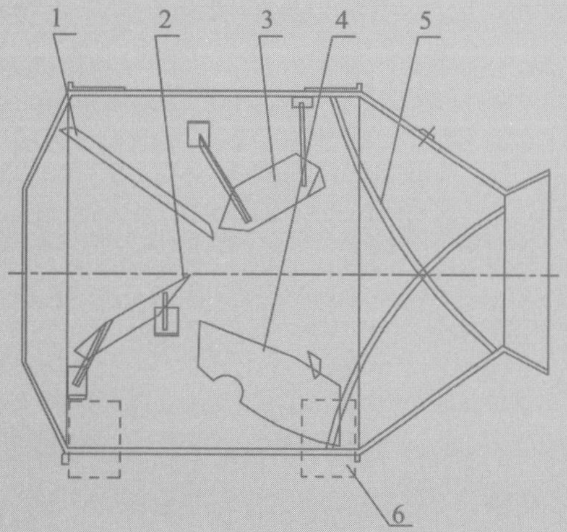

1—低叶片Ⅰ；2—高叶片Ⅰ；3—高叶片Ⅱ；4—低叶片Ⅱ；
5—出料叶片；6—托轮。

图 2-18　双锥形搅拌筒

（2）双卧轴混凝土搅拌机

双卧轴混凝土搅拌机是一种强制性搅拌设备，其结构如图 2-19 所示。

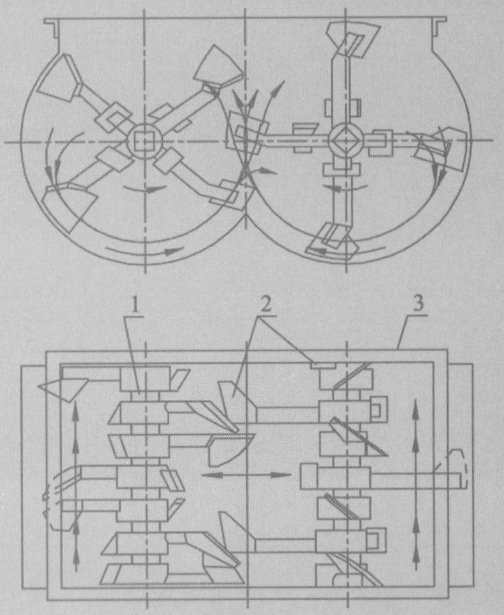

1—搅拌轴；2—叶片；3—搅拌筒。

图 2-19　双卧轴混凝土搅拌机

双卧轴混凝土搅拌机主要由水平安置的双圆槽形搅拌筒、两根水平方向平行安装的搅拌轴（双卧轴）和相应的传动机构组成。在两根搅拌轴的圆周方向排列安装几组叶片。叶片在两根轴上前后左右都交错开一定的空间，以利于混合料的搅拌。两根搅拌轴由传动机构带动，以相反方向旋转，使两轴间的混合料做强烈的运动，从而被快速搅拌均匀。

双卧轴混凝土搅拌机搅拌效果好，但制造成本较高，适用于配套大容量的搅拌设备。

6）操纵机构

水泥混凝土搅拌设备操纵控制的方式有手动、自动和微机控制等几种方式。手动控制基本上是手柄操作，要配备一定数量的控制人员。除了一些简易的单机搅拌站还继续沿用人工手动控制外，一般已很少采用手动方式。

自动控制是一种具有可编程序控制的自动化程度较高的控制方式。

微机控制是微机加可编程序控制的一种方式，是目前大中型搅拌设备较多采用的一种方式。其主要功能有：混凝土的配合比自动计算和调整功能，砂石含水率的测定及自动补偿功能，对物料的粗精称量和超称处理功能，对称量、投料、搅拌和出料实行顺序自动控制功能，对可能发生的主要机电故障进行监测和报警功能，以及快速自动打印、记录功能等。

（五）水泥混凝土摊铺机

水泥混凝土摊铺机是修筑水泥混凝土路面的主要施工机械，其作用是把已经搅拌好的水泥混凝土，均匀及平整地摊铺在路基上，再经振捣和光整表面等工序，使之形成符合标准规范要求的混凝土路面。

1. 水泥混凝土摊铺机的分类

水泥混凝土摊铺机按其性能和施工方法可分为轨道式和滑模式两种。

轨道式水泥混凝土摊铺机又称“摊铺列车”，如图 2-20 所示。它由布料机、振捣装置和修光器等组成，它们一起在摊铺机的两根轨道上行驶，这两根轨道同时又是铺筑路面的边模。其施工工艺过程为：首先由布料机将自卸车倾卸在路基上的混凝土料堆摊铺到路基的各个位置上，然后通过预整平振捣器组进行振实，再由搓动式修光器抹平。在混凝土硬化期间，保留轨道边模不拆，以防路边塌落，待混凝土硬化后，再拆模板，作为铺筑下一段路面用。安装模板和拆卸模板费工费时，而且需要大量的模板才能保证一定的作业效率。但此种机型结构简单、造价低、易操作，对水泥混凝土要求较低，故至今还受到不少施工者的青睐。

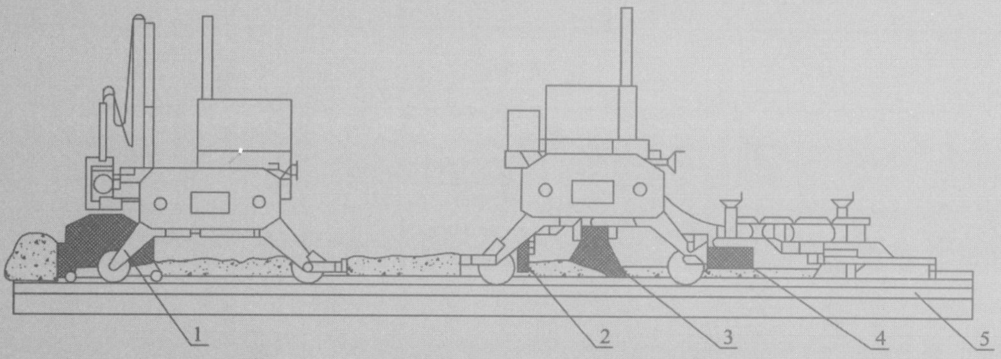

1—摊铺器（回转铲式）；2—预平整刮板；3—振捣装置；4—修光器；5—轨模。

图 2-20　轨道式混凝土摊铺机

滑模式水泥混凝土摊铺机（简称滑模摊铺机）是 20 世纪 60 年代中叶，在轨道式摊铺机的基础上开发研制而成的一种路面施工专用设备。它集混凝土的布料、计量、振捣、滑模挤压成型、平搓、抹平于一体，能自动、高质量、一次性地将混凝土料成型在路基上，用于公路施工的高档摊铺机，同时还具有传力杆打入功能，在摊铺过程中自动将横向传力杆、中央拉杆和侧向拉杆按要求打入混凝土铺层中。

滑模式水泥混凝土摊铺机具有自动化水平高、生产效率高、摊铺质量高等突出特点，因此在高等级公路、城市道路、机场跑道和停机坪、市政广场以及水渠面等铺层施工中均广泛采用。

铁路客运专线轨枕或轨枕板下的硬性支承层（承载层）为级配特殊的水泥混凝土铺层，对铺层线形、断面尺寸、密实度、平整度以及密实度的均匀性都有很高的要求。日本、德国、法国等发达国家的施工范例表明：铁路客运专线硬性支承层只有采用滑模式水泥混凝土摊铺机施工，摊铺质量和工期才能达到要求。

滑模式摊铺机与轨道式摊铺机相比在使用性能方面有以下不同：

（1）整机摊铺采用全液压传动，操纵系统采用电液伺服，操作人员 1～2 人。

（2）摊铺时路面的拱度、纵坡、横坡和弯道等均可通过调整成型板和引导机构自动实现，整个路面可以全幅施工，一次成型。

（3）生产准备工作简单，无须铺设模板和轨道，只需架设钢丝导引拉线即可施工。

滑模摊铺机结构较复杂，操作技术难度大，对操作人员的素质要求比较高，同时对所用混凝土的级配和坍落度等技术指标的要求也较严格，这对该机的施工应用造成一定的局限性。滑模式摊铺机因其主机功率的大小和作业宽度、作业对象的不同，其行走机构有双履带、三履带和四履带等几种形式。图 2-21 所示为四履带式滑模摊铺机。

图 2-21　四履带式滑模摊铺机

2. 水泥混凝土摊铺机的主要结构

1）布料机构

摊铺机的布料工序是作业中的首道工序，其质量的好坏对后续各道工序正常进行及整个施工质量有较大的影响。布料机构的形式有多种，常见的有螺旋布料机构及旋转刮板机构，现以螺旋布料机构说明如下。

螺旋布料机构是最常见的布料装置，多用于大中型滑模摊铺机中，其轴线平行于路基表面，如图 2-22 所示。螺旋叶片的直径通常为 400～450 mm，由一台可正反转的液压马达驱动，通过叶片的正反转实现均匀布料。作业时，叶片埋入混凝土中，通过叶片的回转左右推送混凝土，使混凝土摊铺在路基上，同时，推送时对混合料又施加了一次搅拌作用，消除了卸料时的不均匀现象，这是其突出的优点。

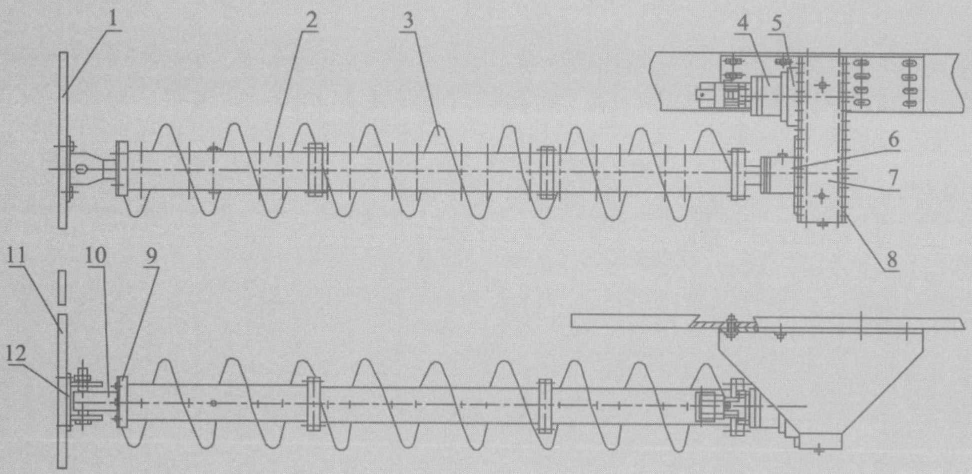

1—支撑板；2—叶片轴；3—叶片；4—马达；5—变速箱总成；6—链箱壳体；7—轴承箱；8—传动链；9—端盖；10—心轴；11—侧模板；12—连接板。

图 2-22 螺旋布料机构

旋转刮板式布料机构如图 2-23 所示。其刮板既能沿布料机的横梁往复运动，还能沿竖轴自由旋转。滑道固接于机架上，与机架横梁平行，是刮板沿摊铺宽度横向移动的支撑导轨。刮板体形似滑车，通过上下 4 个辊轮和左右 4 个导轮套装在滑道上。刮板垂直安装在刮板体的中心位置，通过一对液压缸和齿条、齿轮传动，可以绕自身轴线旋转 ±180°。随着布料机向前行走，靠刮板的横向移动和旋转，就能把混合料均匀铺平。

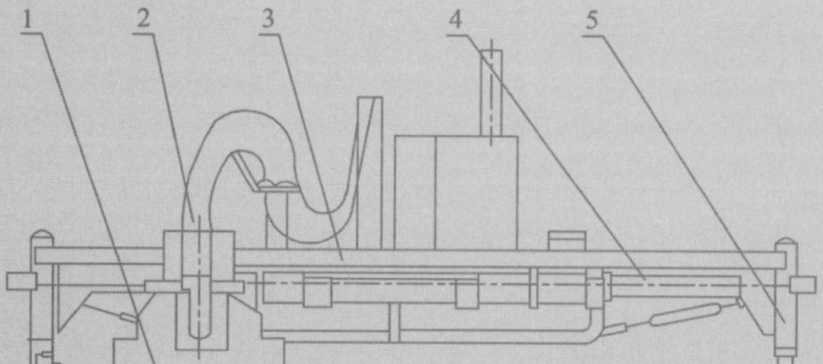

1—刮板；2—刮板体；3—滑道；4—牵引拉绳；5—机架。

图 2-23 旋转刮板式布料机构

2）整平机构

水泥混凝土经过布料机布料后，虽然形成了一定余留厚度的均匀铺层，但其内部的密实度差异仍然比较大，尤其是刮板式布料器形成的差异更为突出。为了克服这一现象，设置了整平机构。整平机构一般紧随布料机后，对布设的虚铺层实施揉搓挤压，减小密实度差异，并起到填平补齐精确计量的作用。常见的整平机构有摆动刮板、固定刮板、圆弧板叶轮及螺旋叶片等几种形式。

摆动刮板是安装在机架前方横向布置的一种刮板整平装置。刮板体由钢板和角钢焊接而成。下缘部分装有宽约 50 mm 的耐磨棱条，大面朝下，前部抬高约 10 mm，与混合料虚铺层面形成一个夹角。在刮板后面的支架上有一对滚子，紧顶在刮板体的后表面上，是刮板体横向摆动的支撑点。在作业中，一方面刮板受变速箱外连接的曲柄连杆的推拉，在整个摊铺宽度上不停地摆动，通过下缘上的耐磨条带对其摊铺层实施挤压及揉搓，另一方面又能随机架缓缓向前移动，对铺层表面进行推刮整平。一般摆动幅度可以通过改变曲柄长度在 0 ~ 80 mm 范围内实现无级调整。刮板底缘的高度除可随机架与振实梁一起调整外，还可通过支架上的一对手轮丝杆实施独立调整，以便确定其底缘与振实梁底面的相对位置。摆动刮板整平机构如图 2-24 所示。

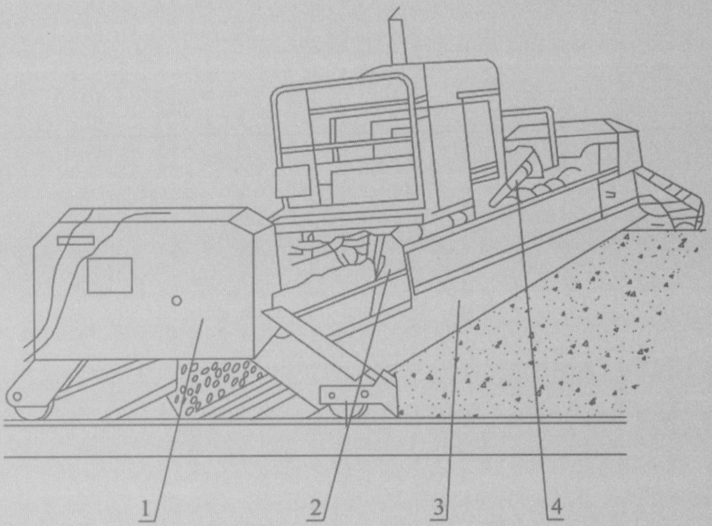

1—机架；2—刮板支架；3—刮板组件；4—驱动连杆曲柄。

图 2-24　摆动刮板整平机构

3）振捣压实机构

水泥混凝土经过布料和整平计量之后，便是振捣和压实工序。该工序是为了提高水泥混凝土的密实性，保证其施工质量。高频振动能够有效地减少混凝土粒料之间的阻力，使其充分密实，所以水泥混凝土的振实机具工作频率均为高频率，其主要结构形式有梁式振捣器和插入式振捣器等。

梁式振捣器又称振捣梁，一般由底板、偏心块、传动轴、轴承和皮带轮等部件组成，如图 2-25 所示。振捣梁通过一组减振块横向悬挂于整平振实机的正下方。工作时，由发动机通过一对三角皮带轮直接驱动，可以实现频率为 75 Hz 的高频振动，振动能量通过压附在混凝土表面上的振捣底面传送到铺设层内部，使水泥混凝土得以密实。

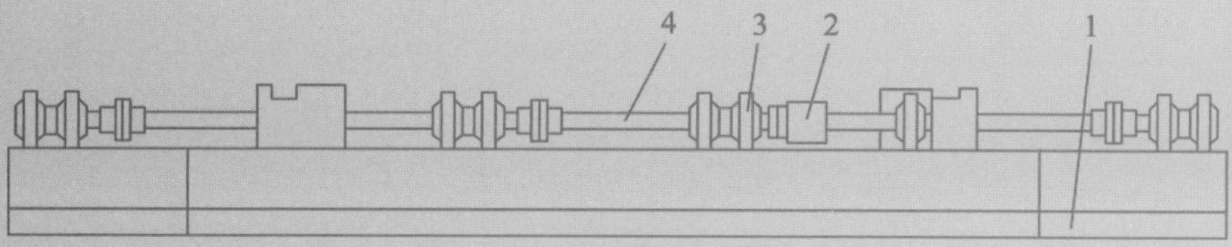

（a）整体结构

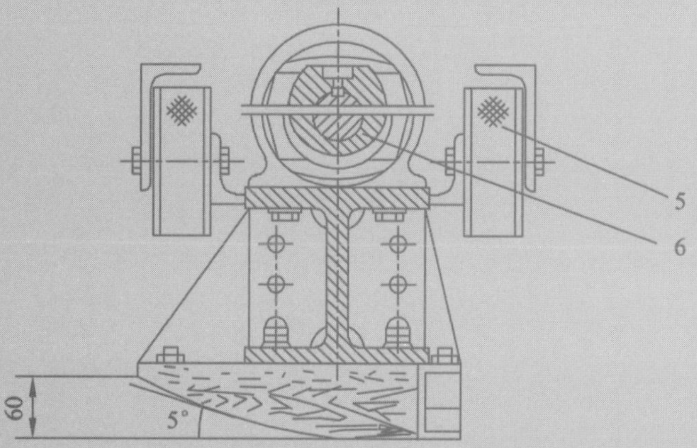

（b）底板结构

1—底板；2—皮带轮；3—轴承；4—传动轴；5—减振块；6—偏心块。

图 2-25　梁式振捣器结构示意

振捣梁的底部呈圆弧状，其前方有 5°的倾角，使前部底缘抬高 60 mm 左右，与水平面成一楔形夹缝。在振实作业中，被刮在前面的混凝土料可以经由夹缝对铺层混凝土进行强制性补充和预压，从而能保证其充分振实，便于起浆和逸出空气。梁式振捣器还有一种是振荡结构，在工作中，除了做垂直振动外，底板前缘周期性地升降，对铺层起到一种前后揉搓作用，这种既振动又振荡的双重作用，振实效果更佳。

4）光整作面机构

光整作面是水泥混凝土摊铺的最后一道施工工序，是路面成型的关键环节，由光整作面机构完成。光整作面机构一般有斜向往复梁（10°精整器和 30°精整器）、水平修光机、斜滚式整平器及浮动式精整器等。

（1）10°精整器

10°精整器由一根与路面宽度方向成 10°夹角做往复运动的抹光梁和左右两个支架组成的，如图 2-26 所示。作业运动的动力由牵引它的整平振实机的液压系统提供，往复运动的频率和振幅根据混凝土的性质在施工中单独调整。在行走支架上装有一对垂直油缸与抹光梁的托架相连，可以使其整体向上抬高与地面脱离，在遇到重复摊铺和修补缺陷时，可以随牵引主机一起移动。精整器与横梁成 10°夹角是为了消除横向摊铺产生的波纹。

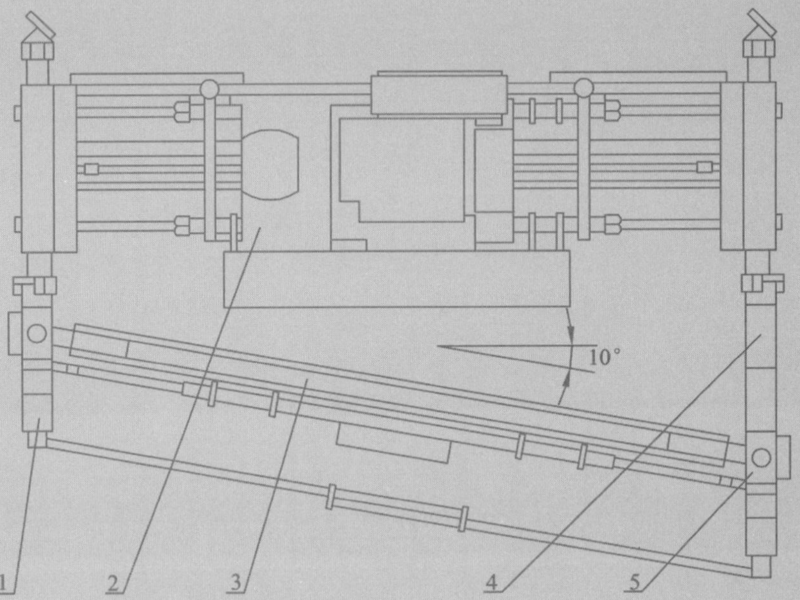

1—左行走支架；2—振实机；3—抹光梁；4—右行走支架；5—升降油缸。

图 2-26　10°精整器

（2）浮动式精整器

浮动式精整器常见于滑模式混凝土摊铺机。它是由四块修光板组合而成的。底板的前缘向上卷起成弧形，用两条 Z 形铁链与机架相连，使其在作业过程中呈拖曳状态。其上设置一套凸轮机构和调整杆校准螺钉等，可以使其拱度精确地调整到设计要求。由于它是浮动在已成型的混凝土表面上，因而能对已成型的表面做进一步修整，使其符合设计要求。

5）机　架

机架是摊铺机各种作业机构组合在一起的基础部件，常采用钢材或异形钢材组焊而成，常见的有箱式梁框架结构和桁架式结构等。

（1）箱式梁框架结构

箱式梁框架结构刚度和强度比较大，一些大中型滑模摊铺机多采用此种结构。根据强度和刚度的不同要求，有的采用单管横梁，有的采用双管横梁，其上设有发动机室、控制台、油料箱、蓄电池及管路、电缆等设施，并铺有防滑板。支撑在履带行走机构上的四只立式油缸就固定在机架前后两根可以加长的横梁端头上，用来调整和升降机架。机架宽度的调整一般是通过更换不同长度的横梁加长杆实现的。每组加长杆都具有和机架横梁相同的箱形截面，通过矩形法兰可靠地连接起来。

（2）桁架式结构

桁架式结构的摊铺机无论是轨道式的还是滑模式的均采用拼装式桁架机架。

这种机架可以拼装成 U 形、T 形等多种几何形状，以适应水渠、斜坡、坝顶等各种摊铺施工的需要。

6）行走机构

摊铺机的行走机构是摊铺机的重要组成部分，要求具备稳定的工作速度和较快的运行速度，以满足摊铺机正常作业和工作场地转移的特殊要求。其基本形式是履带行走机构和钢轮行走机构。

（1）履带行走机构

滑模式摊铺机均采用履带式行走机构，多为液压传动，即每只履带均由一台双向液压马达驱动，且同一侧的液压马达均为同步运行。为了获得较低的工作速度，一般液压马达与行星齿轮箱相连接，再通过链传动将动力传递到履带的主动轮上。与机架相连接的立式调平油缸，通过支架与每条履带直接铰接在一起，它除了支撑整个机器重量之外，还能通过调平传感器和方向传感器随时将履带在行走过程中的实际变动情况反馈到控制台，以实现对机器的摊铺厚度和行动方向的自动控制。

（2）钢轮行走机构

钢轮行走机构结构简单、使用方便、故障少、易维修，大多数轨道式摊铺机均采用此种形式，如图 2-27 所示。

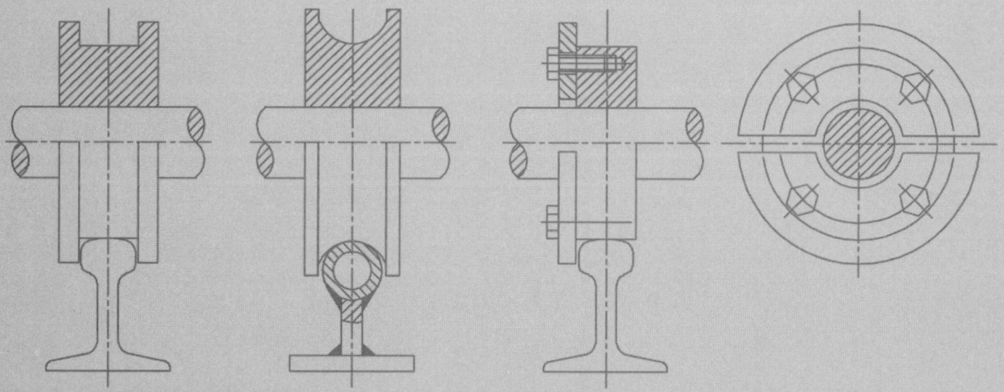

图 2-27　钢轮行走机构

钢轮的形态有多种，为了防止工作时脱轨，钢轮一般制成带槽的轮缘形式。

通过行走支架的升降可调整机架的高度。行走支架的结构形式有两种：一种是鞍形行走支架，它是由一个架体和两条可以展开和合拢的支腿所组成；另一种是平行四边形行走支架，它是由一对平行的支腿和一个丝杆调节机构所组成。机架离地高度随支腿与机架横梁间的夹角变化而变化，如图 2-28 所示。

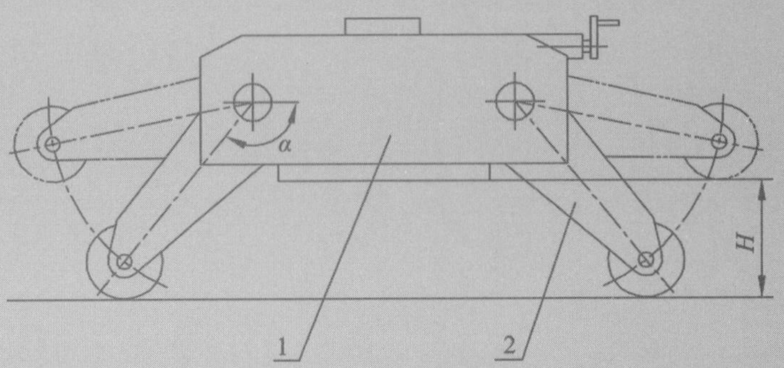

(a) 鞍形行走支架

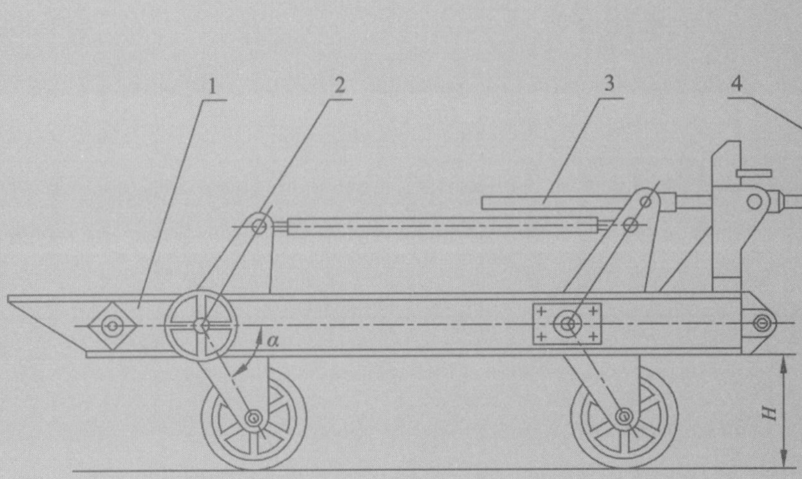

(b) 平行四边形行走支架

1—机架；2—支腿；3—调整丝杆；4—手柄。

图 2-28　两种钢轮行走支架

7）操纵控制机构

操纵控制机构是液压摊铺机的核心部分，它有两个作用：一是对摊铺机的各系统下达指令，按其作业的要求进行工作，以达到最佳的摊铺效果；二是对路面的几何形状，如路面的线形、纵横坡度、拱度和平整度进行调整和控制，使之达到设计要求，这也是常说的摊铺机的调平系统。

对于轨道式摊铺机而言，由于路面的几何形状是由模板和导轨的铺设质量来保证的，因而操作控制的任务就比较单一，主要是对各作业机构进行控制。对于滑模式摊铺机来讲，因其结构较复杂，操作职能全集中在一起，操作和控制的难度相对较大，尤其是调平方面，所以近年来多采用先进的传感器、电-液伺服机构和全液压自动控制等。自动调平装置就是在此基础上产生的。工作中，不管地面高低不平程度如何，摊铺机各种作业装置始终都能保持在同一个预定的高度上，如果路基低了，机器的行走机构将会随之下降，自动调平机构将会使摊铺机支腿上的油缸充油，使机架上升，直到机器达到基准水平为止。反之，若路基高了，机架则会相应下降。

二、施工作业

（一）稳定土路面施工

在公路施工中，使用的稳定土种类很多。近年来，二灰土作为一种半刚性材料，广泛应用于高等级公路路面的基层（或底基层）中。二灰土是石灰、粉煤灰按一定的比例与土混合，掺入适量的水，经拌和、碾压、整平及在一定的温度、湿度下养护成型后，得到一定抗压强度的新型筑路材料。现以修筑二灰土基层为例，介绍稳定土的施工过程。

1. 路拌稳定土路面施工

1）施工前的准备工作

在施工前，应做好技术、人员、材料和机械设备等方面的准备工作，主要内容如下：

（1）认真熟悉设计文件，确定施工组织形式和工艺流程。

（2）合理进行人员配置，在质量上要有专人把关。

（3）做好混合料中的二灰（石灰、粉煤灰）最佳配合比试验和二灰与土的最佳配合比试验，根据配合比备好所需的各种工程材料。

（4）确保机械的完好率，保证零配件的供应，使运输、拌和、碾压形成良好的生产流水线，确保施工顺利进行。

（5）在全面开工前至少一个月，进行二灰土基层（底基层）试验施工。试验面积为 400 ~ 800 m^2。试验路段要求使用与主体工程一致的材料、配合比、拌和机械、压实机械及施工工艺，以检验准备采用施工方案的适宜性。具体应包括采用不同的撒铺厚度进行拌和、碾压，测量其干密度、含水量，检验二灰土的拌和均匀程度，以确定拌和机械的性能、碾压遍数和施工工艺等。

2）施工程序

（1）现场清理和测量放线

清理现场的垃圾、杂草，修补小冲沟。使用测量仪器校核各控制桩，进行高程放样，确保线形准确，保证全线高程贯通。用石灰划出边线及行车道与路肩的分界线。

（2）路床修整

根据高程测量数据，做填方、挖方和路床标高，并根据标高指挥倒土，用推土机推平、平地机整型、压实机械稳压。对整型后的路床报监理人员验收。

（3）路拌二灰土基层（底基层）施工

① 原材料摊铺

首先测试整型后路床铺土层的干密度和松散系数，计算出铺层厚度。按此厚度进行排料、打网格、倒土、摊铺、整平、稳压。铺土层应包括路肩和中央隔离带用土，在此基础上就可以摊铺粉煤灰。

粉煤灰的摊铺也应测试出摊平、整型、稳压一遍后的干密度和松散系数，计算出摊铺厚度，按此厚度进行排料、打网格、倒料、摊平、整型、稳压、洒水，使其含水量在 33%～36%。然后挖验厚度，做标高。最后用平地机精平一遍、压实机械通压一遍后，即可摊铺石灰。

石灰的摊铺应先计算出石灰的用量。计算时应考虑石灰等级折减、含水量折减、质量湿度折减等，再由运输车辆的装载容量，除以折减后单位面积的用量，得出每一运输车辆所能摊铺的面积，根据计算面积打网格、运灰、摊灰。

② 混合料拌和

拌和前，应首先检查稳定土拌和机的轮压、拌和刀具的磨损程度，以及拌和深度指针是否归零等。然后进行试拌，拌和深度应控制在下层松铺土恰好能拌到为止，误差要求 ± 2 cm。拌和由两侧向中间进行，控制拌和速度在 6 m/min。若拌和后大块较多，要拌和第二遍。每次拌和应由专人随机检查，挖验拌和深度。

③ 现场取样

拌和完毕后，按取样频率取样，测定混合料的石灰剂量、含水率，并做抗压强度试验。

④ 洒水碾压

取样石灰剂量合格后，先用凸块压路机振压一遍，然后洒水。洒水时夏季含水量可适当大于施工最佳含水量，只要不积水，不翻浆即可，其他季节应达到最佳含水量。然后用平地机整平，用光轮压路机碾压一遍（每次重叠 1/2 轮宽），再用振动压路机振压 3 遍。

振压之后，进行复中线，断面找平，做标高，并预留 1 cm 作为碾压下沿预留量。最后，根据标准用平地机精平，用光轮压路机碾压一遍。

⑤ 洒水养护

洒水时应均匀。洒水量和养护时间要根据气候条件来决定。养护期间应封闭交通。

上述工序全部完成后，进行自检，将不合格的高程点用平地机及时修正、刮平，然后交监理工程师验收。

2. 厂拌稳定土路面施工

公路等级的提高，对路面质量的要求越来越严格。目前，高等级公路的修建，规定必须采用稳定土厂拌设备进行机械化施工，即利用稳定土厂拌设备拌制混合料，由运输车辆将拌和好的混合料运送到施工现场，按照一定的技术要求由摊铺机进行摊铺、压实机械进行压实。施工要点如下：

1）施工前的准备工作

（1）熟悉设计文件，确定施工组织形式。

（2）确定拌和场地的位置，选定拌和设备的型号和运输车辆的数量。

（3）选定施工机械，包括摊铺机、压实机械及其他机械设备的数量、型号和生产能力等。

（4）选择路用原材料，并进行混合料配比试验。

（5）铺筑试验路段。

2）施工过程

（1）拌和与运输

拌和时，水泥、石灰、粉煤灰与集料应准确称量，按质量比例掺配，并以质量比加水。拌和过程中加水时间和加水量要有记录，同时要严格保证拌和时间，确保拌和的均匀性。成品料要进行配比、击实、抗压试验。

当拌和好的成品料经监理工程师检验合格后，由运输车辆将成品料运送到施工现场。运输车辆在通过已铺筑好的路面时，应低速行驶，车辙应均匀错开，以便使铺筑层得到均匀压实。当拌和场距摊铺现场较远时，混合料应加以覆盖，以防止水分的蒸发，同时应保证装载高度均匀，以防止混合料发生离析。

（2）摊铺和整型

摊铺时应按照要求的松铺厚度，均匀地摊铺在要求的宽度上。摊铺时混合料的含水量宜高于最佳含水量 0.5% ~ 1.0%，以补偿摊铺及碾压时水分的损失。当摊铺厚度超过 20 cm 时，应分层摊铺，最小压实厚度为 10 cm。先摊铺的一层经过整型压实，经监理工程师批准后，将先摊铺的一层表面翻松后再进行上层的摊铺，以便使前后摊铺层能够很好地结合成一体。摊铺完后，由平地机按照规定的拱度进行整型。

（3）碾压

混合料经摊铺和整型后，应立即在全宽范围内进行碾压，使混合料从加水拌和到碾压终了时间不超过规定范围。直线段，由两侧向中心碾压；超高段，由内侧向外侧碾压，以确保路拱符合技术要求。相邻两碾压带应重叠一定的宽度，以便使全路宽都得到均匀压实。在碾压过程中，混合料表面应始终保持湿润，如表面水分蒸发较快，应及时进行少量洒水。为了保证表面平整、无轮迹和隆起，严禁压路机在碾压路段上掉头和紧急刹车。

（4）养护

碾压完成后应立即进行养护，养护时间不少于 7 天。养护方法可视具体情况，采用洒水或沥青乳液等。养护期间应封闭交通，不能封闭时，车速应控制在 30 km/h 以内，并禁止重型车辆通行。

（5）取样和试验

混合料应在施工现场每天或每拌和 250 t 混合料取样一次，并进行含水量、稳定剂用量和无侧限抗压强度试验。在已完成的基层上每 1 000 m^2 随机取样一次，并进行压实度试验。

3）气候条件的影响

工地气温低于 5 °C 时，不应进行施工。雨季施工，应特别注意天气变化，勿使水泥和混合料受雨淋。降雨时应停止施工，但已摊铺的混合料应尽快压实。

（二）沥青混凝土路面施工

沥青路面是用沥青材料作为结合料铺筑面层的路面的总称，它适用于各种交通量的道路。由于用沥青为结合料修成的路面呈黑色，故又称之为黑色路面。沥青路面由于使用了黏结力较强的沥青材料，不仅使矿料之间的黏结力大大加强，提高了混合料的强度和稳定性，使路面的质量和耐久性都得到提高，而且还提高了车轮与地面的附着力，从而也提高了车辆的牵引性能。

根据施工方法不同，沥青路面面层又可分为沥青表面处置面层、沥青灌入法施工面层、沥青混凝土面层和沥青碎石面层 4 种类型。

1. 沥青表面处置面层施工

1）沥青的制作

沥青在常温下是以固态形式存在的，为了保证沥青混合材料的制作，沥青必须加热熔化。沥青熔化的基本形式如下：

（1）电热远红外加热法

远红外加热技术是利用沥青易吸收远红外的波长特性发展起来的一项节能新技术，一般是利用涂有远红外涂料的电热管对沥青进行加热，沥青的升温和保温采用电器控制柜自动控制。其特点是结构简单、占地面积小、热效率高、经济效益显著。

（2）导热油加热沥青法

导热油具有较好的潜热性能，在热油锅炉内局部受热后，作为一种载热体，用热油泵泵送，液相循环于热交换器（沥青容器）中，以稳定导热的理想工况，间接地对油罐中的沥青进行加热。

使用导热油装置时应注意油与空气的隔离，导热油循环应有过滤器和足够的流量，以减少导热油氧化和碳化的可能性，不允许不同品种和不同规格的导热油混用，不得超过导热油允许的最高加热温度等。

（3）太阳能加热沥青法

太阳能加热沥青装置有固定式和移动式两种，以每小时生产率为主参数，按其集热的方式可分为太阳能温室油池、直热式聚光集热器、间热式聚光集热器。

① 太阳能温室油池：由储油体和透明玻璃盖板采光面组成，它使太阳光中波长集中在 0.3 ~ 2.7 μm 的光线透过最大，而 100 °C 以下沥青的热射线的波长大部

分集中在 3 μm 以上，因此，池内沥青发出的热辐射不能透过玻璃散发出去，被屏蔽在池内积蓄起来，这类似于太阳能温室效应，使太阳能转换成沥青的热能，完成沥青的液化。集热温度一般为 40 ~ 70 °C + 室外温度。

② 直热式聚光集热器：太阳能温室油池不能改变太阳辐射的能量密度，只能用于沥青的低温加热。为了扩大沥青加热过程中的太阳能利用率，从太阳能温室油池流出的低温沥青，进入直热式聚光集热器，由自动对日跟踪的柱形抛物面聚光对管内的沥青进行二次加热，可将沥青进一步加热到使用温度（110 °C）。

③ 间热式聚光集热器：考虑到直热式聚光集热直接加热沥青易使沥青老化和沥青自流需要高速的特点，改为利用导热吸收聚焦热，再通过相应交换装置传递给待加热沥青，这就是间热式利用太阳能的方法。间热式聚光集热器有抛物面伞形全跟踪装置和抛物面台架旋转型跟踪装置等。该跟踪装置简单经济，特别适合市政、公路及维修部门采用。

2）*沥青洒布机使用技术参数的确定*

沥青洒布机施工时，首先应确定分层洒布量、洒布路段的长度、洒布机的生产率。

（1）分层洒布量的确定

沥青洒布机分层洒布时，应根据公路工程技术规范的要求确定每层的洒布量。表 2-1 所示为各种表面处置时的沥青用量。

表 2-1　各种表面处置时的沥青用量

处置形式	沥青用量/（L/m²）	喷洒次数
单层表面处置	1.15 ~ 2.5	1
双层表面处置	3 ~ 4	2
浅贯入式 4 ~ 5 cm	5 ~ 8	2
深贯入式 6 ~ 8 cm	8 ~ 11.5	3
封层	1 ~ 1.5	1

单位面积的沥青洒布量与洒布机的行驶速度、洒布宽度以及沥青泵的生产率有关。其公式为

$$Q_b = qvB \tag{2-1}$$

式中　Q_b——沥青泵的生产率，L/min；

v——洒布机的行驶速度，m/min；

B——洒布宽度，m；

q——单位面积洒布量，L/m²。

依照式（2-1），根据沥青泵的生产率、洒布宽度，即可确定洒布机的行驶速度，详见表 2-2。

表 2-2　不同条件下沥青洒布机的行驶速度

洒布量/（L/m^2）	沥青泵的生产率/（L/min）					
	1 090	871	651	560	447	337
	沥青洒布机的行驶速度/（m/min）					
1.5	290	232	174	150	126	90
2	218	174	133	112	89	68
2.5	174	139	106	90	70	56
7	62	50	38	32	26	19

注：洒布宽度为 2.5 m。

（2）每次洒布路段长度的确定

为了便于施工，当沥青洒布量确定后，应进一步确定每一罐料能洒布路段的长度：

$$L = \frac{KV}{qB} \tag{2-2}$$

式中　L——洒布路段长度，m；

V——洒布机贮料箱容积，L；

K——洒布带重叠系数（0.90 ~ 0.95）；

B——洒布的路面宽度，m；

q——单位面积洒布量，L/m^2。

（3）沥青洒布机生产率的计算

沥青洒布机的生产率主要视运距、洒布机的准备工作和施工组织而定，可用式（2-3）计算：

$$Q_s = nK_m V \tag{2-3}$$

式中　Q_s——沥青洒布机的生产率，L/d；

V——沥青洒布机的油罐容量，L；

K_m——油罐充满系数（0.95 ~ 0.98）；

n——洒布机每班洒布次数。

$$n = 60TK_b/t$$

式中　T—每天工作时间，h；

K_b——时间利用系数（0.85 ~ 0.90）；

t——洒布机每一循环所需的时间，min。

$$t = t_1 + L/v_1 + L/v_2 + t_2 + t_3 + t_4 \tag{2-4}$$

式中　t_1——加满每一贮料箱所需的时间，min；

L——由沥青基地至作业工地的距离，m；

v_1——洒布机重载行驶速度，m/min；

v_2——洒布机空载行驶速度，m/min；

t_2——洒布一贮料箱沥青所需的时间，min；

t_3——洒布机两处掉头倒车的时间，min；

t_4——准备洒布所需的时间，min。

在实际作业过程中，沥青洒布机用于洒布沥青的时间很短，大部分时间都用于运输。这样不但影响了洒布机的利用率，同时也影响了洒布的顺利进行，增加了非生产辅助时间。另外，由于长距离运行，必然增加洒布机的数量，提高了洒布机的运行费用，这样很不经济。为了更好地组织施工，减少洒布机的用量，目前在大型工程中多用大型沥青保温油罐车进行运输和贮存，相对减少了沥青的运输距离，使洒布机的生产率大大提高。保温油罐的用量可用式（2-5）计算：

$$n=\frac{Q}{tVK_{\mathrm{m}}} \qquad (2\text{-}5)$$

式中 n——保温油罐用量；

Q——洒布机只洒布不运输时的生产率，L/d；

t——保温油罐车每次往返工地与沥青基地的时间，h；

V——保温油罐的容量，L；

K_{m}——保温油罐的充填系数。

3）沥青的洒布

为了提高沥青的洒布质量，施工中应注意以下要点：

（1）要求沥青洒布机有稳定的行驶速度，速度可按表 2-2 确定。

（2）要求汽车驾驶员和洒布操纵者密切配合，动作协调一致，确保洒布均匀。

（3）要保持沥青的洒布温度。因沥青的黏度和温度成反比，而黏度又决定沥青泵的输出量，若沥青温度不当，则其黏度的变化会引起沥青泵输出量的变化，使洒布不均匀，从而影响到洒布的质量。

（4）要选好喷嘴的离地高度。因喷嘴的离地高度不同，其洒布宽度也不同，如图 2-29 所示。

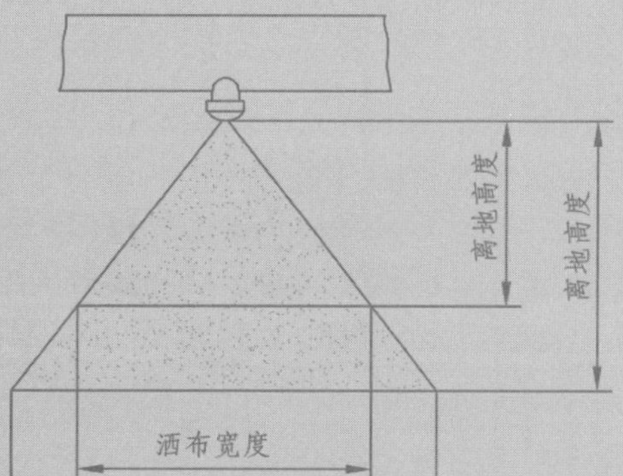

图 2-29 离地高度和洒布宽度的关系

（5）要求汽车轮胎有足够的气压。若轮胎气压不足，贮料箱内沥青数量的变化使轮胎变形较大，从而影响到喷嘴的离地高度。

（6）要保持稳定的洒布压力。因洒布压力不同，喷出沥青的扇形不同，会使洒布均匀性不同。

（7）要注意前后两次喷油的接缝。一般纵向应重叠 10 ~ 15 cm，横向应重叠 20 ~ 30 cm。

2. 沥青混凝土路面施工

1）施工工艺过程

摊铺沥青混凝土，是修建沥青混凝土路面中繁重而重要的工作之一。按其顺序，它包括清扫基层、运输混合料、摊铺混合料以及整平、压实等。采用沥青混凝土摊铺机、自卸车和压路机进行联合作业，就可完成沥青混凝土路面铺筑的全部过程，如图 2-30 所示。

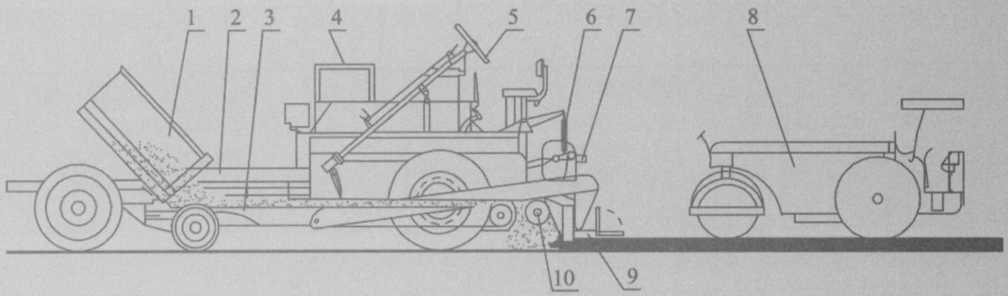

1—自卸车；2—摊铺机料斗；3—刮板输送器；4—发动机；5—转向机；6—熨平板升降装置；7—调整螺杆；8—压路机；9—熨平板；10—螺旋摊铺器。

图 2-30　摊铺沥青混凝土机械化工作过程

在摊铺沥青混凝土混合料之前，应使用路刷清扫基层表面，然后浇洒与沥青混凝土所用沥青标号相同的透油层，其定额可按施工要求决定。其次，检查混合料的施工温度和拌和质量，经检查合格的混合料即可装车运往施工地点。摊铺机摊铺混合料的施工过程如下：

（1）自卸汽车自沥青混凝土供应基地装料运至摊铺地点。装料前需在车厢内涂抹石油或废机油，以防止混合料黏附于厢体上。如运距较远，运输时需用帆布遮盖热混合料，以保证其施工温度。

（2）自卸汽车倒退，使其两后轮支靠在摊铺机前面的推滚上。倒车时要对正方向，缓慢行驶，特别是在与摊铺机接触的一瞬间更要平稳，防止撞击摊铺机而影响摊铺质量。最好是汽车后轮离摊铺机推滚 20 ~ 50 cm 处停下，变速器挂空挡。摊铺机前进时逐渐靠近自卸汽车，并推动自卸汽车一起前进。

（3）摊铺机推着自卸汽车前进，自卸汽车边移动边向摊铺机料斗内卸料。卸料时一般首先卸下 1/4 ~ 1/3 的混合料，然后根据料斗内混合料的数量卸下其余的料。

（4）摊铺机料斗内的混合料先由刮板输送器连续送至摊铺室内，然后再由螺旋摊铺器横向摊铺开来。在刮板输送器速度一定的情况下，混合料的供料强度由闸门来控制。

（5）由螺旋摊铺器摊铺开来的混合料由夯实板初步刮平并捣实。

（6）熨平板将夯实板初步捣实的混合料，按照技术要求（厚度和拱度）熨平。

（7）整平后的摊铺层由压路机最终压实。

2）摊铺机施工中的调整

（1）摊铺带宽度的确定和熨平板宽度的调整

现代公路路面的宽度，大都超过摊铺机熨平板的标准宽度和加宽后的总宽度，所以必须进行多次摊铺。为了减少摊铺条数，减少纵向接缝，每一条摊铺的宽度最好是摊铺机所允许的最大摊铺宽度。但是，为了避免最后一条摊铺带过窄，摊铺机无法作业（只能留待人工摊铺）而影响到摊铺的质量，施工前应根据摊铺路面的总宽度，计算好所需摊铺带的条数和每条摊铺带的宽度。一般可按式（2-6）计算：

$$n=\frac{B-x}{b-x} \tag{2-6}$$

式中　n——摊铺的条数；

B——路面的总宽度，m；

b——每条摊铺带的宽度，m；

x——相邻两摊铺带的重叠量，m，一般为 0.05～0.1 m。

式（2-6）中，摊铺的条数 n 最好为整数。若不能为整数时，应在尽可能减少摊铺条数的前提下，使所剩最后一条摊铺带的宽度不小于摊铺机的标准摊铺宽度。实在不足时，只好用切割机来切割摊铺带。同时，在确定摊铺带宽度时，还要注意以下因素：

① 当全路宽分两次铺完时，决定摊铺宽度不得使机械在已铺好的路面上行走。

② 使用缩短的熨平板进行施工时，尽可能在第一次摊铺时使用；使用加长宽度的熨平板时，尽可能避免反复加长、缩短。

③ 摊铺狭窄道路时，可以让熨平板伸到边沟或路缘石上，但应注意振捣器不能碰到路缘石。

④ 上下层的接缝应错开 30 cm 以上。

⑤ 摊铺纵向接缝时，熨平板与相邻的路面应重叠 5 cm 左右。

⑥ 摊铺下层时，为了便于机械转向，熨平装置的端头与路缘石、边沟之间的距离应保留 10 cm 以上。

⑦ 摊铺大坡度路段时，应从低的路段开始；摊铺单向横坡时，应从内侧向外侧进行。

（2）摊铺厚度的确定和熨平板仰角的调整

为了保证摊铺层厚度经碾压密实后符合设计要求，一般按下列顺序调整摊铺厚度：

① 摊铺工作开始前，加工好两块木块，作为摊铺厚度的基准。木块的宽度为5～10 cm，长与熨平板纵向尺寸相同或稍长，厚度为铺层厚加压实量（一般为铺层厚的1.15～1.2倍）。在摊铺机的行驶装置停置于摊铺带起点的平整处后，抬起熨平板，将两木块分别置放于熨平板的两端下面，如图2-31所示。如果熨平板采用加宽节段，垫木不可置放于接缝处，而应置于加宽节段的边侧内端。

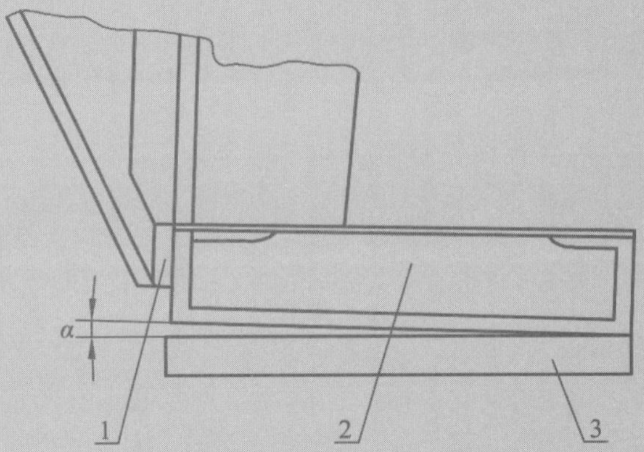

1—振捣板；2—熨平板；3—木垫块；α—仰角。

图2-31　用木板确定摊铺厚度

② 垫木置好后，打开液压阀，使熨平板的升降油缸处于自由浮动状态（油缸最好采用单作用式，当它处于浮动位置时，绝对不能有向下的液体压力，否则行驶装置将被抬升，影响到铺层厚度的准确性）。此后，转动左右两个厚度调节器的螺杆，使其处于中立位置。此时，熨平板只靠自重落在垫木上，不受其他垂直荷载的作用。

③ 为了减少熨平板底座的前移阻力，熨平板置好后，接着要调整熨平板的初始工作仰角。仰角的调整视机型的不同、铺层厚度的不同，以及混合料种类和温度等因素而异，各机型的使用说明书中都有规定。在一般情况下，可将调节螺杆右旋（使熨平板后端向下压）1～1.5圈即可。此时熨平板的前端微升，形成20′～40′的仰角。摊铺厚度较大时，初始仰角应稍大些。

④ 按上述方法初步确定铺层厚度后，还要在开铺后立即用深度测量仪来复核其实际铺层厚度，必要时再转动厚度调节器进行调整。考虑到路基的不平度，复测时应分几处测试，取其平均值；对于凹凸不平较大的路基，几处测量仍难求得正确的厚度值时，可用摊铺的面积和所用混合料的数量求得，其平均厚度 h 可按式（2-7）计算：

$$h=\frac{100G}{\gamma A} \tag{2-7}$$

式中 G——所用混合料的质量，t；

γ——未最终压实的混合料密度，约为 2.0 t/m^3；

A——摊铺的面积，m^2。

对于采用自动调平装置的摊铺机，在施工过程中，铺层厚度可自动控制，不必人工调整。对于未采用自动调平装置的摊铺机，只能依靠人工转动厚度调节器进行调整。由于浮动式熨平装置本身具有一定的自动调平能力，一般厚度调完后，摊铺时不必过多调整。一般而言，浮动式熨平装置的工作仰角的改变，要驶过 3 倍牵引臂长的距离后，才完全反映出来。所以操作人员应随时注视前方 3 m 左右的实际情况。如果需要改变熨平板的仰角，在转动厚度调节器的螺杆时，应采用多次转动的方式，每次旋转 1/4 圈，待机械驶过 1 m 左右后，再旋转 1/4 圈，这样经过多次调整便可获得较为平整的铺层。切忌一旦发现凹凸就猛转调节螺杆，这样会在前方非凹凸处造成明显的凸堆或凹坑，反而使路面更加不平。

（三）水泥混凝土路面施工

水泥混凝土路面是现代公路路面另一种常见的结构形式。水泥混凝土材料是水泥、砂石料及水按一定比例混合，经搅拌后，通过水泥水化作用，凝固干结后形成的一种混合材料。水泥混凝土路面的垫层（或下承层）、基层的结构构成、施工方法、工艺流程与沥青混凝土路面基本相同，这里不再重复介绍。本情景只针对水泥混凝土的拌和、摊铺进行介绍。

1. 水泥混凝土路面施工工艺过程

水泥混凝土路面施工工艺过程如图 2-32 所示。图中定线放样工序首先由施工技术人员完成，而其他各工序必须根据施工单位的机械类型、数量及施工方法来确定。

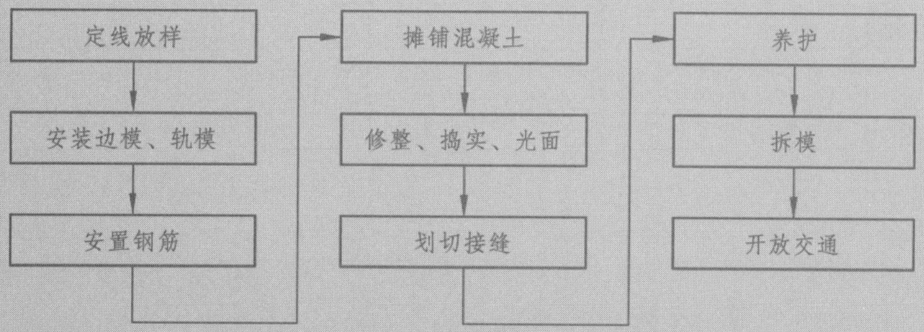

图 2-32 水泥混凝土路面施工工艺过程

1）安装边模

模板一般架立在路中心线、纵缝处或路边线处，可选用木模板或钢模板。木模板应选用质地坚实、变形小、无腐朽、无扭曲、无裂纹的木料。模板高度应与混凝土板厚度一致，允许误差为 ± 2 mm。企口舌部或凹槽的长度允许误差为：钢模板 ± 1 mm；木模板 ± 2 mm。

立模的平面位置与高程应符合设计要求，架立应准确稳固，接头应紧密平顺，不得有离缝、前后错茬和高低不平等现象。

水泥混凝土摊铺前，应对模板的间隔、高度、润滑、支撑、稳定情况，基层的平整、润湿情况，以及钢筋的位置和传力杆装置等进行全面检查。轨模是供轨道式或滑模式水泥混凝土摊铺机行走的轨道，一般可用金属、混凝土、钢筋混凝土或木料制成，目前施工过程中大多数采用金属制的轨模。

轨模的需要量，要求在混凝土浇筑后 2～3 日内（经 24 h 以上才可以拆模）不拆卸原用轨模，而又可连续进行浇筑施工的数量。若每天摊铺 300 m，则必须架立 1 200 m 的模板。

2）安置钢筋

混凝土板边和板钢筋、传力杆、窨井加固钢筋等都应按设计要求定好位置，并结扎牢固。

在机械化施工过程中，钢筋和钢筋网格都是在工厂中预制的。用专用机械设备进行铺设，但在工序上有交叉，即边摊铺混凝土边安放钢筋网格，并将钢筋网格用专用设备压入混凝土层。

3）摊铺水泥混凝土

在人机综合摊铺混凝土作业中，一般用拌和机拌制混凝土，利用运输机械运达施工点，将混凝土卸入边模内，摊铺工作大多利用人工进行。

在机械化铺筑水泥混凝土路面施工过程中，可利用轨道式或滑模式水泥混凝土摊铺机来摊铺。

摊铺混凝土层的厚度，视不同的混凝土稠度而定。一般层高应比振实后的路面高度高 20%～30%，以保证对料层的振实。

4）水泥混凝土路面铺砌层的捣实、整平和光面

水泥混凝土的捣实、整平和光面等作业应和摊铺作业紧密配合，在人机综合作业施工中，应符合下列规定：

（1）对厚度不大于 22 cm 的混凝土板，在边角处先用插入式振捣器顺序振捣，再用功率不小于 2.2 kW 的平板振捣器纵横交错全面振捣。纵横振捣时，应重叠 10～20 cm，然后用振捣梁振捣拖平。有钢筋的部位，振捣时应防止钢筋变位。

振捣器在每一位置振捣持续的时间，应以混合料停止下沉、不再冒气泡为准，且当水灰比小于 0.45 时，不宜少于 30 s，用插入式振捣器时，不宜少于 20 s。

当采用插入式振捣器和平板式振捣器配合使用时，应先用插入式振捣器振捣，后用平板式振捣器振捣。分两次摊铺的，振捣上层混合料时，插入式振捣器应插入下层混合料 5 cm，上层混合料的振捣必须在下层混合料初凝以前完成。插入式振捣器的移动间距不宜大于其作用半径的 0.5 倍，并应避免碰撞模板和钢筋。

（2）混合料整平时，填补板面应选用骨料（碎石、砾石）较细的混合料，严禁用纯水泥砂浆填补找平。经用振捣梁整平后，可再用铁滚筒进一步整平。设有路拱时，应使用路拱成型板整平。整平时必须保持模板顶面整洁，接缝处板面平整。

（3）光面前，应清边整缝，清除黏浆，修补掉边、缺角。光面时严禁在板面上洒水、撒水泥粉。光面一般分两次进行。先找抹平，待混凝土表面无泌水时，再第二次抹平。抹平后沿横坡方向拉毛或用机具压槽，槽深一般为 2 cm。

在机械化施工中，水泥混凝土铺砌层的捣实、整平和光面等作业都是由整面机来完成的。整面机上设有振捣梁、振捣板、整平梁和光面器等。它和带边模的轨道式摊铺机、切缝机等组成一个摊铺列车进行作业。滑模式水泥混凝土摊铺机整面装置是与摊铺机制成整体联合作业的，只要摊铺机一通过，即可完成一个行车带。

5）划切伸缩缝

在机械化施工中，可以使用切缝机在混凝土上划切，形成伸缩缝。

利用手扶式切缝机切缝，应在混凝土浇筑后 2 ~ 4 h 内进行。时间过早，切缝容易淤塞，深度不足；时间过迟，则工作困难。

使用圆砂轮盘式切缝机切缝时，必须在混凝土凝固后进行。其特点为切缝几何形状尺寸准确，相邻板块表面平整，生产率高，但使用时必须加水，并要用较大的动力。

在人工摊铺或工程量不大的情况下，可以使用预埋木板、金属制板或压缩材料制成的隔板来制作伸缩缝，使用前应涂润滑油。伸缝压缝板可起模板作用；缩缝压缝板一般宜用钢板。为便于混凝土摊铺工作的进行，压缝板可在浇筑混凝土后压入。如用木板做成压缩缝，使用前，木板应浸水胀透，必须架设牢固，保持垂直，并保证振捣混凝土时不变形。

6）养　护

为了防止混凝土日晒干燥和雨淋，在其表面加盖蓄水的麻袋、湿布或草席（但不能覆盖太早，否则路面上会残留麻袋等痕迹），并经常洒水使其保持湿润，养护 14 ~ 21 天。

在配套机械化施工中，有的在轨模上配有可移动的帐篷，除防止日晒雨淋外，还可以防止气流变化而导致混凝土干涸。帐篷尽量低矮，越接近铺砌层越好，只要不接触表面即可。帐篷内应设置洒水设备，以保持混凝土养护期内的湿润。

水泥混凝土路面施工用水量较大。一般用水定额：浇筑混凝土以前的基层洒水 5 L/m^3，或每 1 m^3 混凝土 25 ~ 30 L；拌制混凝土为 180 L/m^3；养护期内洒水为 700 ~ 1 000 L/m^3。

7）拆模及填缝

拆模时间根据施工期的气温及混凝土强度增长情况而定。一般日平均温度为

5 °C，拆模时间为 3 天；日平均温度每增高 5 °C，拆模时间可缩短半天。日平均温度为 25 ~ 30 °C，路面施工 24 h 即可拆模。拆模时注意不要损伤板边、角和企口的混凝土。

填缝工作一般在用水期满后进行，填缝时采用填缝机。在填缝前，先用压缩空气将缝内杂物吹扫干净。透底缝内如有砂浆牵连，一定要凿去，以免造成将来缝边破损。填缝时，为使填缝料与混凝土有较好的黏结，在接缝两壁应先涂上一层沥青。鉴于材料有热胀冷缩现象，夏季灌注填缝料应高出路面 4 ~ 5 mm，冬季则与路面平齐，以使接缝内填料常年饱满。

填缝料应具有伸缩回弹的能力，即冬季不因冷冻和载荷作用而脆裂，夏季不因高温软化膨胀而挤出。填缝材料配方可参照表 2-3。

表 2-3　填缝材料配方

编号	掺配后沥青/%		石棉屑/%	石粉/%	橡胶粉/%	软化点/°C
	油-60：沥青 96% + 重柴油 4%	油-30：沥青 80% + 重柴油 20% 油-10：沥青 85% + 重柴油 15%				
1	60 ~ 65		5 ~ 10	10 ~ 15	15 ~ 20	>80
2		70 ~ 75	5	10	10 ~ 15	>80
3	油-18：沥青 50		30	20		>80

8）开放交通

一般混凝土强度达到 40%时允许行人通过，强度完全达到设计要求时正式开放交通。特殊情况下，混凝土强度达到 90%以上也可开放交通。如需提前开放交通，可在普通水泥混凝土中掺入早强剂（或用高标号水泥），以提高混凝土早期强度。

2. 水泥混凝土路面全机械化施工

在修整规模较大的水泥混凝土路面工程中，多采用全机械化施工。水泥混凝土的拌制使用水泥混凝土拌和机；水泥混凝土的供应一般采用拌和输送车和自卸汽车；水泥混凝土的摊铺采用水泥混凝土摊铺机。现以滑模式水泥混凝土摊铺机为例，介绍其施工组织。

1）滑模摊铺施工拉线设置

滑模式摊铺机是沿着两侧（或一侧）的基准线来摊铺水泥混凝土路面的。因此，基准线设置必须准确无误，所用的工具、测量仪器和基准线设施必须齐备。基准线准确是摊铺出路面标高、横坡、纵坡、板厚、板宽、弯道等符合规范要求的基本保证。

基准线桩到摊铺路面边沿的距离应根据滑模式摊铺机侧模到传感器的位置而定，基准线桩必须牢固打入基层 10 ~ 15 cm。当打入困难时，应采用手电锤打孔后打入。基准线桩纵向最大间隔为 15 m。为保证与基层里程桩号一致，推荐拉线桩距离为 5 ~ 10 m。夹线臂到基层顶面的距离为 45 ~ 75 cm。基准线必须张紧。一般每侧基准线应施加 1 000 N 的拉力。一根拉线的最大长度为 400 m，超过 400 m 应采用两根拉线，用两个紧线器在一个接线桩上平顺连接。当滑模式摊铺机通过连接部位时，操作人员要特别注意传感器的过渡。

基准线有单向坡双线式、单向坡单线式（后幅）、双向坡双向式 3 种。采用单向坡双线式基准线时，两根基准线间的横坡应与路面横坡一致；单向坡单线式基准线，要保证路面横坡与前幅路面一致；双向坡双向式的两根基准线是平行的，路拱则靠滑模式摊铺机调整后自动铺成。

基准线和滑模摊铺的精度要求如下：

摊铺中线平面偏位：20 mm；

路面宽度偏差：±20 mm；

面板厚度偏差：−5 mm；极值：−10 mm；

纵断面高程偏差：±10 mm；

横坡偏差：±0.15%；

前后幅纵缝高差：±2.5 mm。

基准线设置好后，禁止扰动，特别是正在摊铺作业时，严禁碰撞。风力达 5 ~ 6 级，基准线振动严重时，应停止施工作业，防止出现波状的路面。

2）滑模摊铺施工前的准备

使用滑模式摊铺机进行路面摊铺施工之前，应全面检查摊铺基层是否平整、清洁和湿润，基准线是否准确，工作缝支架和传力杆是否定位，纵缝拉杆板是否笔直，是否涂好沥青等。同时应对滑模式摊铺机进行彻底全面保养检查：振动棒位置在挤压板最低点以上，中间间距为 35 ~ 45 cm；振动棒与摊铺机边沿不大于 25 cm；挤压板前倾角为 5°；配有前后远近照明灯，以便于夜间施工作业。施工前，将滑模式摊铺机驶进待摊铺位置，测量摊铺底板的高程和坡度，将传感器挂到基准线上，检查传感器的灵敏度及显示是否准确无误。一切准备完成后，方可进行摊铺施工。

3）滑模摊铺施工

使用滑模式摊铺机进行摊铺施工时，必须有专人指挥车辆卸料，以便较准确地估计卸料位置。滑模摊铺前的水泥混凝土拌和料不得高于滑模摊铺机卸料板允许高度，也不得出现缺料现象。要求供料与摊铺机速度协调，尽可能匀速摊铺，最大限度地减少摊铺施工中的停机次数。料位过高或过低时，可采用小型挖掘机或装载机进行初摊布料；人工卸料时，用锹反扣，严禁抛掷和楼耙，以防止水泥混凝土产生离析。

在滑模摊铺施工过程中，操纵人员应随时观察新拌混凝土的稠度，并根据水泥混凝土的工作特性来调整滑模摊铺机的作业速度和振动频率。当新拌水泥混凝土显得过稀时，应适当降低振动频率，加大机器作业速度；当新拌水泥混凝土显得过干时，则应适当提高振动频率，降低机器作业速度。滑模摊铺机的作业速度应控制在 1 ~ 3 m/min，振动频率应控制在 6 000 ~ 11 000 r/min，最低振动频率不得低于 6 000 r/min。为防止水泥混凝土过振或漏振，开机前必须先开启振动棒，然后再行走，停机时应立即关闭振动棒。为防止振动棒空载振动而烧毁，严禁振动棒在水泥混凝土外面振动，同时要随时观察每个振动棒的振动情况及是否有漏油现象。

在滑模摊铺施工过程中，若新拌水泥混凝土供应不足时，滑模摊铺机停机等待的时间不能超过当时气温下新拌混凝土初凝时间的 2/3。在此时间内，应每隔 15 min 开动振动棒振动 3 min；若超过此时间，为防止施工冷缝断板，应将滑模式摊铺机驶出摊铺位置，将该点作为施工缝。

滑模式摊铺机进行整体或分幅摊铺路面时，必须配置自动或人工打纵缝拉杆的装置。分幅打进或整体植入的拉杆，必须位于路面板厚的中间位置。拉杆的高低误差不得大于 ± 2 cm，横向误差不得大于 ± 3 cm，纵向误差不得大于 ± 5 cm。分幅打入的拉杆必须到底，防止拉杆挂坏路面边沿。

分幅摊铺时，滑模摊铺机履带上前幅水泥混凝土路面的时间应在此路面养护 7 天以后，最短时间不得小于 5 天。同时，滑模摊铺机在路面一侧的履带底部必须铺橡胶垫，并且滑模摊铺机的底板不得挂坏前幅路面的边部。

4）滑模摊铺施工后的结束工作

滑模摊铺机施工作业完成后，必须进行下述两项工作：

（1）将滑模式摊铺机驶离施工作业点，升起机架，将黏附在机器上的水泥混凝土用水清洗干净，并喷涂废机油以防止锈蚀和黏结。滑模式摊铺机必须清洗，严禁留待下一班开工前硬敲黏结在机器上的水泥混凝土。

（2）做横向施工缝时，应铲除从摊铺机振动仓内脱离出来的纯砂浆，设置工作缝端模并用水准仪测量路面高程、坡度和平整度，传力杆的设置要符合允许误差的要求。后幅工作缝要尽量与前幅缩缝、工作缝和胀缝对齐。在有设备条件时，也可切掉施工端部，钻孔插入传力杆。

三、主要施工机械的选用

在沥青、水泥混凝土路面施工中，使用的机械主要有：混凝土拌和机、混凝土摊铺机、运输车辆、压实机械等。其中前两种属主导机械，后两种属配套机械。它们之间的合理选配是保质、保量、迅速、经济地完成路面铺筑的前提。

（一）路面机械的选型

所谓机械选型，是指根据路面铺筑工序和工艺要求，从众多的同类型机械中，经过充分分析比较，选择技术性能先进、使用经济可靠、主要参数协调一致、能够胜任各工序工作的机型。

1. 选型原则

（1）机械规格必须满足路面技术标准要求。

（2）在工艺条件允许的情况下，尽可能使用重型或专用机械，以确保有足够的工作量。

（3）整套机械的主要参数必须得到最大限度的发挥，次要机械的选型必须在保证主导机械主要参数充分发挥最大效益的前提下进行。

（4）尽量减少整套机械的数量。

（5）机械的选型要根据平均技术经济资料进行。

（6）要求安全可靠，立足国内，便于推广。

（7）应考虑机械的使用费用、修理成本、动力来源等因素。

（8）应符合当地环境保护条件（噪声、振动、排气等）。

2. 机械选型程序

（1）全面调查和研究路面施工技术要求（道路等级、宽度、摊铺厚度等）、工程量的大小、工期长短、施工条件等。

（2）确定路面机械的类型和数量。

（3）对现有机械进行调查、分析、比较。

（4）按选型原则选型。

3. 路面主导机械的选型

路面机械使用的种类很多，一般主要进行拌和机和摊铺机的选型。

1）拌和机的选型

混凝土拌和机可根据施工规模及技术要求等来选型。

对低等级沥青混凝土路面的铺筑及小工程量路面的修补，多使用移动式沥青混凝土拌和机；对城市道路多使用综合作业的固定式沥青混凝土拌和机；对高等级路面的铺筑多使用综合作业的半固定式沥青混凝土拌和机。

对工程量大、供料较集中的水泥混凝土路面的修筑，多选用水泥混凝土拌和机；对工程量较小、供料较分散的水泥混凝土路面的修筑，多选用水泥混凝土拌和机。

2）摊铺机的选型

混凝土摊铺机可根据道路等级、摊铺宽度、摊铺厚度和工程量的大小等选型。

对高等级沥青混凝土路面的铺筑，多使用带自动找平装置的履带式沥青混凝土摊铺机；对高等级水泥混凝土路面的铺筑，多使用滑模式水泥混凝土摊铺机。

水泥混凝土摊铺机可根据其结构特点、适用范围参考表 2-4 选型。

表 2-4　水泥混凝土摊铺机适用范围

类型		结构特点	适用范围	代表机型
轨道式摊铺机	列室型	基本机组：由 1 台布料机、1 台整平振实机和 1 部精整作面器组成，具有重复作业功能	一般水泥混凝土路面、城市街道和飞机跑道等施工	BV590 型 J 型 S 型
		复合机组：由 2 台布料机、2 台整平振实机和 1 部精整作面装置组成，可重复作业	双层摊铺工程，中间可加设钢丝网或钢筋	
	综合型	各种作业装置集中在 1 个机架上，可实现一次成型	一般公路、城市道路、停机坪和跑道施工	CMSF 型
	桁架型	机架为框型桁架，伸缩余地大，作业机构为单、双圆柱辊加同轴螺旋叶片	塑性混凝土大面积作业，最大作业宽度 42.7 m	G65-F C450
滑模式摊铺机	四履带	发动机功率 250 kW 以上，作业宽 15 m，摊铺能力达 540～2 100 m^2/h	高等级公路路面工程，双车道全幅施工，一次成型	GP5000 SF'500
	三履带	3 条支腿可以摆动，伸缩稳定性、机动性强，可适于在复杂地面上行走和作业	路缘石、边沟水槽、中央分隔带、人行道等复杂结构物的铺筑	HTH5000
	双履带	功率适中，作业宽度 9 m，综合性能好，机动性强	中等规模公路、街道、机场路面工程	SF250
	桁架型	机架为框型桁架式，作业机构为圆柱辊加螺旋叶片	大型桥面板塑性混凝土整平作业	C-650-S

（二）路面机械的选配

对路面机械进行选配，一般先选配主导机械（混凝土拌和机、混凝土摊铺机），然后选配配套机械（运输车辆、压实机械等）。

1. 拌和机与摊铺机的选配

选配时，要根据混凝土的供料方式和施工单位混凝土机械的现有情况来决定。

混凝土的供料方式有混凝土拌和厂、混凝土拌和场（点）两种。前者多用于城市道路的铺筑，后者常用于公路工程的铺筑。

施工单位混凝土机械现有情况包括已有混凝土拌和机（或摊铺机）、已有混凝土拌和机和摊铺机、无混凝土机械 3 种。

因此，机械的选配有以下两种方法。

（1）先选定拌和机，然后根据拌和机的供料能力选择摊铺机。

综合作业混凝土拌和机的数量取决于工程量和拌和机生产率的大小。其计算公式如下：

$$N_b = Q/Q_b \tag{2-8}$$

式中 N_b——混凝土拌和机的数量，台；

Q——每小时工程量，t/h（沥青混凝土路面）或 m^3/h（水泥混凝土路面）；

Q_b——混凝土拌和机的生产率，t/h（沥青混凝土拌和机）或 m^3/h（水泥混凝土拌和机）。

其中：

$$Q = hBL\gamma/(nTK) \tag{2-9}$$

$$Q_b = 60Kq/t \tag{2-10}$$

式中 h——铺砌层厚度，m；

B——铺砌层宽度，m；

L——流水作业长度，m；

γ——沥青混凝土摊铺后单位体积质量，t/m^3，对水泥混凝土摊铺取 $\gamma = 1$；

n——季度有效工作日；

T——拌和机每天工作时间，h；

K——拌和机的时间利用率。

t——拌和一次所用的时间，min；

q——拌和一次的出料量，t（沥青混凝土拌和机）或 m^3（水泥混凝土拌和机）。

拌和机选择好后，可根据拌和机数量和生产率选择与之匹配的摊铺机。若一台摊铺机的工作能力不能满足拌和机的生产率时，可选用多台摊铺机联合作业，并使摊铺机的总生产能力略大于拌和机的生产能力。所需摊铺机的数量如下：

$$N_t = Q_b/Q_t \tag{2-11}$$

式中 N_t——摊铺机数量，台；

Q_t——摊铺机的生产率，t/h（沥青混凝土摊铺机）或 m^3/h（水泥混凝土摊铺机）。

沥青混凝土摊铺机的生产率按下式确定：

$$Q_t = hBv\gamma K \tag{2-12}$$

式中 h——摊铺厚度，m；

B——摊铺宽度，m；

v——摊铺机的摊铺速度，m/h；

γ——沥青混凝土摊铺后单位体积质量，t/m^3；

K——摊铺机的时间利用率，一般为 0.75～0.95。

水泥混凝土摊铺机的生产率按下式确定：

$$Q_t = bhv/\eta \tag{2-13}$$

式中　b——路面板宽，m；

h——路面板厚，m；

v——摊铺设备的工作速度，m/h；

η——水泥混凝土的压实系数。

水泥混凝土摊铺机的生产率也可按下述经验公式确定：

$$Q_t = (1.15 \sim 1.20)bhv \tag{2-14}$$

这种选配方法，可使拌和机满负荷工作，充分发挥机群效率，避免了拌和机中途停机。只要摊铺机的生产能力和拌和机的生产能力相差不大，摊铺机也不会中途多次停机或停机时间较长，因而对路面摊铺质量影响不大。

（2）先选择摊铺机，然后选择与之匹配的拌和机。

摊铺机的数量取决于工程量和摊铺机的生产率，其计算公式如下：

$$N_t = Q/Q_t \tag{2-15}$$

若一台拌和机的生产能力不能适应摊铺机的工作能力时，可用多台拌和机联合作业，所需拌和机的数量如下：

$$N_b = Q_t/Q_b \tag{2-16}$$

当拌和机的生产能力与摊铺机的工作能力无法相等时，可选用生产能力略小于摊铺机工作能力的拌和机。

这种选配方法的优点是，摊铺机是根据道路的宽度、厚度等技术要求来选定的，因而可尽量减少道路的纵向接缝，提高道路的质量。

2. 运输车辆的选配

运输车辆是混凝土拌和设备和摊铺设备能够协调工作的纽带，也是主导机械生产率充分发挥的关键。当拌和设备和摊铺设备选配之后，其主要选配问题也就是运输车辆与主导机械的选配。

运输车辆选型的主要依据是运距和运量。从国内外试验资料得知，运送水泥混凝土时，运距在 0.5 km 以内，采用 1～2 t 小翻斗车比较经济；运距超过 1 km 时，则采用自卸汽车最为经济。但考虑到塑性水泥混凝土在长距离运送过程中的水分流失和水泥混凝土的离析问题，在运距超过 5 km 时，则采用水泥混凝土搅拌输送车较为理想。在运送沥青混凝土时，无论运距长短都采用自卸汽车。

运输车辆配置数量的选择，应能保证及时将拌和料送至工作面，使拌和机械和摊铺机械有正常的生产率和协调的工作节拍。运输车辆数的选配，可用下式计算：

$$N = a[60(L/v_1 + L/v_2) + t_1 + t_2]/t \tag{2-17}$$

式中　N——自卸汽车（或其他运输车辆）数量；

a——途中通行阻滞的安全系数，一般取 1.2～1.3；

L——拌和场（厂或点）与摊铺地点之间的距离，km；

v_1——自卸汽车（或其他运输车辆）重载行驶速度，一般取 30～35 km/h；

v_2——自卸汽车（或其他运输车辆）空载行驶速度，一般取 35～45 km/h；

t_1——路线上调度和卸料时间（包括配合摊铺机摊铺），min；

t_2——在拌和机下面估计待装时间，min；

t——装满一车料所需的时间，min。

四、路面施工机械的使用要求

（一）沥青混凝土机械的使用要求

1. 沥青洒布机的使用要求

（1）洒布过程中要注意安全

沥青洒布机在加注或洒布热态沥青时，温度很高，必须注意安全，防止烫伤。使用固定喷灯时，贮料箱内的沥青液面应高于火管。在洒布过程中，不应使用喷灯。

（2）洒布结束后要进行清洗

为了保证沥青洒布机的正常工作，在每次洒布完毕之后都要将循环-洒布管路中的残余沥青抽回贮料箱内。若当天不再使用，还要用柴油或煤油清洗贮料箱、沥青泵和管路，以防止沥青凝固在各处影响下次使用。在每次使用之前，都要检查沥青泵，若发现有沥青凝固现象，需用手提喷灯烤化，直到沥青泵运转灵活为止。

2. 沥青混凝土拌和机的使用要求

1）作业前的准备

拌和机在作业前需进行全面检查。检查内容包括各部紧固件是否松动，拌和机内是否有余料，传动皮带是否跑偏，各机组及辅助设备安装是否正确，沥青管路接头是否漏气，电气系统是否完好等。

对于移动式拌和机，就位后还需放下前后支腿，将平板车抬起，并保持水平位置，使轮胎卸荷。

2）运转中的有关规程

每一种沥青混凝土拌和机都有其使用技术规程，使用时必须按其说明书上的技术规程进行操作。

拌和机在启动时，一般逆着运料流程进行。当烘干筒达到一定温度后，才能启动冷料输送机和配料给料装置。

拌和机在正式拌和成品料之前，应先用热砂石料预拌 2～3 次，以便给拌和机壳体预热。在正式拌和时，应先将热砂石料与石粉在拌和机内干拌 10 ~ 15 s 后，再喷入沥青拌和。在工作中，供料应均匀，以防止热料仓各料斗内物料堆积过多，发生串仓现象，而影响砂石料的配合比。

3）停机、清洗

拌和机当天不再工作时，停机前，应将烘干筒、料斗、料仓以及拌和机内余料卸空。停机后，应用柴油或煤油清洗沥青泵系统，以防止堵塞沥青供应管路及卡死沥青泵，影响下次使用。

3. 沥青混凝土摊铺机的使用

1）作业前的准备

作业前应对各部位清洁除污，在各加油部位加足润滑油（脂），使各电气开关处于断开位置，各运动部位应紧固正常，不得有异常的振动、冲击及声响等。

作业前还应用喷油器向摊铺机的料斗、推轮、刮板输送器、螺旋摊铺器、行走传动链以及熨平板各部位喷洒柴油。同时，还应对熨平板进行预热，温度达到混合料的温度后时间持续 20 ~ 40 min。用电预热时，发动机应调整在额定负荷下工作。用柴油或燃气进行预热时，应注意控制火焰温度，防止局部过热而使熨平板变形。一般预热应间断进行，但时间不宜超过 10 min。对此预热方式，尤其燃气预热，发现火焰熄灭，应关闭开关，检查并排除故障以后再工作。

因故暂停作业时，应用预热系统给予保温，防止熨平板冷却。

2）作业中的操作及要求

（1）初始工作后要注意对摊铺机的行驶速度、供料能力、闸门开启度、螺旋摊铺器的工作情况进行观察。检查摊铺机的熨平板、振捣梁的工作状况是否正常（若要进行试验，严禁在已摊铺好的路面上进行）。

（2）卸料车进行卸料时，应使推轮紧贴运料车的轮胎，二者协调动作，不得使卸料车碰坏摊铺机。

（3）机械式传动的沥青摊铺机，换挡时应在摊铺机停止时进行，严禁强力换挡。轮胎式摊铺机的差速器，应在地面附着力不足时使用，结合和断开差速器时应停机，在结合差速器时，只允许直行，不允许转行。

（4）摊铺机在转移行驶时，不得在坡道上换挡或挂空挡。若摊铺机在坡度较大（纵横坡度为 15% ~ 20%）的情况下工作，为防止摊铺机倾翻，应附有保险装置随行。履带式摊铺机长途行驶的距离不得超过 1 000 m。

（5）自动找平装置的元器件，应保持清洁，防止淋雨及碰撞。

在已压好的底基层上摊铺时，其不平度不应大于 5 mm，不平度的波长小于所选用的拖梁长度时，可采用拖式浮动梁作基准。

当自动找平装置使用纵坡控制装置和横坡控制装置联合工作时，在摊铺的一侧（一般在左侧）设张紧线作基准。若一次摊铺宽度大于 6 m，则应采用双侧高度控制装置工作。

在摊铺临近的车道、路缘石、边沟和新摊铺层等构筑物作基准时，传感器必须使滑橇作跟踪件。作基准的车道或摊铺层等，其横坡值必须与新摊铺的横坡值相等。

（6）摊铺机在弯道区段作业时，要及时操纵找平装置，控制摊铺的厚度增量。

（7）在正常纵坡上作业时，应由低向高处摊铺，如必须下坡作业时，要与汽车驾驶员紧密配合工作，力求速度稳定。

在大坡度上作业时，要减少料斗中的混合料量，按额定摊铺能力的 60%进行作业，同时控制行进速度和转弯半径。

在横坡道上摊铺时，由于混合料会自动流向下坡的一侧，应将下坡侧的熨平板适当接长，同时，还可以在左右两侧使用相同方向的螺旋叶片。

（8）摊铺机在工作中的其他操作程序和要求可详见“产品使用说明书”。

3）摊铺机作业后的要求

（1）摊铺机工作完成后，须放置在平稳的地面上，并实行驻车制动。料斗两侧臂应完全放下，熨平板放在地面上或用挂钩挂牢。

（2）对摊铺机进行全面清洁、检查及加油等，同时应按照保养规程的要求进行例保作业。

（二）水泥混凝土机械的使用要求

1. 水泥混凝土搅拌设备的使用要求

1）作业前的检查

（1）按照安全操作规程首先检测电机、电器有无异常，漏电保护装置是否可靠有效。

（2）检测拌和机声响是否正常，旋转方向是否正确，出料门的关闭和开启是否灵活，各连接部位螺栓是否松动。

（3）检查用水装置是否有异常，计量装置是否准确可靠。

（4）检查送料器的驱动装置，在轨道运行和进入称量台时是否灵活自如，压缩空气装置是否正常等。

2）作业中的操作要求

（1）应按照使用说明书中的启动程序进行操作。

（2）拌和机应避免带负荷启动和停机，如遇特殊情况需带负荷启动，启动时间应在 3 s 以内，严禁强行启动。

（3）若设备在运行中突然出现停车情况，应切断电源，查明并排除故障以后再启动。

（4）电子计算机操作室不得随意打开门窗进行通风。无关人员不能进入控制室，也不能进入工作场地。

（5）在搅拌过程中，严禁打开搅拌机的机盖，一旦因故停机，应避免混合料在机内凝结。若设备及其工作人员发生意外险情时，应立即启动紧急停车装置。

（6）严防大块石料或其他异物进入骨料仓内。若使用袋装水泥，应防止线头及衬纸进入水泥输送器。

（7）在整个拌和机的运转过程中，注意检查各部件工作是否协调，有不协调处，应及时调整，同时还应及时检查各电器元件、线路是否正常，不正常时要予以检修；另外还应避免带电工作。

（8）工作完成后，要切断电源，锁闭电源开关，使卸料门处于开启状态。

2. 水泥混凝土摊铺机的使用要求

1）作业前的检查

（1）内燃机部分应按照使用说明书的要求进行检查，是否加足了润滑油和燃油。发动机空转运行是否平稳、正常，有无异常声响。操作者应保证在当班的时间内，机器不因为故障而停止工作。

（2）了解施工的技术及质量要求，检查混凝土拌合质量是否符合该机性能范围。

（3）检查各润滑点油或油脂是否充足、良好。

（4）检查行走系统、传动系统及操纵机构等是否灵活可靠，必要时要进行调整。各电气系统工作应正常，液压系统应无漏油现象。

（5）应做好各项安全及防范措施。

（6）对于轨道式水泥混凝土摊铺机，应在轨道上运行 3 ~ 5 次，检查有无冲击、振动、摩擦等不正常现象。

（7）对于滑模式水泥混凝土摊铺机，应按施工要求设置引导线，引导线要准确，有一定的张紧度，引导线的支撑杆应密度适当、垂直、均匀和牢固。

（8）传感器的灵敏度要适当，安装必须正确。插头及插座应牢靠、干净、干燥。专用插座应装好防尘帽，传感器安装臂总成必须稳固。

（9）模板及抹平板的底部必须平整、干净，不应有附着物。作业前应向其底部、顶部、边部除与水泥混凝土接触的地方喷洒柴油。

（10）作业前应摆正摊铺机，使边板与引导线平行。调整传感器，使方向传感器与引导线平行，纵坡传感器与引导线垂直。模板的 4 个角应符合标高的要求。

（11）将各操纵杆主传动开关置于中间位置，各液压调节阀门处于中间或断开位置，各电气开关处于断开位置，自动控制开关必须处于断开或非自动控制位置。

（12）安装或调整振捣器和振捣棒时，要注意其行程在最低位置时不能碰到路基；若有预制钢筋，则用振捣器、振捣棒调整时，其端部必须高于所摊铺的混凝土路面厚度中心。

2）作业中的操作要求

水泥混凝土摊铺机必须有专人管理使用，为提高操作能力，所有上机人员必须经过培训，对机器的性能、操作要领、维护常识有所了解，严禁在对机器一无所知或一知半解的情况下盲目启动工作，以免造成事故。

（1）作业中，各班人员配备齐全，各负其责，操作人员和辅助人员统一听从调度指挥，并注意安全。严禁驾驶员离开驾驶台，无关人员不得在作业中上下摊铺机或在驾驶室上停留。

（2）根据水泥混凝土的坍落度及摊铺厚度，选择合适的工作速度、振捣器和振捣棒的频率及布料器转速，使各机构协调工作。作业速度一经确定，要保持稳定，应尽量减少停机和起步次数，以确保路面的平整度和连续性。

（3）在摊铺过程中，要经常检查路面的平整度和密实性，若有不符合施工规范的情况出现时，应及时调整摊铺机的相应装置。

（4）作业时要随时注意振捣梁轴承是否过热，发现问题，应及时处理。

（5）在摊铺过程中确需停机时，要保持振捣器和振捣棒的动作与机器的行走同步停止，并把发动机的转速降至低速状态。当需要继续摊铺时，要保证振捣器和振捣棒的动作与机器的行走同步进行，再把发动机提高到额定转速，以确保路面的连续平整。

（6）对于轨道式摊铺机，在坡道、弯道作业时，要防止摊铺机脱轨。

（7）摊铺机需要倒换作业面时，应在检查模型导轨铺设合格后，利用起吊设备慢速移动，并平稳地架设在模型导轨上，空转运行正常后，方可进行摊铺作业。

（8）布料机作业中，机械往复刮料时，需经空挡位置停顿后再换挡，不允许急速换挡。

（9）振平机和振捣梁在悬空状况下，不能长时间振动，严禁在已凝固的混凝土上振动。

（10）振平机在工作状态时，严禁快速运行，在机架升起，即整平器同时升高时，方可快速前进和后退。

（11）在一般情况下，摊铺机不能用其他机械牵引，非牵引不可时，只允许用刚性拖杆，并解除自动装置的工作，卸去液压油路的液压油。

（12）当与原有水泥混凝土路面相邻连接摊铺时，要用滑橇作跟踪件，以确保相邻两边的平整过渡；与原有水泥混凝土路面对接时，要防止振捣器、振捣棒等工作装置之间的相互碰撞。

（13）要防止碰撞及水、尘土损坏传感器。

（14）作业时严禁碰撞引导线。

（15）摊铺机在较大的坡道上作业时，要防止水泥混凝土向下或向一边倾流。此时，可以减少水泥混凝土的含水量及减少振捣器、振捣棒的频率。

3）作业完成后的要求

（1）工作完成后，应立即对各个机件进行清洁，防止混凝土在其上凝结。同时，模板及抹平板底部应光洁。

（2）驾驶员在离开机器之前，要将机器停放稳妥，并将驾驶平台降至最低位置，使制动装置处于制动状态。

（3）擦洗液压油缸的伸缩杆及升降导轨表面，并将升降导轨涂上润滑脂。

（4）摊铺机在停放好以后（滑模摊铺机应停在平坦坚实的地面上），取下电门钥匙，断开蓄电池开关，并将各操纵手柄处于空挡位置。

（5）清洁各液压机构和装置。

（6）按说明书中的有关要求做好例保作业。

思考题

1. 试述稳定土厂拌设备的组成和工作原理。这些设备在使用时应注意哪些问题？

2. 试述稳定土拌和机的工作原理。它在使用时应注意哪些问题？

3. 简述路拌稳定土路面施工的施工程序。

4. 试述厂拌稳定土路面施工的内容。

5. 沥青洒布机循环-洒布系统的作用有哪些？施工中应注意哪些要点？

6. 说明综合式沥青混凝土拌和机的组成和工作原理。

7. 画简图说明沥青混凝土摊铺机自动找平系统的组成和工作原理。

8. 说明沥青混凝土路面铺筑的施工过程。

9. 沥青混凝土摊铺机施工中应注意哪些问题？并能说明其要点。

10. 列表说明水泥混凝土搅拌机的类型和特点。

11. 说明水泥混凝土路面施工的工艺过程。

12. 滑模式水泥混凝土摊铺机在施工中应注意哪些问题？

13. 说明路面机械选型原则的要点。

学习情景三 桥梁机械在施工中的应用

学习目标

知识目标

（1）能描述桩工机械的种类，解释柴油桩锤的工作原理。

（2）能描述混凝土输送泵、混凝土泵车、混凝土振动器的结构组成，并解释其工作原理。

（3）能描述各种起重机械的种类、用途及特点。

（4）能描述架桥机的种类、用途及特点。

能力目标

（1）能根据桩的类型，选取相应的桩工机械。

（2）能运用混凝土输送泵、混凝土泵车进行混凝土的输送和浇筑。

（3）能选用适当的起重机进行桥梁结构的吊装。

从 1982 年被视为典范的主跨径为 220 m 的山东济南黄河桥建成至今，我国桥梁的最大跨径已达 1 490 m，已建的梁桥、拱桥、斜拉桥的最大跨径均位居世界同类桥梁之首。截至 2018 年年底，全国公路桥梁达 85.15 万座、5 568.59 万米，其中特大桥梁 5 053 座、902.69 万米，大桥 98 869 座、2 637.04 万米。这些桥梁身上的中国标准的分量越来越重，我国已成功跻身于世界桥梁强国之列。与施工企业一样，在此期间，桥梁工程机械行业也做出了突出贡献，行业本身也获得了巨大发展。中交集团上海振华重工研制出亚洲最大的 12 000 t 浮吊；三一重工的高扬程混凝土泵首次打入了以前由外国企业垄断的国内 300 m 高塔施工市场；2020 年度中国机械工业科学技术奖工程机械行业获奖项目共 23 项，其中特等奖项目 2 个，一等奖项目 1 个，二等奖项目 7 个，三等奖项目 13 个。

桥梁工程机械的先进性决定了桥梁施工技术的先进性，在现代桥梁机械化施工中，桥梁工程机械必不可少。

一、主要施工机械

现代桥梁施工机械品种繁多，按功能分类主要有桩工机械、水泥混凝土机械、排水机械、起重机械与架桥机等。

（一）桩工机械

1. 桩工机械的用途与分类

桩工机械是用于各种桩基础、地基改良加固、地下挡土连续墙、地下防渗连续墙施工及其他特殊地基基础等工程施工的机械设备，其作用是将各种类型的桩埋入土中，以提高基础的承载能力。

现代桥梁用基础桩有预制桩和灌注桩两种基本类型。预制桩（如钢桩、钢筋混凝土桩）通常在工厂制作，运至施工现场后用各种打桩机将其埋入土中。灌注桩是现浇的钢筋混凝土桩，是在桩位处按桩的尺寸用钻孔机钻出桩孔后，放入钢筋笼并浇筑混凝土而成。

根据预制桩和灌注桩的施工可把桩工机械分为预制桩施工机械和灌注桩施工机械两类。

1）预制桩施工机械

预制桩施工机械主要包括打桩机、振动沉拔桩机和液压静力压桩机三类。

（1）打桩机：靠桩锤冲击桩头，使桩在冲击力的作用下贯入土中，故又称之为冲击式打桩机。其主要设备有蒸汽锤、柴油锤和液压锤3种。

（2）振动沉拔桩机：利用机械振动法使桩身产生高频振动，使桩尖处和桩身周围的阻力大大减小，桩在自重或稍加压力的作用下沉入土中。利用这一原理也可轻松地将桩从土中拔出。其主要设备是振动锤。

（3）静力压桩机：采用机械或液压方式产生静压力，使桩在持续静压力作用下压入土中。

2）灌注桩施工机械

灌注桩的施工关键在成孔，其施工方法和配套的施工机械有以下5种：

（1）全套管施工法：即贝诺特法，使用的设备是全套管钻机。

（2）旋转钻施工法：采用的设备是旋转钻机。

（3）回转斗钻孔法：使用回转斗钻机。近年来用得越来越多的是在回转斗钻机和全套管钻机基础上发展起来的旋挖钻机。

（4）冲击钻孔法：使用冲击钻机。

（5）螺旋钻孔法：使用长螺旋钻孔机和短螺旋钻孔机。

2. 桩工机械的组成与工作原理

1）柴油打桩机

柴油打桩机由柴油桩锤和桩架两部分组成。柴油桩锤按其动作特点分导杆式和筒式两种。导杆桩锤冲击体为气缸，构造简单，但打桩能量小；筒式桩锤冲击体为活塞，打击能量大，施工效率高，是目前使用较广泛的一种打桩设备。

柴油桩锤实质上是一个单缸二冲程柴油发动机，它主要利用上活塞（即冲击部分）自由下落与下活塞碰撞的冲击能使桩下沉，碰撞时又使下活塞球碗中的柴油雾化并燃烧爆炸，燃烧爆炸的能量使桩进一步下沉，同时使上活塞向上跳起。上活塞跳起到最高点后在重力作用下又向下运动，重复之前的过程，最终使桩被打入土中。

2）振动沉拔桩机

振动沉拔桩机由振动桩锤和通用桩架组成。振动桩锤是利用机械振动法使桩沉入或拔出。振动沉拔桩机按振动频率分为低频（300～700 次/min）、中频（700～1 500 次/min）、高频（2 300～2 500 次/min）和超高频（6 000 次/min）4 种形式；按作用原理分为振动式和振动冲击式两种；按动力装置与振动器连接方式分为刚性式和柔性式两种；按动力源分为电动式和液压式两种。

（1）振动桩锤的工作原理

振动桩锤的主要装置为振动器。振动器通常由两根装有偏心块的轴组成（见图 3-1）。两轴上的偏心块形状、质量完全相同，位置对称，但两轴转向相反。转动时两偏心块所产生的离心力在水平方向上的分力相互抵消，而在垂直方向上的分力则叠加起来，其合力为

$$P = 2F_y = 2me\omega^2 \sin\varphi \text{（N）}$$

式中 m——偏心块的质量，kg；

ω——角速度，1/s；

e——偏心块质心到回转中心的距离，mm。

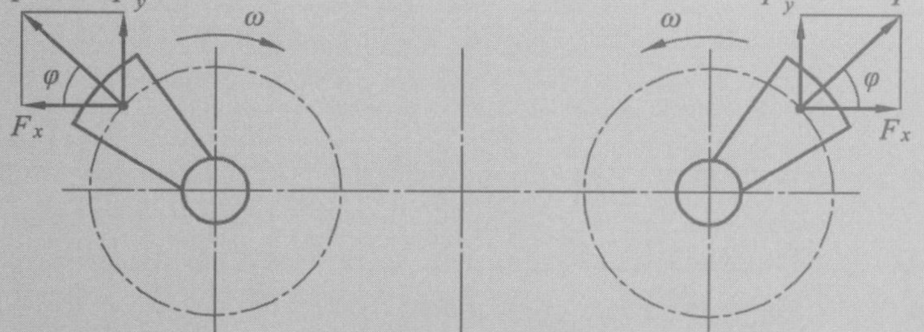

图 3-1　振动原理

合力 P 一般称为“激振力”。激振力通过与振动器连成一体的夹桩器传给桩体，使桩体产生沿其纵向轴线的强迫振动。桩体周围的土由于受到振动作用，土颗粒产生位移、松动，与桩之间的摩擦阻力显著下降，桩就在其自重和振动沉桩机的自重作用下沉入土中。在拔桩时，振动可使拔桩阻力显著减小，只需较小的提升力就能把桩拔出。

（2）电动式振动桩锤

电动式振动桩锤主要由振动器、夹桩器（桩夹）、电动机等组成，由电动机提供动力，其外观如图 3-2（a）所示。电动机 4 与振动器 2 刚性连接时称为刚式振动锤，见图 3-2（b）；电动机 4 与振动器 2 之间装有螺旋弹簧 6 时称为柔式振动锤，见图 3-2（c）。

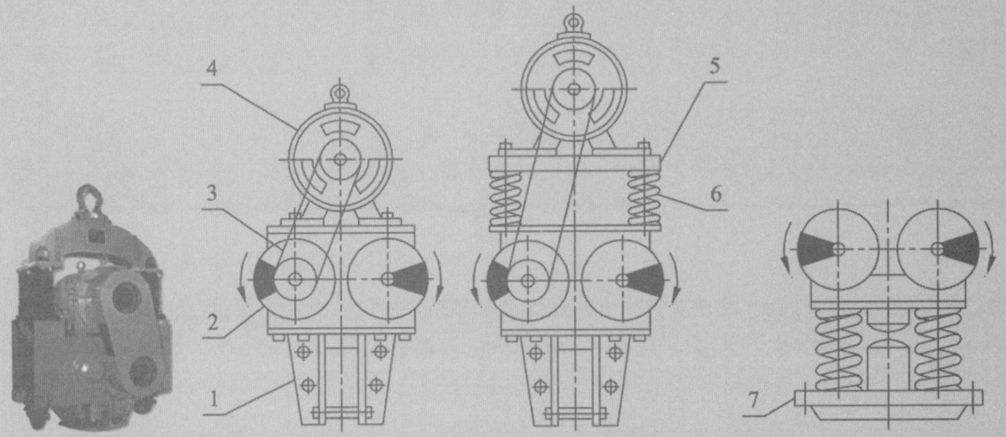

（a）振动桩锤外观　（b）刚式振动锤　（c）柔式振动锤　（d）冲击式振动锤

1—桩夹；2—振动器；3—皮带传动；4—电动机；5—荷重平板；6—弹簧；7—桩帽。

图 3-2　振动桩锤

振动器的偏心块可以用电动机以三角胶带驱动，振动频率可调节，以适应不同土壤打不同桩时对激振力的不同要求。

图 3-2（d）所示为振动冲击式振动桩锤。沉桩既靠振动又靠冲击。振动器和冲击板经由弹簧相连。两个偏心块在电动机的带动下，同步反向旋转时，在振动器做垂直方向振动的同时，给予冲击凸块以快速、连续的冲击，使桩迅速下沉。

这种振动冲击式桩锤，具有很大的振幅和冲击力，其功率消耗也较少，适用于在黏性土或坚硬的土层上打桩。其特点是冲击时噪声大，电动机受到频繁的冲击作用，易破坏。

（3）液压式振动桩锤

液压式振动桩锤的原动力来自液压马达。与电动机相比，液压马达驱动可无级调节振动频率，并有起动力矩小、外形尺寸小、质量轻、不需要电源等优点。但其传动效率低、结构复杂、维修困难、价格高。

3）静力压桩机

静力压桩机依靠持续作用的静压力，将桩压入或拔出。静力压桩机分为机械式和液压式两种。

图 3-3（a）为液压静力压桩机外观，图 3-3（b）为其结构组成。液压静力压桩机由驾驶室及控制台 1、压桩机构 2、起重机 3、升降机构 4、横移回转机构 5、纵移机构 6、泵站 7、液压系统及电气系统等组成。

（a）静力压桩机外观　　（b）静力压桩机结构组成

1—驾驶室及控制台；2—压桩机构；3—起重机；4—升降机构；
5—横移回转机构；6—纵移机构；7—泵站。

图 3-3　液压静力压桩机

泵站 7 内装电机油泵组，为主机液压系统提供压力油，通过液压系统实现桩机各工作机构的运动控制。

由升降机构 4 实现纵移机构 6、横移回转机构 5 的离地、接地和机身的调平，为压桩作准备。

压桩机构 2 通过 4 个夹桩油缸、一对主压桩油缸及一对副压桩油缸实现夹桩与压桩功能。起重机 3 完成吊桩工作和其他辅助吊运工作。

液压静力压桩机工作无噪声、无振动、无污染，桩头和桩身因不受冲击应力作用而不易损坏，施工质量好，效率高。

上述几种预制桩施工机械中，除液压静力压桩机外，大多数桩锤都要配用桩架。灌注桩施工中的多数钻具也需要桩架。桩架的作用是悬挂桩锤或钻具、吊桩和沉桩导向。桩架的形式很多，其中能适用于多种桩锤或钻具的通用桩架应用广泛。目前，通用桩架有两种基本形式：一种是沿轨道行驶的万能桩架，另一种是装在履带底盘上的桩架。万能桩架因其要在预先铺就的水平轨道上工作，机构庞大，占用施工现场工作面大，组装和搬运麻烦，因而近年来已很少使用。履带底盘式桩架发展则较为迅速，常用的有以下两种：

（1）悬挂式履带桩架

如图 3-4 所示，悬挂式履带桩架是以履带起重机为底盘，用动臂 2 悬吊桩架立柱 6，立柱 6 下面与车体 1 通过支撑叉 7 相连接。由于桩架、桩锤的重量较大，重心高且前移，容易使起重机失稳，所以通常在车体上增加一些配重。因立柱在吊臂端部，所以安装比较简单。为了能方便地调整立柱的垂直度，支撑叉一般都采用丝杠或液压式等伸缩可调的机构。

悬挂式打桩架的缺点是横向稳定性较差，并且不能用于打斜桩。

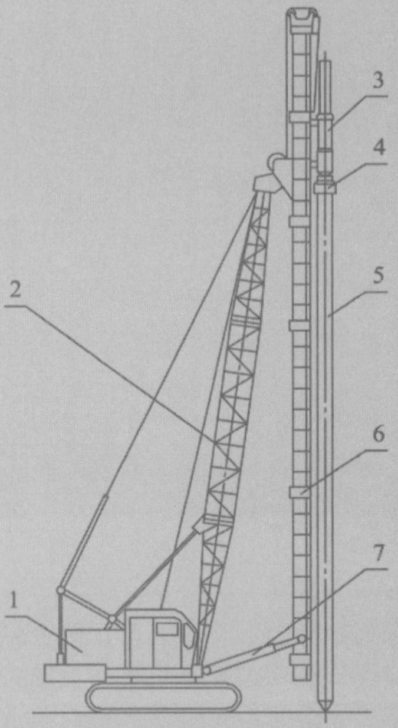

1—车体；2—动臂；3—桩锤；4—桩帽；5—桩；6—立柱；7—支撑叉。

图 3-4　悬挂式履带桩架

（2）三点式履带桩架

三点式履带桩架同样以履带起重机为底盘，使用时拆除动臂，增加两个斜撑，斜撑 2 下端用球铰支持在液压支腿的横梁上，使两个斜撑的下端在横向保持较大的间距，构成稳定的三点支撑结构，如图 3-5 所示。

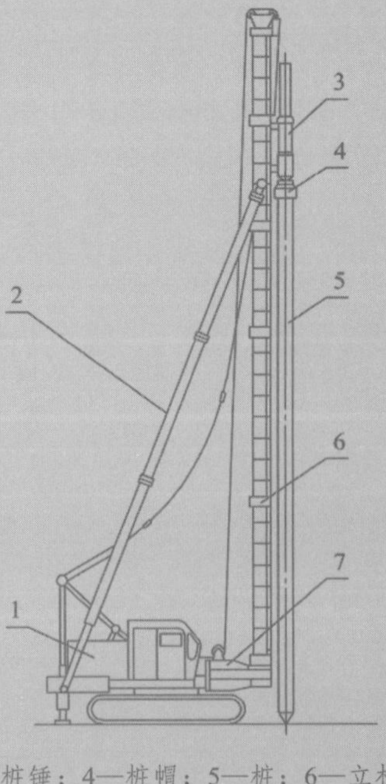

1—车体；2—斜撑；3—桩锤；4—桩帽；5—桩；6—立柱；7—立柱支撑。

图 3-5　三点式履带桩架

三点式桩架性能比较理想，工作幅度小，具有良好的稳定性，并可通过斜撑的伸缩使立柱倾斜，以适应打斜桩的需要。

4）冲击钻机

冲击钻机的主要组成有电动机、传动机构、冲击机构、卷扬机和桅杆等，其工作原理是通过冲击机构的曲柄连杆机构将电动机的回转运动改变为冲击钢丝绳的直线运动，冲击钢丝绳带动冲锤上下运动，利用冲锤自由下落的冲击作用，将卵石或岩石破碎，钻渣随泥浆排出，或用掏渣筒取出。

冲锤（见图 3-6）有各种形状，但它们的冲刃大多是十字形的。

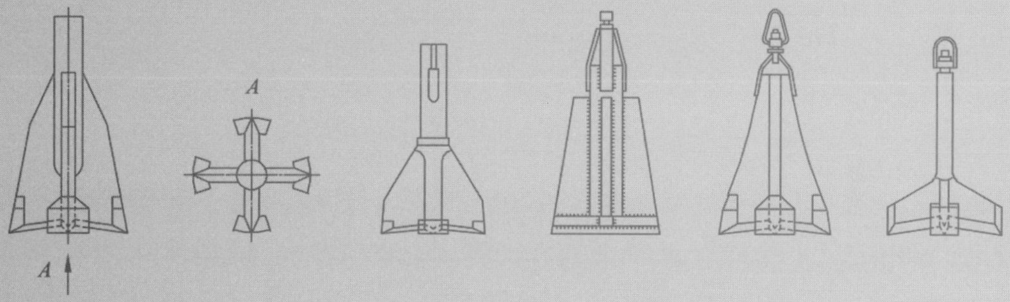

图 3-6　冲锤

目前，常用的 CZ 系列冲击钻机的主要技术参数见表 3-1。

表 3-1　CZ 型冲击钻机主要技术参数

型号	钻孔直径 /m	钻孔深度 /m	冲击次数 /（次/min）	提吊力 /kN	主机重 /t	钻具重 /t	外形尺寸 /m
CZ-22	0.6	300	40～50	20	7.5	1.3	8.6×2.3×2.3
CZ-30	1.3	500	40～50	30	13.67	2.5	10×2.7×3.5

冲击钻机是灌注桩基础施工的一种重要钻孔机械，它能适应各种不同地质情况，特别是在卵石层中钻孔，冲击钻机较其他形式钻机适应性强。同时，用冲击钻机成孔后，孔壁四周形成一层密实的土层，对稳定孔壁、提高桩基承载能力有较好的作用。但冲击钻机功率消耗很大，钻进效率很低，因此，除在卵石层中钻孔时采用外，对其他地层已被其他形式的钻机所取代。

5）全套管钻机

全套管冲抓成孔施工法是由法国贝诺特公司于 20 世纪 50 年代初开发和研制的一种施工方法，也称为贝诺特工法，其施工设备为全套管钻机。

（1）全套管钻机分类及总体结构

全套管钻机按结构形式分为两类：整机式和分体式。

整机式是以履带式或步履式底盘为行走系统，同时将动力系统、钻机作业系统等集成于一体，其结构如图 3-7 所示。整机式全套管钻机由主机、钻机、套管、锤式抓斗、钻架等组成。主机主要由驱动全套管钻机短距离移动的底盘、动力系统和卷扬系统等组成。钻机主要由压拔管、晃管、夹管机构组成。套管是一种标准的钢管套管，采用螺栓连接，要求有严格的互换性。锤式抓斗由单绳控制，靠自由落体落入孔内冲击取土，提上地面卸土。钻架主要是为锤式取土服务，设置有卸土外摆机构和配合锤式抓斗卸土的开启锤式抓斗机构。

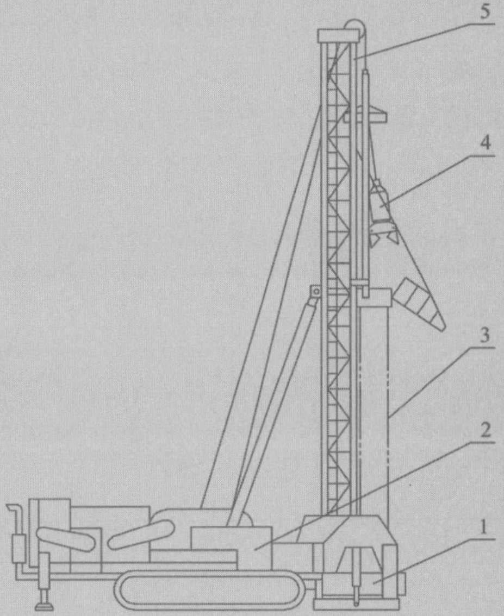

1—钻机；2—主机；3—套管；4—锤式抓斗；5—钻架。

图 3-7 整机式全套管钻机

分体式全套管钻机是以压拔管机构作为一个独立系统，施工时必须配备其他形式的机架（如履带式起重机）方能进行钻孔作业，其结构如图 3-8 所示。分体

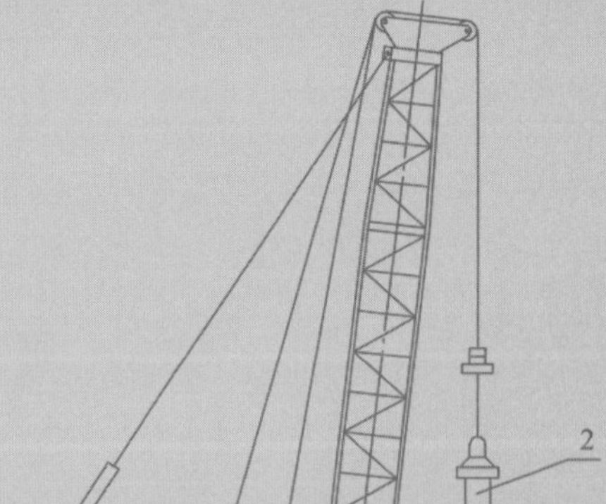

1—起重机；2—锤式抓斗；3—导向口；4—套管；5—钻机。

图 3-8 分体式全套管钻机

式全套管钻机是由起重机、锤式抓斗、锤式抓斗导向口、套管、钻机等组成。起重机为通用起重机，锤式抓斗、导向口、套管均与整机式全套管钻机的相应机构相同。钻机是整套机组中的工作机，它由导向及纠偏机构、晃管装置、压拔管液压缸、摆动臂和底架等组成。

（2）全套管钻机的工作原理

全套管钻机一般均装有液压驱动的抱管、晃管、压拔管机构。成孔过程是用套管工作装置将套管一面沿圆周方向往复晃动，一面压入地层中，并使用锤式抓斗在套管中取土。抓斗靠自重插入土中，用钢绳收拢抓瓣。这一特殊的单索抓斗可在提升过程中完成向外摆动、开瓣卸土、复位、并瓣下落等过程。之后接长套管，用抓斗继续取土，当套管达到预定标高后，清孔。成孔后插入钢筋笼及混凝土导管，灌注混凝土，同时逐节拔出并拆除套管，直到灌注完毕。

全套管冲抓成孔施工法是一种环保、安全和广谱的钻掘施工法，成孔和灌注一次完成，具有无泥浆干式施工、低噪声、对邻近建筑物的影响小、适用地层广泛、基桩孔质量易于检测和控制等特点，特别适合于在城市内施工。采用该方法施工灌注桩的承载力较普通钻孔灌注桩提高 30%～50%，施工地下连续墙咬合桩的质量较普通钻孔灌注桩有根本性的改善和保障。该方法施工过程机械化程度高，施工安全、质量可靠、进程高效，为国际上公认的先进钻掘施工法。其应用领域主要有：城市建筑基础桩，公路、铁路、水上桥梁基础桩，地铁建设连续墙咬合桩，水电基础和竖井施工等。

6）回转斗钻机和旋挖钻机

回转斗钻机的工作装置是一个直径与桩径相同的圆钻斗，斗底装有切土片，斗内可容纳一定量的土。用液压马达驱动与钻斗相连的钻杆旋转，带动钻斗旋转，则斗底刀刃切土，并将土装入斗内，装满后提起钻斗将土卸出。如此反复进行，直至成孔。

旋挖钻机（见图 3-9）是在回转斗钻机和全套管钻机的基础上发展起来的。第二次世界大战前，美国 CALWELD 首先研制出回转斗、短螺旋钻机。20 世纪 50 年代，法国 BENOTO 将全套管钻机应用于桩基础施工，而后由欧洲各国将其组合并不断完善，发展成为今天的多功能组合模式。

旋挖钻机除配置各种回转斗作业外，也配置短螺旋和长螺旋钻进，安装套管护壁钻进，配合摇管装置和冲抓斗等进行全套管施工，配合伸缩式导杆抓斗进行地下连续墙施工，配合潜孔锤进行硬岩破碎施工，更换作业装置后也可进行旋喷施工和正循环施工，同时还可以配置液压锤、振动锤、柴油锤等进行其他形式桩基础的施工。

图 3-9　旋挖钻机

旋挖钻机一般适用黏土、粉土、砂土、淤泥质土、人工回填土及含有部分卵石、碎石的地层。对于具有大扭矩动力头和自动内锁式伸缩钻杆的钻机，可以适应微风化岩层的施工。为了满足施工要求，旋挖钻机底盘和工作装置的配置具有装机功率大、输出扭矩大、机动灵活、功能多、施工效率高等特点。目前，旋挖钻机的最大钻孔直径为 4.6 m，最大钻孔深度达 150 m，最大钻孔扭矩为 793 kN·m。

7）旋转式钻机

旋转式钻机如图 3-10 所示，由带转盘的基础车（履带式或轮胎式）、钻杆回转机构、钻架、工作装置（钻杆和钻头）等组成。

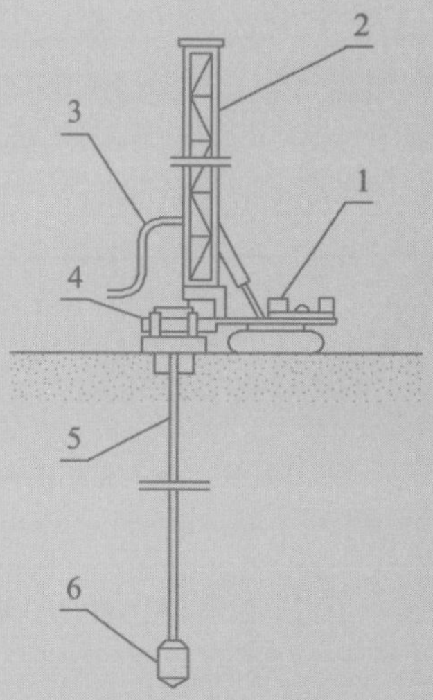

1—基础车；2—钻架；3—胶管；4—钻杆回转机构；5—钻杆；6—钻头。

图 3-10　旋转式钻机

旋转式钻机是利用旋转的工作装置切下土，使之混入泥浆中排出孔外。根据排出渣浆的方式不同，回转式钻孔机分为正循环和反循环两类，常用的是反循环钻孔机。

正循环钻机的工作原理如图 3-11 所示。钻机由电动机驱动转盘带动钻杆、钻头旋转钻孔，同时开动泥浆泵使泥浆池中的泥浆通过胶管、提水龙头、空心钻杆到达钻头，最后从钻头下部两侧喷出，冲刷孔底，并把与泥浆混合在一起的钻渣沿孔壁上升经孔口排出，流入沉淀池。钻渣沉积下来后，较干净的泥浆又流回泥浆池，如此形成一个工作循环。

反循环钻机的工作循环如图 3-12 所示。这类钻机工作泥浆循环与正循环方向相反，夹带杂渣的泥浆经钻头、空心钻杆、提水龙头、胶管进入泥浆泵，再从泵的闸阀排出流入泥浆池中，而后泥浆经沉淀后再流向孔井内。

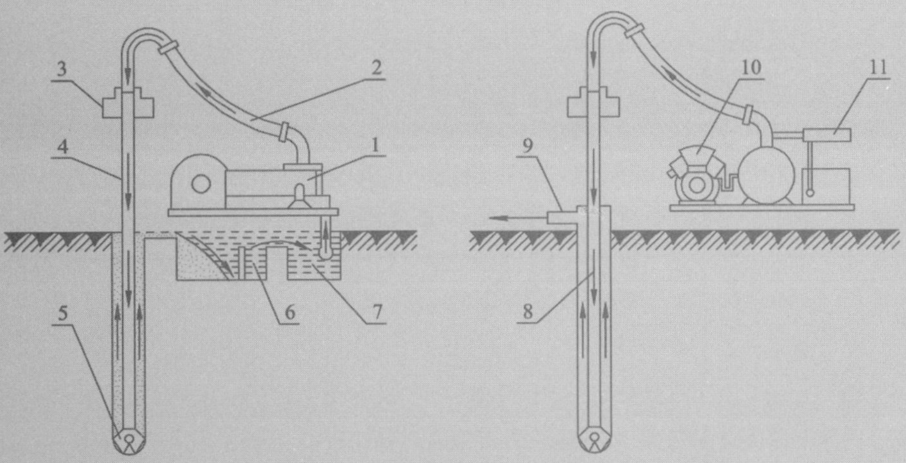

（a）水或水泥排渣　　（b）空气或泡沫排渣

1—泥浆泵；2—胶管；3—提水龙头；4—钻杆；5—钻头；6—沉淀池；7—泥浆池；
8—空气或泡沫；9—排渣管道；10—空压机；11—泡沫喷射管

图 3-11　正循环钻机的工作原理

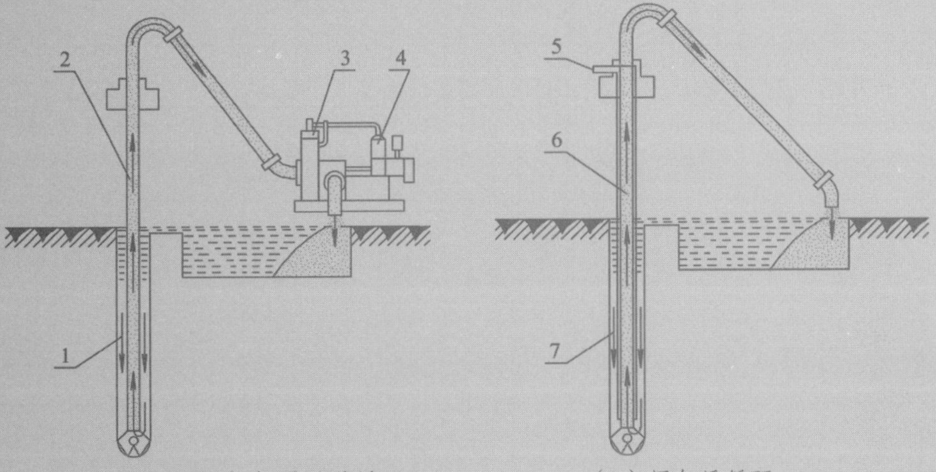

（a）泵吸反循环　　（b）压气反循环

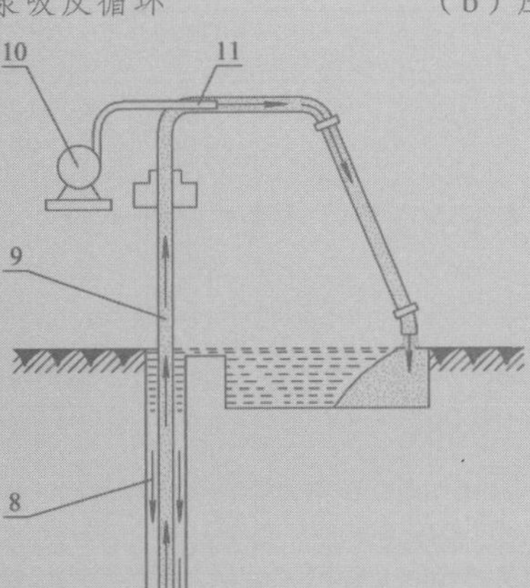

（c）射流反循环

1，7，8—清水；2，9—钻渣；3—泥浆泵；4—真空泵；5—高压空气进气口；
6—气泡；10—水泵；11—高压水进口。

图 3-12　反循环钻机的工作原理

8）螺旋钻孔机

螺旋钻孔机是灌注桩施工机械的主要机种。其原理与麻花钻相似，钻头的下部有切削刃，切下来的土沿钻杆上的螺旋叶片上升，排至地面。螺旋钻孔机钻孔直径范围为 150 ~ 2 000 mm，一次钻孔深度可达 15 ~ 20 m。

目前，各国使用的螺旋钻孔机主要有长螺旋钻孔机、短螺旋钻孔机、振动螺旋钻孔机、加压螺旋钻孔机、多轴螺旋钻孔机、凿岩螺旋钻孔机、套管螺旋钻孔机、锚杆螺旋钻孔机等。这里主要介绍长螺旋钻孔机与短螺旋钻孔机。

（1）长螺旋钻孔机

长螺旋钻孔机如图 3-13 所示，通常由钻具和底盘桩架两部分组成。钻具的驱动力可用电动机、内燃机和液压马达提供。钻杆 3 的全长上都有螺旋叶片。底盘桩架有汽车式、履带式和步履式。采用履带打桩机时，与柴油锤等配合使用，在立柱上同时挂有柴油锤和螺旋钻具，通过立柱旋转，先钻孔，后用柴油锤将预制桩打入土中，这样可以降低噪声，加快施工进度，同时又能保证桩基质量。

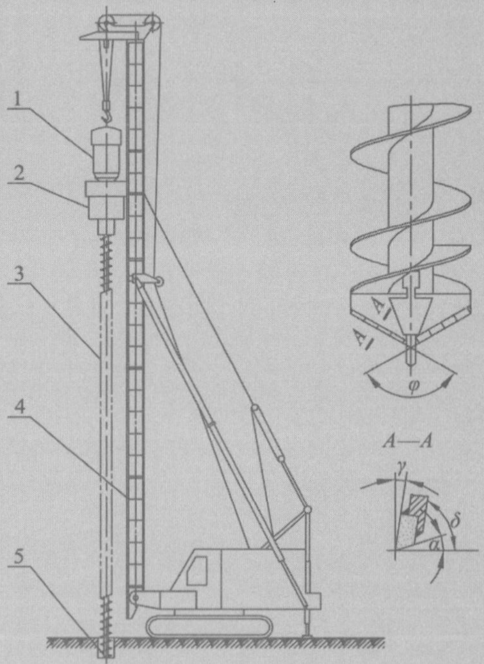

1—电动机；2—减速器；3—钻杆；4—钻架；5—钻头。

图 3-13　长螺旋钻孔机

长螺旋钻孔机钻孔时，钻具的中空轴允许加注水、膨润土或其他液体进入孔中，可防止提升螺旋时由于真空作用而塌孔和防止泥浆附在螺旋上。

（2）短螺旋钻孔机

短螺旋钻孔机（见图 3-14）的钻具与长螺旋的钻具相似，但钻杆上只有一段叶片（为 2 ~ 6 个导程）。工作时，短螺旋不能像长螺旋那样，直接把土输送到地面上来，而是采用断续工作方式，即钻进一段，提出钻具卸土，然后再钻进。此种钻孔机有汽车式和履带式两种底盘。

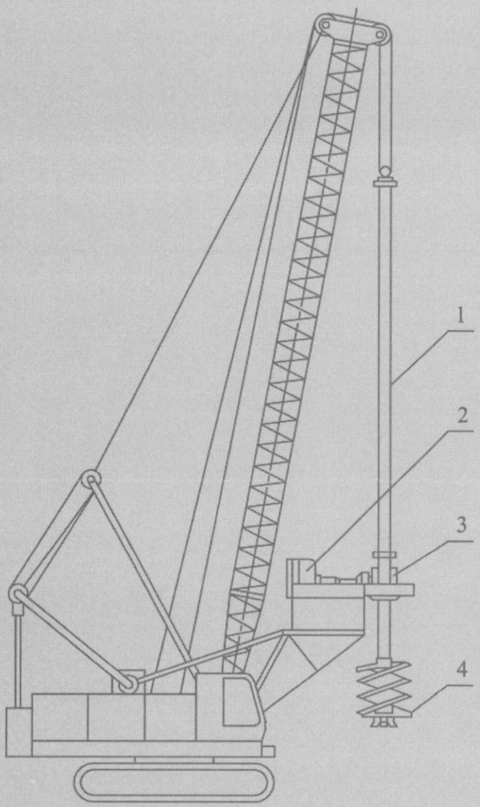

1—钻杆；2—发动机；3—变速器；4—钻头。

图 3-14　短螺旋钻机

短螺旋由于一次取土量少，因此在工作时整机稳定性好。但进钻时由于钻具质量轻，进钻较困难。为了提高钻进速度，可采用钢丝绳加压。短螺旋钻孔机的钻杆有整体式和伸缩式两种。前者钻深 20 m，后者钻深 30 ~ 40 m。

短螺旋钻孔机有 3 种卸土方式。第一种方式是高速甩土，即低速钻进，高速提钻卸土，土块在离心力的作用下被甩掉。这种方式虽然外出土迅速，但因甩土范围大，对环境有影响。第二种方式为刮土器卸土。当钻具提升至地面后，将刮土器的刮土板插入顶部螺旋叶片中间，螺旋一边旋转，一边定速提升，使刮土板沿螺旋刮土，清完土后，将刮土器抬离螺旋，再进行钻孔。第三种方式为开裂式螺旋卸土，其螺旋钻头是开裂式的，在钻头上部与钻杆底端之间设有一铰，钻进时，当螺旋被提升至底盘定位板外，开裂式螺旋上端的顶推杆与定位板相碰，开裂式螺旋即被压开，使土从中部卸出，如一次未卸净，可反复几次。

（二）水泥混凝土机械

用来拌制、输送、振实水泥混凝土，以预制桥涵等各种人工构筑物的专用机械叫作水泥混凝土机械。水泥混凝土机械主要有水泥混凝土搅拌机、水泥混凝土搅拌输送车、水泥混凝土泵、水泥混凝土泵车和水泥混凝土振捣器等。

这里主要介绍水泥混凝土泵、水泥混凝土泵车及振捣器的工作原理及应用，其余见学习情景二（路面机械在施工中的应用）。

1. 水泥混凝土泵

水泥混凝土泵是水泥混凝土机械中的主要设备，用于垂直与水平方向混凝土的输送工作，具有效率高、质量好、机械化程度高和作业时不受现场条件限制并可减少环境污染等特点。德国于 1927 年首创了泵送混凝土施工技术，是欧洲泵送混凝土技术发展最快的国家。美国、日本在引进德国技术之后发展也十分迅速，也已成为泵送混凝土普及率最高的国家。

在 20 世纪 80 年代初，我国开始广泛使用泵送混凝土技术，其应用范围遍及水利、水电、隧道、地铁、桥梁、大型基础和高层建筑等工程。

1）水泥混凝土泵的分类

（1）按工作原理可分为挤压式混凝土泵和液压活塞式混凝土泵。

挤压式混凝土泵主要由料斗、鼓形泵、驱动装置、真空系统和输送管等组成。其主要特点是结构简单、造价低、维修容易且工作平稳。但由于输送量及泵送混凝土压力小，输送距离短，目前已很少采用。

液压活塞式混凝土泵主要由料斗、混凝土缸、分配阀、液压控制系统和输送管等组成。液压控制系统使分配阀交替启闭。液压缸与混凝土缸相连，通过液压缸活塞杆的往复运动以及分配阀的协同动作，使两个混凝土缸轮流交替完成吸入与排出混凝土的工作过程。目前，国内外均普遍采用液压活塞式混凝土泵。

（2）按形式可分为固定式混凝土泵（HBG）、拖式混凝土泵（HBT）和车载式混凝土泵（HBC）。

固定式混凝土泵是安装在固定机座上的混凝土泵。拖式混凝土泵是安装在可以拖行的底盘上的混凝土泵。车载式混凝土泵是安装在机动车辆底盘上的混凝土泵。

（3）按理论输送量可分为超小型（10 ~ 20 m^3/h）、小型（30 ~ 40 m^3/h）、中型（50 ~ 95 m^3/h）、大型（100 ~ 150 m^3/h）和超大型（160 ~ 200 m^3/h）水泥混凝土泵。

（4）按驱动方式可分为电动机驱动和柴油机驱动水泥混凝土泵。

（5）按分配阀形式可分为垂直轴蝶形阀、S 形阀、C 形阀、裙形阀、斜置式闸板阀与横置式板阀水泥混凝土泵。

（6）按工作时混凝土泵出口的混凝土压力（即泵送混凝土压力）可分为低压（2.0 ~ 5.0 MPa）、中压（6.0 ~ 9.5 MPa）、高压（10.0 ~ 16.0 MPa）和超高压（22.0 ~ 28.5 MPa）水泥混凝土泵。

2）水泥混凝土泵的主要结构、泵送原理及分配阀的形式

（1）主要结构及泵送原理

水泥混凝土泵由料斗、泵送系统、液压系统、清洗系统、电气系统、电机、行走底盘等组成。其外形如图 3-15 所示。

图 3-15　水泥混凝土泵外形

混凝土的泵送由泵送系统完成。泵送系统由主油缸、水箱、换向装置、混凝土缸、混凝土活塞、料斗（也称集料斗）、分配阀、摆臂、摆动油缸和出料口组成。

泵送混凝土料时，在主油缸的作用下，A 缸混凝土活塞前进，B 缸混凝土活塞后退，同时在摆动油缸的作用下，分配阀与混凝土缸 A 连通，混凝土缸 B 与料斗连通。此时，混凝土缸 A 内的混凝土料被送入分配阀泵出，而料斗内的混凝土被吸入混凝土缸 B，如图 3-16（a）所示。

当 A 缸混凝土活塞后退至行程终端时，触发水箱中的换向装置，主油缸和摆动油缸同时换向，使分配阀与混凝土缸 B 连通，混凝土缸 A 与料斗连通，此时 A 缸活塞后退将混凝土料吸入混凝土缸 A，B 缸活塞前进，将混凝土料送入分配阀泵出，如图 3-16（b）所示。如此循环往复，实现连续泵送。

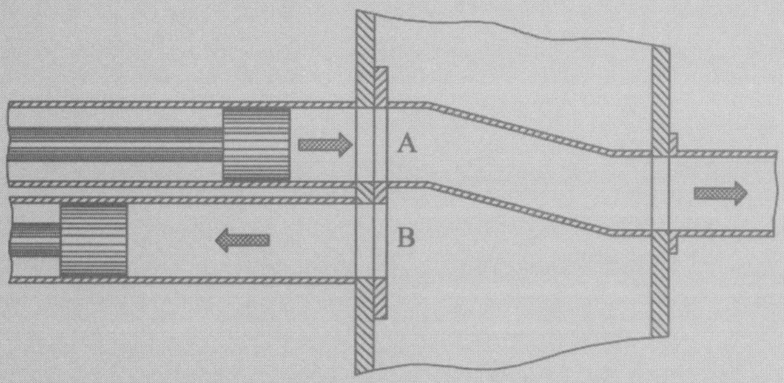

（a）A 缸泵送混凝土，B 缸吸入混凝土

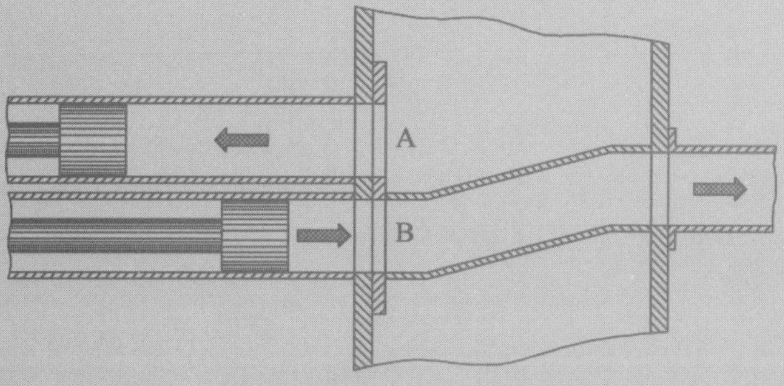

（b）B 缸泵送混凝土，A 缸吸入混凝土

图 3-16　泵送原理

泵送系统通过分配阀的转换完成混凝土的吸入与排出动作，因此分配阀是混凝土泵中的关键部件，其形式会直接影响到混凝土泵的性能。

（2）常见分配阀的形式

常见的分配阀有垂直轴蝶形阀、C 形阀、S 形阀和斜置式闸板阀等。

垂直轴蝶形阀在料斗、混凝土缸与混凝土泵出口之间的通道上，设置一个蝶形板，在液压缸活塞杆的推动下蝶形板翻动，使两个混凝土缸分别与泵送管及料斗接通。该阀具有结构简单、体积小、混凝土流道短、换向阻力小和检修方便等特点。因混凝土流道截面面积变化较大，吸入流道后方向改变又剧烈，因此在分配阀内，泵送阻力大，故泵送混凝土压力小。

C 形阀置于料斗内，一端与混凝土泵出口接通，另一端在两个液压缸的作用下做往复摆动，分别与两个混凝土缸接通，实现吸料和排料过程。C 形阀具有下列特点：清除残余混凝土容易，泵送混凝土后清洗整个输送系统时，无须打开输送管就可以把海绵球反泵吸入用来清理输送管道；C 形阀更换方便；耐磨板与 C 形阀之间的接触面可由自动密封环自动补偿磨损量；C 形阀采用高锰钢材质，耐磨损；混凝土能直接流入混凝土缸，吸入效率高；C 形阀轴承位于混凝土区域之外，可免除经常维护；对骨料的适应性较强等。

S 形阀置于料斗内，一端与混凝土泵出口接通，另一端在两个液压缸活塞杆的作用下做往复摆动，分别与两个混凝土缸 A、B 接通，其工作原理如图 3-16 所示。图 3-17 为其结构图。S 形阀本身就是输送管的部分，流道截面形状没有变化，故泵送阻力小。S 形阀与阀体之间具有磨损自动补偿系统，并设置了耐磨环和耐磨板。易损件磨损后便于维修和更换。S 形阀因泵送混凝土压力大，具有输送距离远和输送高度大的特点。

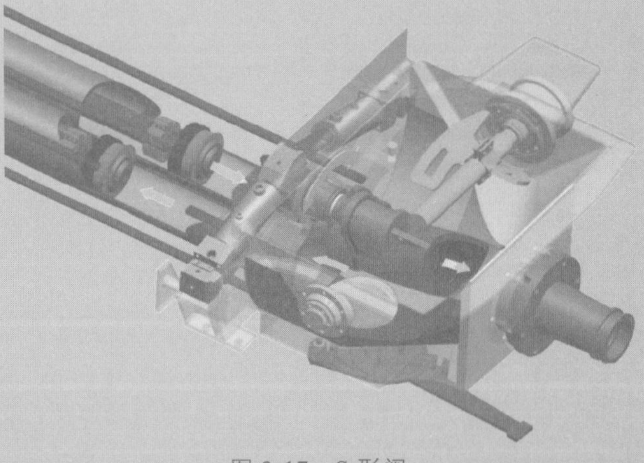

图 3-17　S 形阀

斜置式闸板阀（见图 3-18）设置在集料斗后部，这样既可以降低集料斗的高度，又使泵体紧凑，而且不妨碍搅拌车向集料斗卸料。两个液压缸各有一个闸板阀，在液压缸活塞杆的作用下做往复运动，完成打开或关闭混凝土的进、出料口的动作。此阀对混凝土的适应性强，但结构繁杂。更换此阀时需拆下料斗，故维修不便。出料口采用 Y 形管，压力损失较大，故泵送混凝土压力小。用来润滑闸板阀的润滑脂易进入混凝土内，属消耗品，因此需要不断补充。

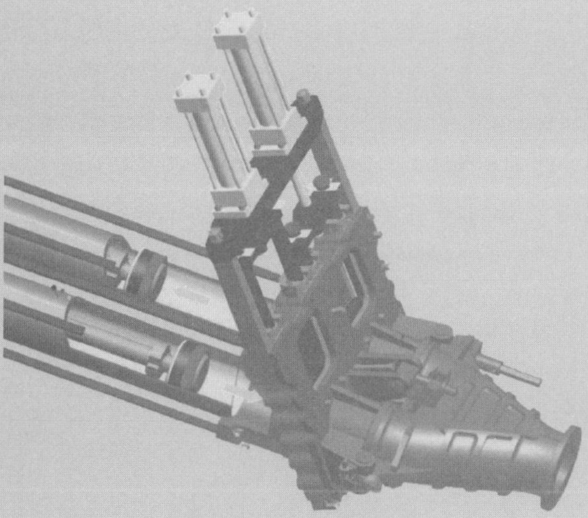

图 3-18　斜置式闸板阀

2. 水泥混凝土泵车

水泥混凝土泵车也称臂架式混凝土泵车，是将混凝土泵和液压折叠式臂架都安装在汽车或拖挂车底盘上，并沿臂架铺设输送管道，最终通过末端软管输出混凝土的机械，如图 3-19 所示。由于臂架具有变幅、折叠和回转功能，所以该车可以在臂架所能及的范围内布料。

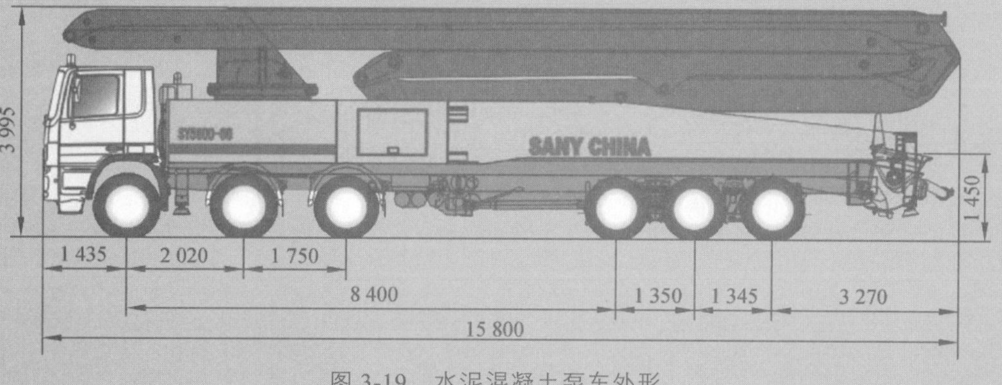

图 3-19　水泥混凝土泵车外形

目前，在国家重点建设项目的混凝土施工中都采用了混凝土泵车泵送技术，其使用范围已经遍及水利、水电、地铁、桥梁、大型基础、工业厂房甚至高层建筑等工程中，近年来已经成为泵送混凝土施工机械的首选机型。

混凝土泵车可以一次同时完成现场混凝土的输送和布料作业，具有泵送性能好、布料范围大、施工方便（在臂架活动范围内可任意改变混凝土的浇筑位置）、不需在现场临时铺设管道从而节省辅助时间、提高工效、能自行行走、机动灵活、转移方便等特点。尤其是在基础、低层建筑施工及需频繁转移工地时，使用混凝土泵车更能显示其优越性。因此，混凝土泵车特别适用于混凝土浇筑需求量大、超大体积及超厚基础混凝土的一次浇筑和质量要求高的工程。目前，地下基础的混凝土浇筑有 80%是由混凝土泵车来完成的。

三一重工生产的当时 66 m 臂长的 SY5600THB-66 型混凝土泵车的布料范围如图 3-20 所示。可以看出其高度方向可达 65.6 m，水平方向可达 61.1 m，而最大布料深度接近 50 m。中联重科的 ZLJ5910THBS101-7RZ 型混凝土泵是全球首台超过 100 m 的泵车，101.18 m 的臂架使其成为目前全球最长臂架混凝土泵车。

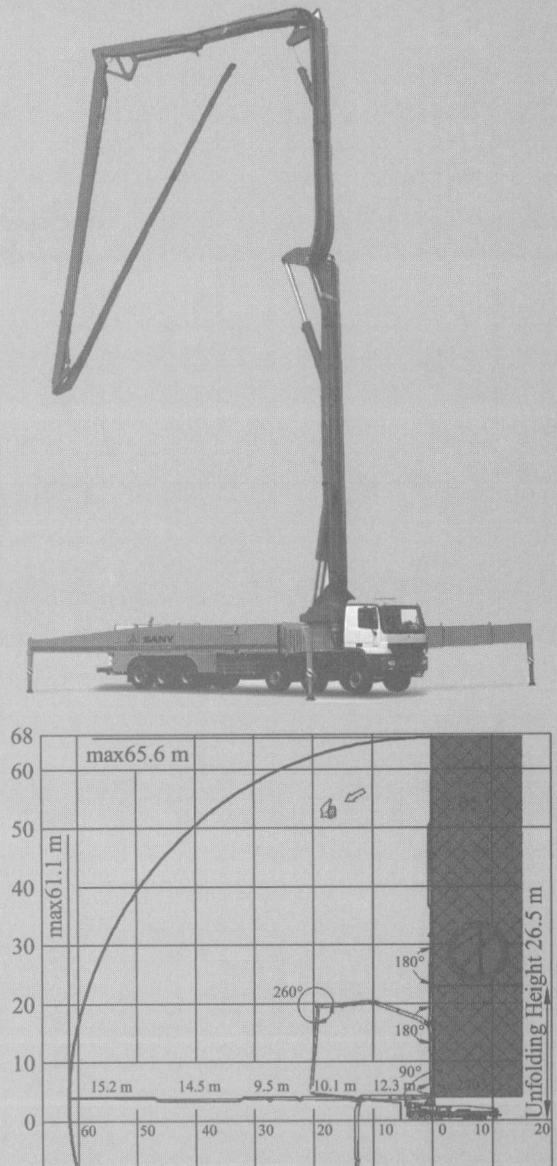

图 3-20　SY5600THB 型混凝土泵车的布料范围

1）混凝土泵车的分类

混凝土泵车的主参数为臂架高度和理论输送量。臂架高度是指臂架完全展开后，地面与臂架顶端之间的最大垂直距离。臂架高度和理论输送量已系列化。

（1）按臂架高度可分为短臂架（13 ~ 28 m）、长臂架（31 ~ 47 m）、超长臂架（51 ~ 66 m）混凝土泵车。

（2）按理论输送量可分为小型（44 ~ 87 m^3/h）、中型（90 ~ 130 m^3/h）、大型（150 ~ 204 m^3/h）混凝土泵车。

（3）按工作时混凝土泵出口的混凝土压力即泵送混凝土压力可分为低压（2.5 ~ 5.0 MPa）、中压（6.1 ~ 8.5 MPa）、高压（10.0 ~ 18.0 MPa）和超高压（22.0 MPa）混凝土泵车。

2）水泥混凝土泵车的组成

水泥混凝土泵车主要由混凝土泵、搅动器、隔筛、臂架、臂架管道、末端软管、分配阀、专用汽车底盘、取力装置、操纵系统、液压系统和电气系统等组成。

（1）混凝土泵车的泵送机构是通过分配阀的转换，来完成混凝土的吸入与排出动作的。因此，分配阀是混凝土泵车的关键部件之一，其形式直接影响到混凝土泵车的性能，其结构特点请参照混凝土泵的分配阀。

（2）臂架为箱形截面结构，由 2 ~ 5 节铰接而成。

（3）取力装置。混凝土泵车的动力一般来自汽车发动机，通过液压系统进行驱动运转。当混凝土泵车作业时，发动机通过变速箱和取力装置驱动液压泵工作。这套取力装置一般由汽车制造商按混凝土泵车的技术要求改装而成。主液压泵、搅拌泵及臂架泵由同一轮驱动，可简化取力装置的结构。

（4）液压系统由泵送（包括换向）、臂架、支腿、搅拌（包括冷却）和水洗等部分的液压系统组成。

3. 水泥混凝土振捣器

用混凝土搅拌机拌和好的混凝土浇筑构件时，必须进行捣固，排除其中的气泡，使混凝土密实结合，消除混凝土的蜂窝麻面等现象，以提高其强度，保证混凝土构件的质量。混凝土振捣器就是机械化捣实混凝土的机具。

1）水泥混凝土振捣器的分类

水泥混凝土振捣器的种类较多。常用的分类方法有以下 4 种：

（1）按传递振动的方法分，有内部振捣器、外部振捣器和表面振捣器 3 种。

内部振捣器又称插入式振捣器（见图 3-21）。工作时振动头 1 插入混凝土内部，将其振动波直接传给混凝土。

这种振捣器多用于振捣厚度较大的混凝土层，如桥墩、桥台基础以及基桩等。它的优点是质量轻，移动方便，使用广泛。

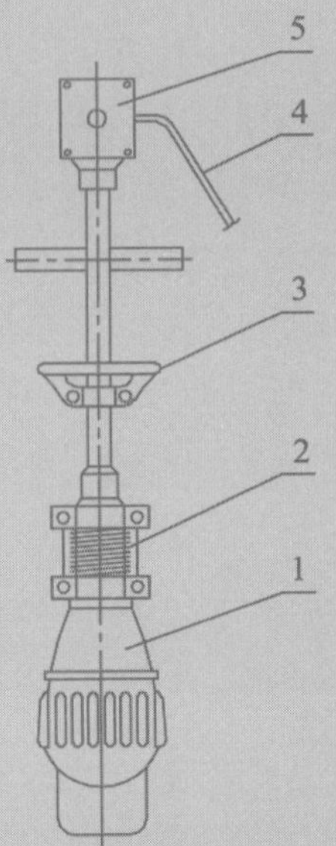

1—振动头；2—减振器；3—手把盘；4—橡皮电缆；5—操纵开关。

图 3-21　插入式振捣器

外部振捣器又称附着式振捣器（见图 3-22），是一台具有振动作用的电动机。在该机的底面安装上特制的底板，工作时底板附着在模板上，振捣器产生的振动波通过底板与模板间接地传给混凝土。

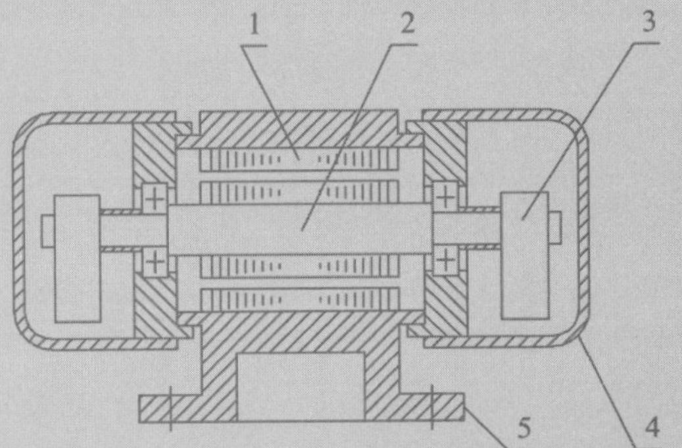

1—电动机；2—电机轴；3—偏心块；4—护罩；5—固定基座。

图 3-22　外部振捣器

这种振捣器多用于薄壳构件、空心板梁、拱肋、T 形梁等的施工。

根据施工的需要，外部振捣器除附着式外，还有一种振动台，它是用来振捣混凝土预制品的。装在模板内的预制品置放在与振捣器连接的台面上，振捣器产生的振动波通过台面与模板传给混凝土预制品。

表面振捣器（见图 3-23）是直接放在混凝土表面上的。振动器 2 产生的振动波通过与之固定的振捣底板 1 传给混凝土。由于振动波是从混凝土表面传入，故称之为表面振捣器。工作时由两人握住振捣器的手柄 4，根据工作需要进行拖移。它适用于厚度不大的混凝土路面和桥面等工程的施工。

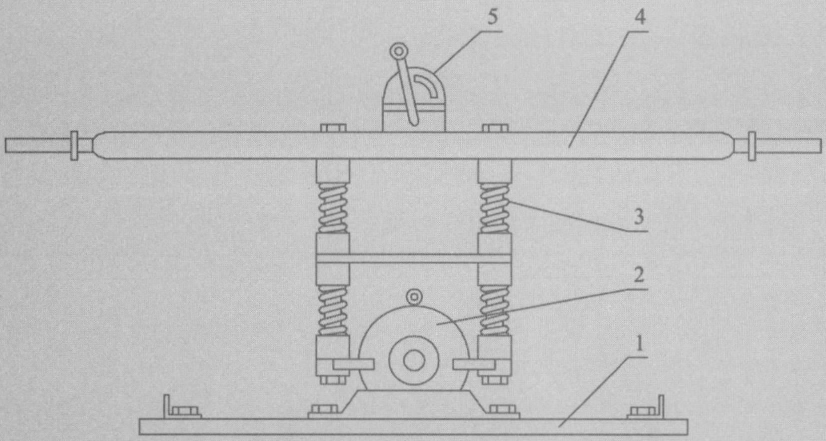

1—振捣底板；2—振动器；3—缓冲弹簧；4—手柄；5—开关。

图 3-23　平面式表面振捣器

（2）按振捣器的动力来源分，有电动式、内燃式和风动式 3 种，以电动式应用最广。

（3）按振捣器的振动频率分，有低频式、中频式和高频式 3 种。

低频式的振动频率为 25 ~ 50 Hz（1 500 ~ 3 000 次/min）；中频式为 83 ~ 133 Hz（5 000 ~ 8 000 次/min）；高频式为 167 Hz（10 000 次/min）以上。

（4）按振捣器产生振动的原理分，有偏心式和行星式两种。

偏心式振动棒中心安装具有偏心质量的转轴，偏心轴在高速旋转时产生的离心力通过轴承传递给振动棒壳体，使振动棒产生圆周振动，如图 3-24（a）所示。

行星式振动棒中一端空悬的转轴旋转时，其下垂端的圆锥部分沿棒壳内的圆锥面滚动，从而形成滚动体的行星运动，以驱动棒体产生圆周振动，如图 3-24（b）所示。

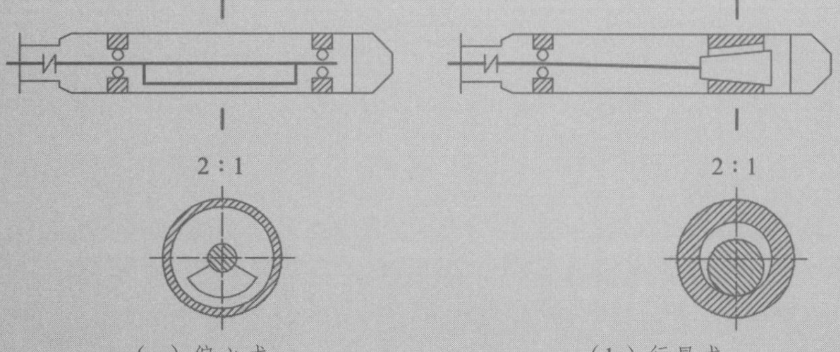

（a）偏心式　　（b）行星式

图 3-24　振动棒激振原理

2）插入式内部振动器的构造

电动软轴偏心式内部振捣器如图 3-25 所示，它由电动机 1、增速器 2、传动软轴 4 和激振体（即振动棒）5 组成。其构造特点是激振体用传动软轴与驱动部分联系，形成柔性连接，可以最大限度地减轻操作人员的持重，并且传动软轴可以在一定范围内沿不同方向挠曲，因此激振体能从任何方向穿过钢筋骨架插入混凝土，操作相当方便。

这种偏心式内部振捣器的软轴在使用中容易损坏，轴承也容易磨损，软轴的转速也不能太高，因此振动频率和振捣效果受到一定的限制。

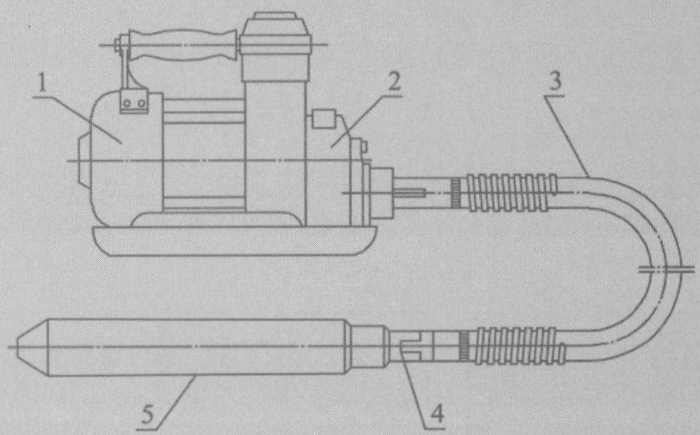

1—电动机；2—增速器；3—传动软轴；4—连接套；5—激振体。

图 3-25　偏心式内部振捣器

（三）起重机械

起重机械可进行物料搬运、起重、工艺操作、载人（用升降机）等工作。在桥梁施工中，起重机械主要实施起重作业，完成箱梁吊装及其他结构物的吊运工作。

桥梁工程中所用的起重机械，主要有轻小起重设备（如千斤顶、卷扬机等）和起重机（如流动式起重机、塔式起重机、龙门起重机等）。

1. 轻小起重设备

常用的轻小起重设备有千斤顶、滑车、葫芦和卷扬机等。

1）千斤顶

千斤顶是一种起重高度小（小于 1 m）的简单起重设备。

根据工作原理不同，千斤顶有机械式和液压式两种。机械式千斤顶又有齿条式与螺旋式[见图 3-26（a）]两种，由于起重量小，操作费力，一般只用于机械维修工作，在修桥工程中不适用。液压式千斤顶[见图 3-26（b）]结构紧凑，起重量大，工作平稳，有自锁作用，故使用广泛。其缺点是起升高度有限，起升速度慢。

根据工作性质不同，千斤顶有通用和专用两类。通用液压千斤顶用于起升高度不大的各种顶升作业。专用液压千斤顶是专用的张拉机具，在制作预应力混凝土构件时，对预应力钢筋施加张力。

（a）螺旋千斤顶

（b）液压千斤顶

图 3-26　千斤顶

2）卷扬机

卷扬机俗称绞车，主要用于提升和拖曳重物。它可以单独使用，也可以配合滑车作其他起重机构使用。

卷扬机通常由卷筒、减速器、制动器、联轴器、电动机、机架等部分组成。图 3-27（a）为卷扬机外观，图 3-27（b）为其传动系统。

（a）卷扬机外观

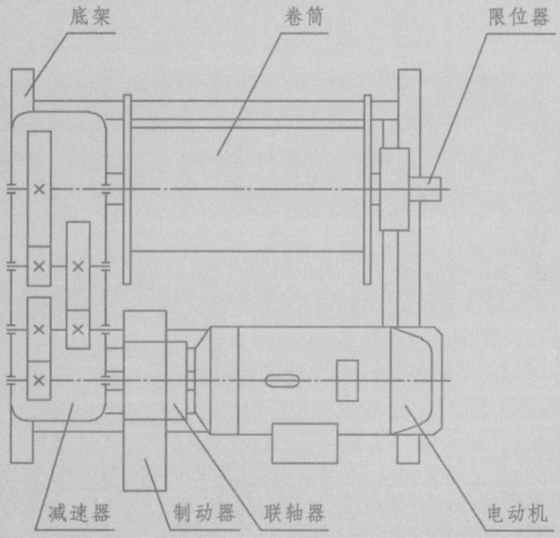

（b）卷扬机传动系统

图 3-27　电动卷扬机

2. 起重机

1）常用起重机的种类及特点

（1）流动式起重机

流动式起重机是起重机中应用较广泛的一种类型，按行走装置的构造不同，可分为汽车起重机、轮胎起重机和履带起重机 3 种，如图 3-28 所示。流动式起重机都有无轨路面行走装置，灵活性好，广泛应用于流动性较大的路桥施工现场，以完成吊运、安装工作。

（a）汽车起重机

（b）轮胎起重机

（c）履带起重机

图 3-28　流动式起重机

汽车起重机是在通用或专用载货汽车底盘上装上起重工作装置及设备的起重机。它具有通过性好、机动灵活、行驶速度大、可快速转移、到达目的地能马上投入工作等优点，因而特别适用于流动性大、不固定的工作场所。汽车起重机采用弹性悬挂，一般不能吊重行驶，且车身较长，转弯半径大。

轮胎起重机采用专用轮胎底盘，其轴距、轮距及外形尺寸可根据总体设计的要求合理布置，转弯半径小，可在平坦地面吊重行驶，但行驶速度较低。

近年来，随着起重机技术的迅速发展，汽车起重机吨位越来越大，轮胎起重机行驶速度越来越快，且两者之间的差别逐渐缩小，出现了越野型轮胎起重机（又称 RT 起重机）。RT 起重机具有良好的路面适应能力，行驶速度高，爬坡度大，可吊重行驶，具备汽车起重机和轮胎式起重机的一些双重优点。20 世纪 60 年代中期，德国哥特瓦尔德公司开发研制出全地面起重机（又称 AT 起重机），接着在 70 年代中期，德国利勃海尔和美国 P&H 公司相继以类似产品投入市场，至 80 年代中期，AT 起重机在欧洲已经占据了统治地位，1991 年其产量占到全欧市场的 70%～80%。AT 起重机综合了汽车起重机快速转移和越野轮胎起重机可以负载行驶及越野的特点，性能更加优越，但价格较贵。

履带式起重机是把起重工作装置和设备装在履带底盘上，靠行走支撑轮在自身封闭的履带上滚动行驶的起重机。与汽车起重机和轮胎起重机相比，履带对地面的平均比压小，可在松软、泥泞等恶劣的地面上作业。此外，它爬坡能力强，牵引性能好，能带载行驶，并可借助附加装置实现一机多用，所以起重量大于 100 t 的大型履带起重机在桥梁施工中占有重要地位。由浙江三一装备有限公司研制的履带起重机 SCC40000A 最大起吊重量达 4 000 t，是目前全球最大吨位的履带起重机。但履带起重机自身质量大，行驶速度低（1～5 km/h），易破坏公路路面，因而目前轻型履带起重机（100 t 以下）已逐渐被快速方便的液压汽车起重机所取代。

（2）塔式起重机

塔式起重机是臂架安装在塔身顶部并可回转的臂架式起重机，是现代工业与民用建筑的主要施工机械之一。按回转部分装设的位置不同，塔式起重机可分为上回转和下回转两类；按有无运行机构，塔式起重机可分为移动式和固定式两类。固定式塔式起重机通过连接件将塔身固定在地基基础或结构物上进行起重作业。在桥梁施工中，通常采用固定式塔式起重机，主要完成索塔施工、箱梁吊装、钢索挂装等工作。固定式塔式起重机外观如图 3-29 所示。

塔式起重机与其他类型起重机相比具有以下特点：① 起升高度大；② 工作幅度大，且幅度利用率高；③ 调速性能好，工作速度高，微动速度低；④ 司机视野好。

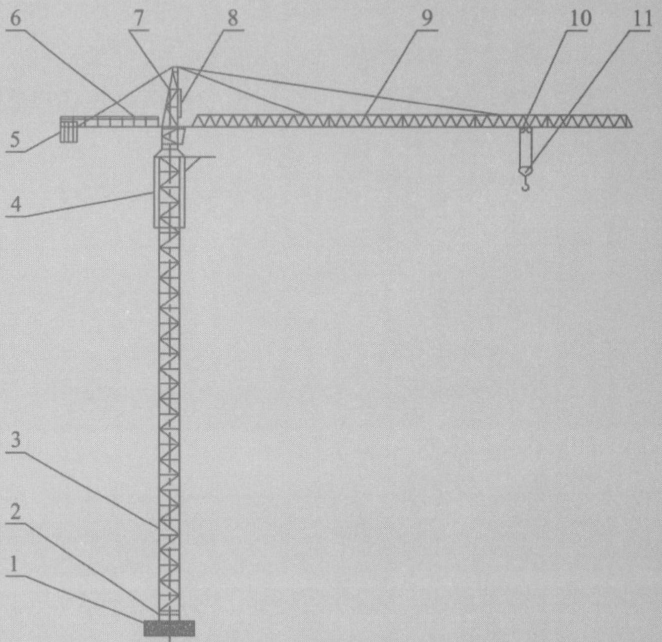

1—固定基础；2—固定支腿；3—塔身；4—爬升架；5—平衡重；6—平衡臂；
7—塔帽；8—力矩限制器；9—起重臂；10—载重小车；11—吊具。

图 3-29　塔式起重机

（3）龙门起重机

龙门起重机是通过桥架两侧的支腿支承在地面轨道或基础上的桥架型起重机。根据主梁形式，龙门起重机可分为双梁龙门起重机、框架型龙门起重机、单主梁龙门起重机。根据主梁结构，龙门起重机分为桁架梁式龙门起重机、箱形梁式龙门起重机。图 3-30 所示为桁架梁式龙门起重机。龙门起重机的起重范围大，稳定性好，广泛应用于桥梁构件的安装、料场及港口的大宗物品的装卸工作。

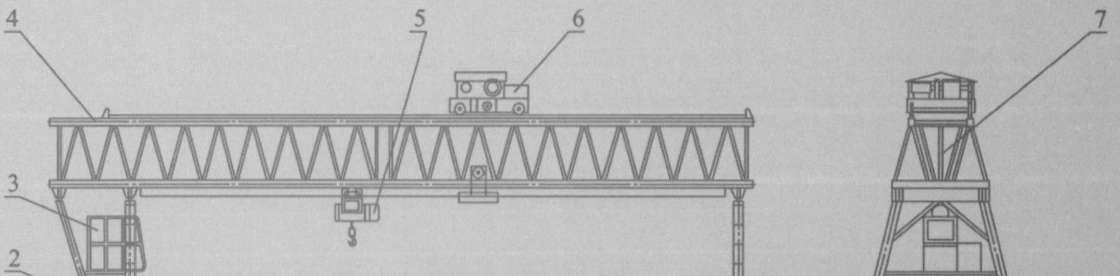

1—轮箱组件；2—主支腿；3—司机室；4—主梁；5—电动葫芦；6—小车总成；
7—连接梁；8—电缆卷筒；9—夹轨器。

图 3-30　龙门起重机

2）起重机的组成

起重机通常由工作机构、金属结构、动力装置与控制系统组成。

工作机构是为实现起重机不同的运动要求而设置的。工作机构包括起升机构、变幅机构、回转机构、行走机构四大机构，但不同类型的起重机，其工作机构稍有差异。龙门起重机设有起升机构、小车行走和大车（整台起重机）行走机构；流动式起重机和塔式起重机设有上述全部四大机构，但固定式塔式起重机不设行走机构。

金属结构是起重机的骨架，它承受起重机的自重和作业时的各种外载荷。流动式起重机的起重臂、回转平台、人字架、底架，塔式起重机的起重臂、平衡臂、塔身、塔帽，龙门起重机的主梁和支腿等，都是起重机的主要金属结构。

动力装置是起重机的动力源。流动式起重机的动力装置多为内燃机，塔式起重机和龙门起重机的动力装置则通常为电动机。

控制系统的作用是实现起重机的启动、停止，控制动力传递方向及运动速度快慢，并保证起重机的作业安全。

（四）架桥机

架桥机是将桥梁预制钢筋混凝土（或预应力混凝土）梁片（或梁段）吊装到桥梁支座上的专用施工机械。

1. 架桥机的分类

目前，国内架桥机在结构形式上大同小异，主要区别在于架桥机纵导梁形式和过孔方式。

根据纵导梁形式，架桥机可分为单导梁式架桥机和双导梁式架桥机，这两类架桥机是利用拼装成的导梁作为承重移动支架，再配置部分起重装置与移动机具来实现架梁。

按过孔形式，架桥机分为轮轨式架桥机和步履式架桥机。轮轨式架桥机整机大悬臂轨行式为纵移方式，具有重心低、质量轻、架设曲线桥半径较小等优点，但其最大不利之处则是在悬臂纵移过程中，固定端处会有较大的垂直力作用在已架裸梁梁片的中部，对梁片可能造成危害。同时，还要铺设纵移轨道（横移轨道自带），从而增加了施工成本和劳动强度。而步履式纵移方式的架桥机在纵移和架梁时，施工载荷只作用在已架裸梁的端头和桥台上，改善了梁体的受力状况，对梁片的结构形式及中部受力情况无特殊要求，且无须铺设纵移轨道，但结构质量大、成本高、架设曲线桥半径也较大，重心相对高一些，因而在使用中受到一定的限制。

2. 单导梁式和双导梁式架桥机的结构及特点

单导梁式架桥机为单支臂，如图 3-31 所示，导梁一般采用空腹箱型做主承力构件，以减轻自重。导梁可上下升降、前后伸缩、左右横移，可连续架设直线、斜线、曲线等不同种类的公路桥梁。新型单导梁式架桥机在吊梁小车上设置慢速横移机构，如果仅仅依靠整机横移机构来实现移梁与落梁调整，落梁时需反复调整多次才能就位，设置慢速横移机构则可一次落梁到位。单导梁式架桥机结构紧凑、自重轻、利用系数高、对曲线及斜交桥适应能力强，整个架梁过程在接近简支的受力状态下进行，不需设置岔线，也不需吊梁走行，广泛应用于桥面宽度较大，且要求一次铺装完成的桥梁。

图 3-31　单导梁式架桥机

双导梁式架桥机（见图 3-32）具有结构简单、快速轻巧、适应性强、组合结构系统性好、互换性强、容易组装等特点，广泛用于桩墩较高、跨越公路和铁路的桥梁架设，不受桥下条件的限制。

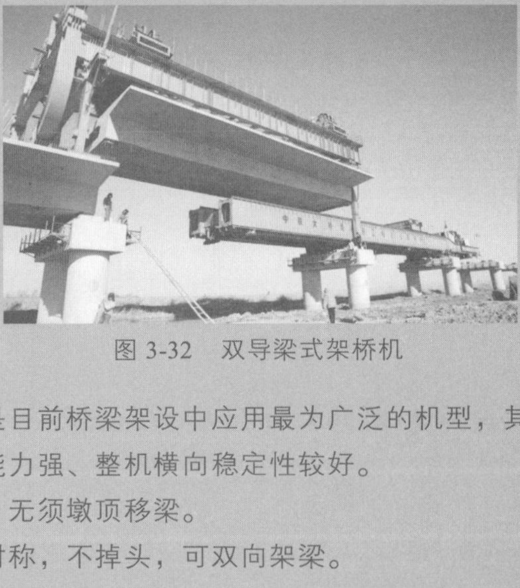

图 3-32　双导梁式架桥机

双导梁架桥机是目前桥梁架设中应用最为广泛的机型，其优点如下：

（1）导梁承载能力强、整机横向稳定性较好。

（2）机上横移，无须墩顶移梁。

（3）两端结构对称，不掉头，可双向架梁。

（4）重心低，安全可靠。

（5）大梁受力状况好，改进方便。

3. 架桥机的发展趋势

随着铁路及公路建设的高速发展，桥梁架设量越来越大，桥梁结构形式也更加多种多样，原有的架梁设备也很难满足架桥的施工需要。特别是在一些地形复杂、交通困难的地带架桥，常出现大型架桥机械难以进入施工现场的情况。为了满足施工需要，架桥机呈现出如下发展趋势：

（1）向大型化与小型化发展，以满足不同规格桥梁的需求。

（2）能在斜交桥、曲线桥、错位桥的架设中适用，具有重梁、变梁、半幅、全幅梁片的铺设及双向架桥功能。

（3）配置电子编程控制系统，提高自动化程度，从而提高架设速度。

（4）集机、电、液为一体，安全、可靠、稳定，使用寿命长。

（5）结构新颖、合理，便于拆装、运输。

（6）机身质量减轻，综合能力增强。

（7）广泛采用新技术、新工艺、新方法，尽力改善操作人员的劳动条件和劳动强度，提高了整机的生产率，并降低了工作损耗。

二、施工作业

（一）桩工机械施工作业

1. 柴油打桩机的应用

柴油桩锤的特点是构造简单，使用方便，不像振动桩锤需要外接电源，它所需要的燃料就装在它的气缸外面的油箱里。因此，柴油桩锤成为目前广泛采用的打桩设备。我国已制定了柴油桩锤系列标准（见表 3-2）。

表 3-2　柴油桩锤系列标准

型号	项目				
	冲击部分质量 /kg	桩锤总质量（不大于）/kg	桩锤全高（不大于）/mm	一次冲击最大能量（不小于）/J	最大跳起高度（不小于）/m
D8	800	2 060	4 700	24 000	3
D16	1 600	3 560	4 730	48 000	3
D25	2 500	5 560	5 260	75 000	3
D30	3 000	6 060	5 260	90 000	3
D36	3 600	8 060	5 258	108 000	3
D46	4 600	9 060	5 258	138 000	3
D62	6 200	12 100	5 910	186 000	3
D80	8 000	17 100	6 200	240 000	3
D100	10 000	20 600	6 358	300 000	3

柴油桩锤的另一特点是，地层越硬，桩锤跳得越高，即柴油桩锤可自动调节冲击力。地层软时，由于贯入度（每打击一次桩的下沉量，一般用 mm 表示）过大，燃油不能爆发或爆发无力，桩锤跳不起来，反而使工作循环中断。这时只好重新启动，甚至要将桩打入一定深度后，才能正常工作。所以，在软土地使用柴油桩锤时，开始一段效率较低。若在打桩作业过程中发现桩的每次下沉量很小，

而柴油桩锤又确无故障时，说明此型号桩锤规格太小，应换大型号桩锤。过小规格的桩锤作业效率低，而用过大的油门试图增大落距和增大锤击力的做法，对生产效率提高不大，还往往将桩打坏。一般要求是重锤轻击，即锤应偏重，落距宜小，而不是轻锤重击。另外，柴油桩锤打斜桩效果较差。若打斜桩时，桩的斜度不宜大于 30°。

2. 振动沉拔桩机的应用

振动沉拔桩机的结构简单、辅助设备少、工作效率高、质量轻、体积小、对桩头的作用力均匀而使桩头不易损坏，还可以用来拔桩，因此已得到广泛使用。

桥梁工程中已广泛采用振动沉桩法施工来解决板桩、钢管桩、钢筋混凝土桩和管桩的施工问题。振动沉桩工作效率决定于振幅、离心力和静压力，振幅是决定沉桩速度的主要因素，理想的振幅是 10 ~ 20 mm。过大的振幅不但消耗动力多，而且机械工作不平稳。沉桩作业时，作用在桩身单位断面面积上的静压力对桩的下沉也有很大的影响，只有当静压力（包括桩的自重）超过某值时，才发生沉桩现象，振动沉桩机必须有足够的重量，必要时还应附加配重。

振动沉拔桩机不仅可进行垂直沉桩作业（见图 3-33），还可进行沉斜桩作业。

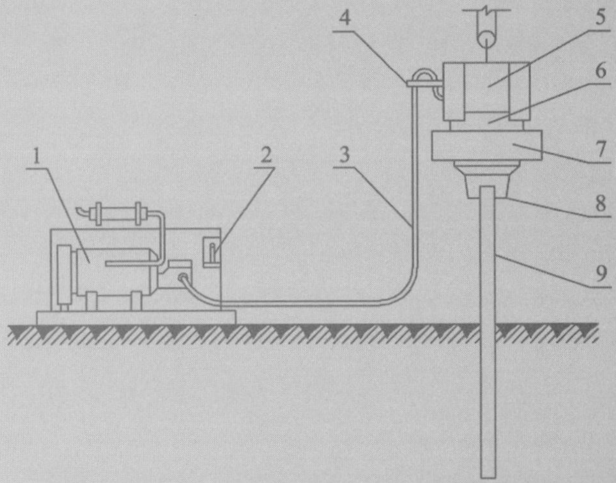

1—动力装置；2—操纵杆；3—电线；4—弹性悬挂装置；
5—隔振器；6—电动机；7—偏心块。

图 3-33　振动沉拔桩作业

3. 钻孔灌注桩施工方法

根据所选护壁形成的不同，灌注桩的施工有泥浆护壁施工法和全套管施工法两种。

1）泥浆护壁施工法

冲击钻孔、冲抓钻孔和回转钻削成孔等均可采用泥浆护壁施工法。该施工法的过程是：平整场地→泥浆制备→埋设护筒→铺设工作平台→安装钻机并定位→

钻进成孔→清孔并检查成孔质量→下放钢筋笼→灌注水下混凝土→拔出护筒→检查质量。施工顺序如图 3-34 所示。

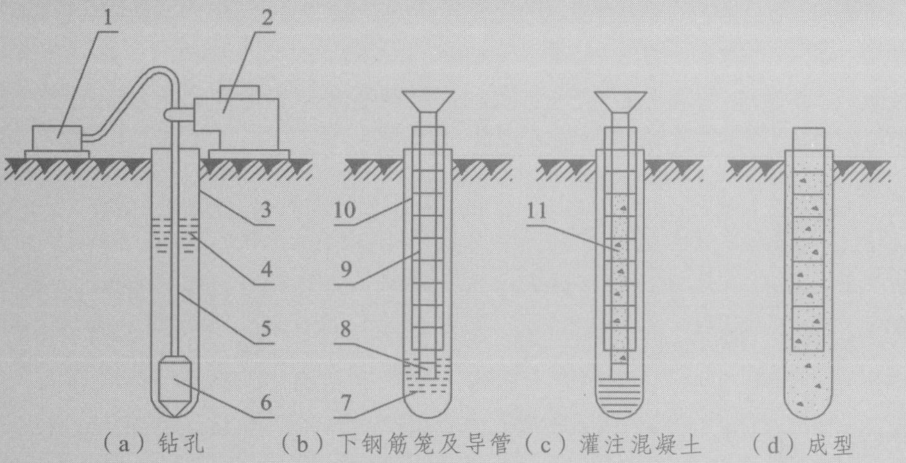

1—泥浆泵；2—钻机；3—护筒；4—泥浆；5—钻杆；6—钻头；7—沉淀泥浆；8—隔水塞；9—导管；10—钢筋笼；11—混凝土。

图 3-34 泥浆护壁钻孔灌注桩施工顺序

（1）施工准备

施工准备包括选择钻机、钻具，场地布置等。

钻机是钻孔灌注桩施工的主要设备，可根据地质情况和各种钻孔机的应用条件来选择。

（2）钻孔机的安装与定位

安装钻孔机的基础应稳固，否则施工中易产生钻孔机倾斜、桩倾斜和桩偏心等不良影响。对于地层较软或有坡度的地基，可用推土机推平，再垫上钢板或枕木加固。

钻孔中心位置应准确选定并正确安装钻孔机，以确保桩位准确。对于有钻塔的钻孔机，先利用钻机本身的动力与附近的地笼配合，将钻杆移动大致定位，再用千斤顶将机架顶起，准确定位，使起重滑轮、钻头或固定钻杆的卡孔与护筒中心在一垂线上，以保证钻机的垂直度。钻机位置的偏差不得大于 2 cm。对准桩位后，用枕木垫平钻机横梁，并在塔顶对称于钻机的轴线上拉上缆风绳。

（3）埋设护筒

钻孔成败的关键是防止孔壁坍塌。当钻孔较深时，地下水位以下的孔壁土在静水压力的作用下会向孔内坍塌，甚至发生流沙现象。钻孔内若能保持比地下水位高的水头，增加孔内静水压力，能稳定孔壁、防止坍孔。同时，护筒还有隔离地表水、保护孔口地面、固定桩孔位置和为钻头导向的作用。

制作护筒的材料有木、钢、钢筋混凝土 3 种。护筒要求坚固耐用，不漏水，其内径应比钻孔直径大（旋转钻约大 20 cm，潜水钻、冲击或冲抓锥约大 40 cm），每节长度为 2～3 m。一般常用钢护筒。

（4）泥浆制备

钻孔泥浆由水、黏土（膨润土）和添加剂组成。泥浆具有浮悬钻渣、冷却钻头、润滑钻具、增大静水压力，并在孔壁形成泥皮、隔断孔内外渗流、防止坍孔的作用。调制的钻孔泥浆及经过循环净化的泥浆均应有适当的稠度。泥浆太稀，排渣能力小，护壁效果差；泥浆太稠，会削弱钻头冲击功能，降低钻进速度。泥浆稠度应根据钻孔方法和地层情况来确定。

（5）钻孔

钻孔是一道关键工序，在施工中必须严格按照操作要求进行，才能保证成孔质量。首先要注意开孔质量，为此必须对好中线及垂直度，并压好护筒。在施工中要注意不断添加泥浆和抽渣（冲击式用），还要随时检查成孔是否有偏斜现象。采用冲击式或冲抓式钻机施工时，附近土层因受到振动而影响邻孔的稳固，所以钻好的孔应及时清孔，下放钢筋笼和灌注水下混凝土。钻孔的顺序也应事先规划好，既要保证下一个桩孔的施工不影响上一个桩孔，又要使钻机的移动距离不要过远和相互干扰，一般可采用如图 3-35 所示的顺序钻孔。

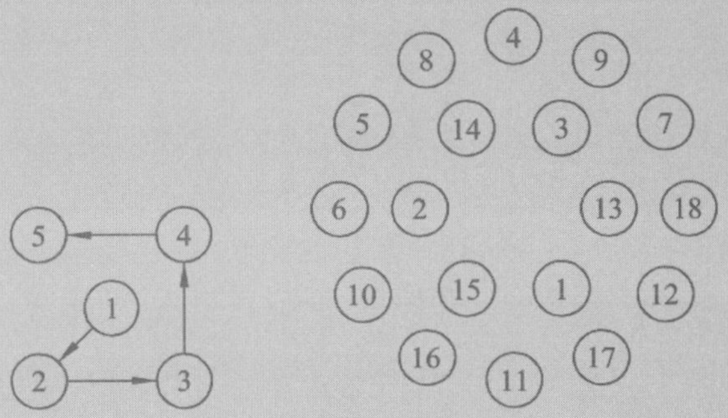

图 3-35　钻机钻孔顺序

（6）清孔

钻孔的深度、直径、位置和孔形直接关系到成桩质量与桩身曲直。为此，除了钻孔过程中密切观测监督外，在钻孔达到设计要求深度后，应对孔深、孔位、孔形、孔径等进行检查。在终孔检查完全符合设计要求时，应立即进行孔底清理，避免隔时过长以致泥浆沉淀，引起钻孔坍塌。对于摩擦桩，当孔壁容易坍塌时，要求在灌注水下混凝土前沉渣厚度不大于 30 cm；当孔壁不易坍塌时，不大于 20 cm。对于柱桩，要求在射水或射风前，沉渣厚度不大于 5 cm。清孔方法视使用的钻机不同而灵活应用。通常可采用正循环旋转钻机、反循环旋转钻机、真空吸泥机以及抽渣筒等清孔。其中用吸泥机清孔，所需设备不多，操作方便，清孔也较彻底，但在不稳定土层中应慎重使用。

（7）灌注水下混凝土。

清孔之后，就可将预制的钢筋笼垂直吊放到孔内，定位后要加以固定，然后用导管灌注混凝土，灌注时混凝土不要中断，否则易出现断桩现象。

2）全套管施工法

全套管施工法的施工顺序如图 3-36 所示。其一般施工过程是平整场地→铺设工作平台→安装钻机→压套管→钻进成孔→安放钢筋笼→放导管→浇筑混凝土→拉拔套管→检查成桩质量。

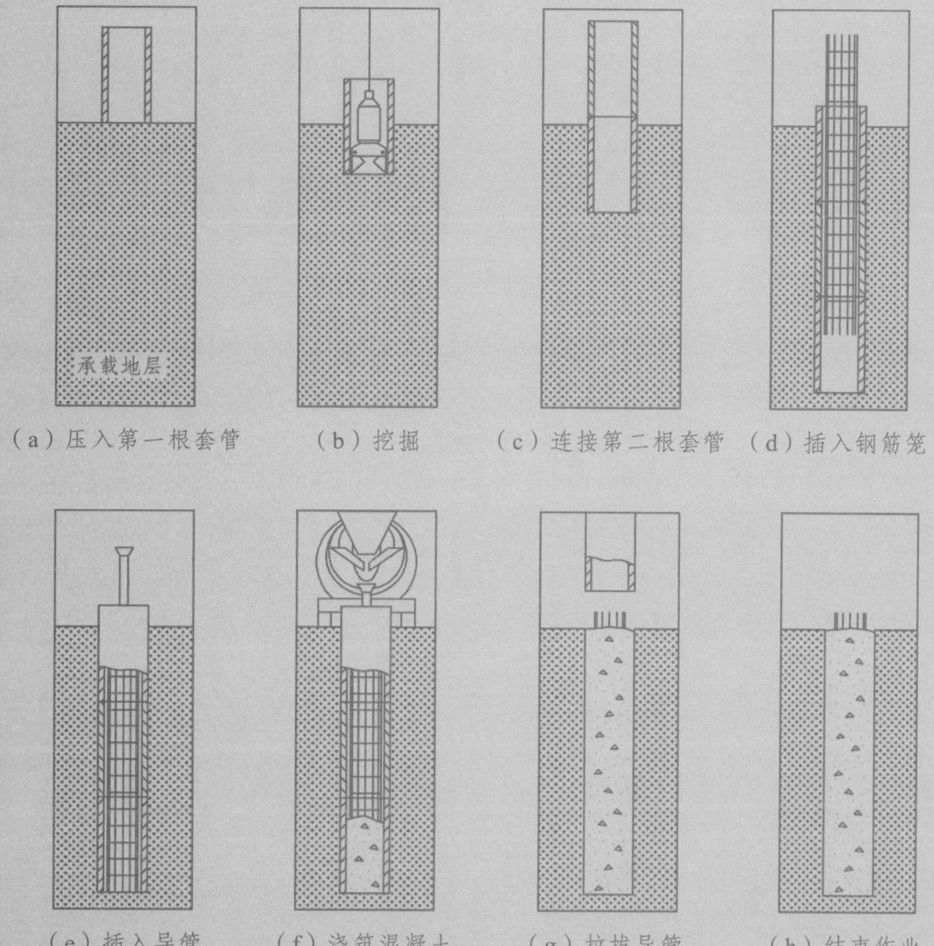

图 3-36　全套管施工法的施工顺序

全套管施工法的主要施工步骤除不需泥浆及清孔外，其他步骤与泥浆护壁法都类同。压入套管的垂直度，取决于挖掘开始阶段 5～6 m 深时的垂直度。因此应该随时用水准仪及铅垂校核其垂直度。

4. 桩工机械的选用

1）预制桩施工机械的适用范围及选用

（1）适用范围

预制桩施工机械的适用范围见表 3-3。

表 3-3　预制桩施工机械适用范围

打桩机类型	适用范围	优缺点
柴油打桩机	（1）轻型宜于打木桩、钢板桩； （2）重型宜于打钢筋混凝土桩、钢管桩； （3）不适于在过硬或过软的土层中打桩	附有桩架、动力设备，机架轻，移动方便，燃料消耗少，沉桩效率高
振动沉拔桩机	（1）用于沉拔钢板桩、钢管桩、钢筋混凝土桩； （2）宜用于砂土、塑性黏土及松软砂黏土； （3）在卵石夹砂及紧密黏土中效果较差	沉桩速度快，施工操作简易、安全，能辅助拔桩
静力压拔桩机	（1）用于不能有噪声和振动影响邻近建筑物的软土地区； （2）适用于压拔板桩、钢板桩、型钢桩和各钢筋混凝土方桩； （3）宜用于软土基础及地下铁道明挖施工	无噪声，无振动，对周围环境影响极小，桩配筋简单，短桩可接，便于运输。只适用松软地基，且运输安装不便

（2）柴油桩锤的选用

选择桩锤的主要依据是桩的承载能力。在打桩过程中，沉桩阻力随桩的下沉而不断增加，沉桩到位时的阻力 R（称为终沉阻力）应不小于桩的极限承载力 P。P 为土建设计数据，一般为桩的容许承载力的 2 倍。在实际应用中，一般以每 10 击桩的下沉量小于 5 mm（称最终贯入度）为桩停止下沉的标志，并认为此时作用在桩上的沉桩力（即桩锤的冲击力）等于终沉阻力 R。显然沉桩力与桩锤的冲击动能有关，桩锤冲击动能 E 越大，沉桩力也就越大。因此，终沉阻力 R 与桩锤冲击动能 E 有关，其关系用式（3-1）确定：

$$R=\frac{1\,000E}{S+0.5(C_1+C_2+C_3)}\eta \tag{3-1}$$

$$E=1.2WH$$

式中　R——终沉阻力，kN；

E——桩锤冲击动能，kJ；

W——冲击部分重量，kN；

H——冲击部分跳起高度（即行程），m；

S——最终贯入度，mm；

C_1——锤击时桩帽、桩头的弹性变形（见表 3-4），mm；

C_2——锤击时桩身的弹性变形（见表 3-5），mm；

C_3——锤击时桩周围和端部土的弹性变形（见表 3-6），mm；

η——锤击效率。

当 $W\geqslant Q\varepsilon$ 时

$$\eta=\frac{W+\varepsilon^2 Q}{W+Q}$$

当 $W< Q\varepsilon$ 时

$$\eta=\frac{W+\varepsilon^2 Q}{W+Q}-\left(\frac{W-\varepsilon^2 Q}{W+Q}\right)^2$$

其中　Q——桩重，kN；

ε——恢复系数，对无桩帽钢桩及无桩帽有垫层混凝土桩，$\varepsilon=0.5$；对有桩帽有垫层混凝土桩，$\varepsilon=0.4$。

表 3-4　C_1 值

桩的材料	贯入难易程度/mm			
	容易 $p_1=3.5$ MPa	中等 $p_1=7.0$ MPa	难 $p_1=10.5$ MPa	极难 $p_1=14.0$ MPa
预制混凝土桩，有桩帽	0.6	1.3	1.9	2.5
钢桩及钢板桩，有木制桩帽	1.0	2.0	3.0	4.0

注：$p_1=R/A_h$，A_h 为桩头截面面积。

表 3-5　C_2 值

桩的材料	贯入难易程度/mm			
	容易	中等	难	极难
	混凝土桩			
	$p_2=3.5$ MPa	$p_2=7.0$ MPa	$p_2=10.5$ MPa	$p_2=14.0$ MPa
	钢桩			
	$p_2=52.5$ MPa	$p_2=105.0$ MPa	$p_2=157.5$ MPa	$p_2=210.0$ MPa
混凝土桩（$E=2.1\times10^7$ kN/m^2）	$0.15L$	$0.30L$	$0.46L$	$0.61L$
钢桩（$E=2.1\times10^8$ kN/m^2）	$0.23L$	$0.46L$	$0.68L$	$0.91L$

注：L——桩头至桩入土部分中心的距离（m）；$p_2=R/A_b$，A_b 为桩身截面面积。

表 3-6　C_3 值

桩的截面种类	贯入难易程度/mm			
	容易 $p_3=3.5$ MPa	中等 $p_3=7.0$ MPa	难 $p_3=10.5$ MPa	极难 $p_3=14.0$ MPa
对所有等截面面积	0～2.5	2.5	2.5	2.5

注：$p_3=R/A_t$，A_t 为对端承桩为桩尖水平投影面积，对摩擦桩为桩身沉入土内部分的表面积。

由式（3-1）选择柴油桩锤的步骤：先初选柴油桩锤型号（通常使 $W>Q$），以选得的该型号柴油桩锤的 W、冲击体行程 H，以及 $S=5$ mm 代入式中进行计算，将算出的终沉阻力 R 与桩的极限承载力 P 进行比较，R 略大于 P 时所选柴油桩锤型号即满足要求。若 $R<P$ 时，应重新选择型号，以新的 W 值代入式（3-1）进行计算，直到 $R\geqslant P$ 时为止。

由表 3-4 ~ 表 3-6 查 3 个弹性变形 C 值（C_1、C_2、C_3）时，要先计算 3 个 p 值（p_1、p_2、p_3），而 3 个 p 值均与待求的终沉阻力 R 有关，此时可令 R 等于桩的极限承载力 P，即以 P 代 R 计算三个 p 值，然后查出 3 个 C 值。

我国生产的筒式柴油桩锤的技术参数见表 3-7。

表 3-7　筒式柴油桩锤部分技术参数

参　数	型　号			
	D12	D18	D25	D40
上活塞重量/kN	12	18	25	40
上活塞行程/mm	2 500	2 560	2 500	2 500
冲击能量/ kN·m	30	46	62.5	100
下活塞行程/mm	40 ~ 60	40 ~ 60	40 ~ 60	40 ~ 60

（3）振动桩锤的选用

为使振动桩锤顺利沉桩，必须满足 3 个条件。一是振动桩锤工作振幅应不小于始沉振幅 A_0，A_0 的数值取决于振动频率、土的类别、桩的尺寸和形状；二是振动桩锤在某一振动频率下产生的激振力应不小于土对桩身侧面上的总阻力 T，T 的数值与桩身侧面面积及土的类别有关；三是桩的自重和振动桩锤的重量所构成的对桩的下沉压力至少不小于始沉压力 p_0，实际应用中要求不小于比 p_0 大的需要下沉压力 p，p_0 和 p 实际上是一种压强，其值与桩的断面形状和断面面积有关，可由实验获得。

上述 3 个条件可用下面 3 个近似公式表述：

$$\frac{\alpha M}{Q_C + Q_B} \geqslant A_0 \tag{3-2}$$

$$\frac{M\omega^2}{g} \geqslant T \tag{3-3}$$

$$\frac{Q_C + Q_B}{F} \geqslant p \tag{3-4}$$

式中　α——利用系数，对混凝土桩取 0.3，对其他桩取 1；

M——振动桩锤静偏心力矩，N·m；

Q_C——桩的自重，N；

Q_B——振动锤的自重，N；

A_0——始沉振幅，见表 3-8，m；

ω——偏心块旋转时的角速度，1/s；

g——重力加速度，m/s^2；

F——桩的断面面积，m^2；

p——需要下沉压力，见表 3-9，MPa；

T——土对桩身侧面上的总阻力，N。

$$T = S\sum_{i=1}^{n} l_i \tau_i$$

S——桩的断面周长，m；

l_i——从地面往下第 i 类土的厚度，m；

τ_i——从地面往下第 i 类土的临界阻力，见表 3-10，kN/m^2；

n——土层类别总数。

表 3-8　始沉振幅 A_0（适用于饱和的砂及软的塑态黏土）

振动频率/（次/min）	A_0/mm	
	桩的断面面积小于 100 cm^2	桩的断面面积为 400 ~ 1 000 cm^2
400 ~ 600	8.0 ~ 15.0	10.0 ~ 20.0
1 200 ~ 1 500	3.0 ~ 4.0	5.0 ~ 6.0
2 300 ~ 2 500	1.5 ~ 3.0	3.5 ~ 4.5

表 3-9　始沉压力及需要的下沉压力

桩的断面面积/m^2	断面形状	始沉压力 p_0/MPa	需要下沉压力 p/MPa
<0.01	圆形	0.08 ~ 0.12	0.1 ~ 0.2
0.04 ~ 0.08	圆形	0.3 ~ 0.4	0.4 ~ 0.5
0.14 ~ 0.16	方形	0.4 ~ 0.5	0.6 ~ 0.7

表 3-10　临界阻力 τ

桩的类别及尺寸	土的类别	τ/（kN/m^2）
直径 250 ~ 320 mm 的钢管桩，沉入深度 12 ~ 15 m	软质塑态黏土	5.0 ~ 8.0
断面 400 mm×400 mm 的钢筋混凝土桩，沉入深度 15 m	软质塑态黏土	5.8 ~ 6.2
单块槽形板桩	紧密、坚硬的黏土	18 ~ 25
各种形式的钢板桩，沉入深度 10 ~ 12 m	软质塑态黏土及松软的砂	12
一字形钢板桩，沉入深度 10 ~ 15 m	紧密的中粒砂夹砾石层	17

根据式（3-2）、式（3-3）和式（3-4）可确定振动锤的 M、ω、Q_B 的适当数值，以此选择振动桩锤的型号。或先选桩锤型号，将其 M、ω、Q_B 代入以上三式验算，若满足，则可用。

2）灌注桩施工机械的适用范围及选用

如前所述，灌注桩基础施工工艺过程繁多，但在整个施工过程中，关键环节是钻孔。因此钻孔机械的选择尤为重要，工艺过程的其他机械随钻孔机械而进行配套。钻孔机械就是灌注桩基础施工的主导机械。

钻机的种类有：全套管钻机、旋转钻机、回转斗钻机、冲击钻机、螺旋钻机、冲抓钻机、潜水钻机等，各种钻机有其各自的工作特点和适用范围。因此，钻机的选择往往是顺利完成施工的重要环节。钻机的选择可根据以下原则进行。

（1）选择钻机类型时，必须根据钻孔位的地质（土及土层结构）情况结合钻机的适用能力而选型，参见表 3-11。

表 3-11　各种钻孔方法适用范围

各类灌注桩适用范围		适用条件
护壁成孔灌注桩	冲击成孔	用于各种地质情况
	冲抓成孔	用于一般黏土、砂土、砂砾土
	旋转正、反循环钻成孔	用于一般黏土、砂土、砂砾土等土层，在砂砾或风化岩层中也可应用机械旋转钻孔。但砾石粒径超过钻杆内径时，不宜采用反循环钻孔
	潜水钻成孔	用于黏性土、淤泥、淤泥质土、砂土
干成孔灌注桩	螺旋钻成孔	用于地下水位以上黏性土、砂土及人工填土
	钻孔扩底	用于地下水位以上坚硬塑黏性土、中密以上砂土
	人工成孔	用于地下水位以上黏性土，黄土及人工填土
沉管灌注桩	锤击沉管	用于可塑、软塑、流塑黏性土以及黄土、碎石土、风化岩
	振动沉管	
爆扩灌注桩	爆扩	用于地下水位以上黏性土、黄土、碎石土及风化岩

（2）钻机的型号应根据设计钻孔的直径和深度结合钻机钻孔能力而定。

（3）一台钻机配备有不同形式的钻头，而钻头应根据地质结构情况进行选择。

（4）钻机的选择还应考虑钻架设立的难易程度、钻机的运输条件、钻机安装场地的水文地质、钻机钻进反力等情况，力求所选钻机结构简单、工作可靠、使用及运输方便。

（5）所选钻机生产率应符合工程进度的要求，在保证工作质量和工作进度的前提下，生产率不宜过大。因为生产率高的钻机费用高，工程造价高。

（6）一个工程队如要配备两台以上钻机时，应尽可能统一型号规格，便于管理。根据施工需要，也可配备各不同型号种类的钻机。

总之，在钻机选型时，要综合考虑各种因素，力求生产上适用，技术上先进，经济上合理。

（二）水泥混凝土机械施工作业

1. 混凝土泵的使用

随着混凝土的不断发展，混凝土泵已被广泛地应用在混凝土浇筑工程中。为了确保混凝土泵达到规定的技术状况，必须认真执行使用和维修保养规程，以提高混凝土泵送施工质量与进度。

1）使用要点

（1）操作者及有关设备管理人员应仔细阅读使用说明书，掌握其结构原理、使用维护以及泵送混凝土的有关知识。使用及操作混凝土泵时，应严格按照使用说明书执行。因为操作者完全掌握机械性能需要有一个过程，所以使用说明书应随机备用。同时，应根据使用说明书制定具体泵送方案和操作要点，并在施工中贯彻实施。

（2）支撑混凝土泵的地面应平坦、坚实，整机需水平放置，工作过程中不应倾斜。支腿应能稳定地支撑整机，并可靠锁定。泵机位置既要便于混凝土搅拌运输车的进出及向料斗进料，又要考虑有利于泵送布管以减少泵送压力损失，同时要求距离浇筑地点近，使供电、供水方便。

（3）应根据施工场地特点及混凝土浇筑方案进行配管，配管设计时要校核管路水平换算距离是否与混凝土泵的泵送距离相适应。弯管角度一般有 15°、30°、45°和 90°四种，曲率半径有 1 m 和 0.5 m 两种（曲率半径较大的弯管阻力较小）。配管时应尽可能缩短管线长度，少用弯管和软管。输送管的铺设应便于管道清洗、故障排除和拆装维修。当新管和旧管混用时，应将新管布置在泵送压力较大处。配管过程中应绘制布管简图，列出各种管件、管卡、弯管和软管等的规格和数量，并提供清单。

（4）需垂直向上配管时，随着高度的增加即势能的增加，混凝土存在回流的趋势，因此应在混凝土泵与垂直配管之间铺设一定长度的水平管道，以保证有足够的阻力阻止混凝土回流。当泵送高层建筑混凝土时，需垂直向上配管，此时其地面水平管长度不宜小于垂直管长度的 1/4。如因场地所限，不能放置上述要求长度的水平管时，可采用弯管或软管代替。

在垂直配管与水平配管相连接的水平配管一侧，宜配置一段软件包管。另外，在垂直配管的下端应设置减振支座。垂直向上配管的形式如图 3-37 所示。

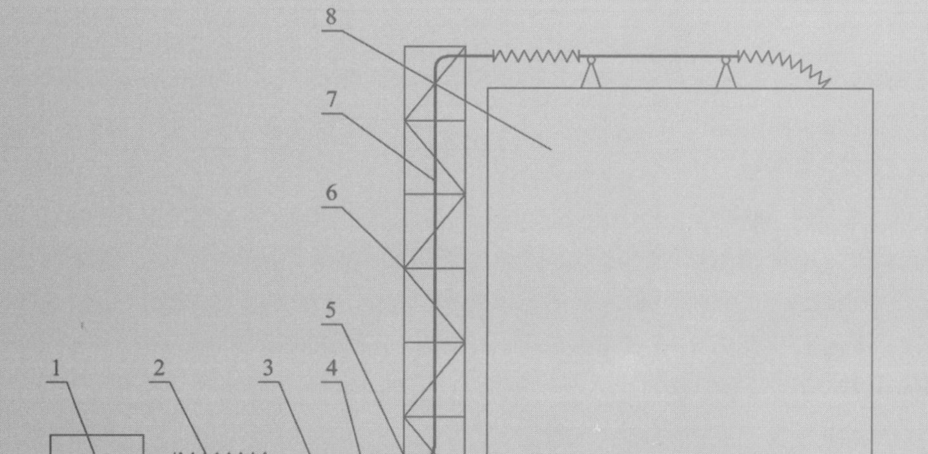

1—泵车；2—软管；3—水平管；4—支架；5—减振支座；6—管架；7—垂直管；8—建筑物。

图 3-37　垂直向上的管路布置

（5）在混凝土泵送过程中，随着泵送压力的增大，泵送冲击力将迫使泵管来回移动，这不仅损耗了泵送压力，而且使泵管之间的连接部位处于冲击和间断受拉的状态，可导致管卡及胶圈过早受损、水泥浆溢出，因此必须对泵加以固定。

（6）混凝土泵与输送管连通后，应按混凝土泵使用说明书的规定进行全面检查，符合要求后方能开机进行空运转。空载运行 10 min 后，再检查各机构或系统是否工作正常。

（7）在炎热季节施工时，宜用湿草袋、湿罩布等物覆盖混凝土输送管，以避免阳光直接照射，可防止混凝土因坍落度损失过快而造成堵管。

（8）在严寒地区的冬季进行混凝土泵送施工时，应采取适当的保温措施，宜用保温材料包裹混凝土输送管，防止管内混凝土受冻。

2）泵送工作要点

（1）混凝土的可泵性。泵送混凝土应满足可泵性要求，必要时应通过试泵送确定泵送混凝土的配合比。

① 坍落度是可泵性的重要因素。水平泵送时坍落度 $S = 5 \sim 15$ cm 为宜，最好控制在 8 ~ 12 cm。如果骨料级配符合要求，那么 8 ~ 12 cm 的坍落度对大多数泵来说都是理想的，而且，这种坍落度也适合大多数工程结构的要求。$S = 5$ cm 的混凝土也可泵送，但泵送压力明显加大。$S < 5$ cm 时便不宜泵送。$S > 15$ cm 时，水泥砂浆将被率先冲走，管道中灰浆润滑膜消失，混凝土产生离析，易在管中堵塞，故也不宜泵送。垂直泵送时，为降低泵送压力，坍落度可适当增加。对于不同泵送高度，入泵混凝土的坍落度可按 3-12 表选用。

表 3-12　入泵混凝土的坍落度

泵送高度/m	30 以下	30 ~ 60	60 ~ 100	100 以上
坍落度/mm	100 ~ 140	140 ~ 160	160 ~ 180	180 ~ 200

② 输送管径与粗骨料的最大粒径之比应为：泵送高度在 50 m 以下时，对于碎石不宜小于 3，对于卵石不宜小于 2.5，泵送高度在 50 ~ 100 m 时，宜取 3 ~ 4；泵送高度在 100 m 以上时，宜取在 4 ~ 5。针片状颗粒含量不宜大于 10%。上述要求满足时，泵送中不易产生堵塞。

③ 泵送混凝土的水灰比宜为 0.5。水灰比大于 0.5 时，称为饱和状态，这时混凝土在管道中的运动阻力很低，泵送状态稳定。水灰比小于 0.4 时，为非饱和态，泵送时混凝土与管壁呈干摩擦状态，阻力很大，不宜泵送。水灰比为 0.4 ~ 0.5 时，称为过渡状态，混凝土的物理力学性能在泵送时很不稳定，运动阻力变化很大，故也不宜泵送。水灰比大于 0.5 时，对泵送阻力的降低作用已不明显，而且还会降低混凝土的强度、透水性和抗冻性。

④ 泵送混凝土的含砂率宜为 38% ~ 45%。细骨料宜采用中砂，通过 0.315 mm 筛孔的砂量不应少于 15%。没有足够的含砂率，就不能全部填充骨料间的间隙，泵送时粗骨料间会产生挤轧和卡阻，使泵送压力升高。

⑤ 泵送混凝土中水泥的最少含量为 300 kg/m^3。水泥含量少时，不能包裹骨料的全部表面，混凝土也缺乏保水性，易泌水，产生堵塞，因而增加泵送阻力。水泥含量过多时，混凝土黏性增大导致阻力增大。使泵送压力最低的水泥含量为 300 ~ 330 kg/m^3，考虑到水泥含量多时成本也高，所以一般推荐水泥含量不少于 300 kg/m^3。

（2）混凝土泵启动后应先泵送适量水，以湿润混凝土泵的料斗、混凝土缸和输送管等直接与混凝土接触的部位。泵送水后再采用下列方法之一润滑上述部位：泵送水泥浆；泵送 1∶2 的水泥砂浆；泵送除粗骨料外的其他成分配合比的水泥砂浆。

润滑用的水泥浆或水泥砂浆应分散布料，不得集中浇筑在同一地方。

（3）开始泵送时，混凝土泵应处于慢速、匀速运行的状态，然后逐渐加速。同时应观察混凝土泵的压力和各系统的工作情况，待各系统工作正常后方可以正常速度泵送。

（4）混凝土泵送工作尽可能连续进行，混凝土缸的活塞应保持以最大行程运行，以便发挥混凝土泵的最大效能，并使混凝土缸在长度方向上磨损均匀。

（5）混凝土泵若出现压力过高且不稳定、油温升高、输送管明显振动及泵送困难等现象时，不得强行泵送，应立即查明原因予以排除。可先用木槌敲击输送管的弯管、锥形管等部位，并进行慢速泵送或反泵，以防止堵塞。

（6）当出现堵塞时，应采取下列方法排除：

① 重复进行反泵和正泵运行，逐步将混凝土吸出返回至料斗中，经搅拌后再重新泵送。

② 用木槌敲击等方法查明堵塞部位，待混凝土击松后重复进行反泵和正泵运行，以排除堵塞。

③ 当上述两种方法无效时，应在混凝土卸压后拆开堵塞部位，待排出堵塞物后再行泵送。

（7）泵送混凝土宜采用预拌混凝土，也可在现场设搅拌站供应泵送混凝土，但不得泵送手工搅拌的混凝土。对供应的混凝土应予以严格控制，随时注意坍落度的变化，对不符合泵送要求的混凝土不允许入泵，以确保混凝土泵的有效工作。

（8）混凝土泵料斗上应设置筛网，并设专人监视进料，避免因直径过大的骨料或异物进入而造成堵塞。

（9）泵送时，料斗内的混凝土存量不能低于搅拌轴位置，以避免空气进入泵管引起管道振动。

（10）当混凝土泵送过程需要中断时，其中断时间不宜超过 1 h，并应每隔 5 ~ 10 min 进行反泵和正泵运转，以防止管道中因混凝土泌水或坍落度损失过大而堵管。

（11）泵送完毕后，必须认真清洗料斗及输送管道系统。混凝土缸内的残留混凝土若清除不干净，将在缸壁上固化。当活塞再次运行时，活塞密封面将直接承受缸壁上已固化的混凝土对其的冲击，导致推送活塞局部剥落。这种损坏不同于活塞密封的正常磨损，密封面无法在压力的作用下自我补偿，从而导致漏浆或吸空，引起泵送无力、堵塞等。

（12）当混凝土可泵性差或混凝土出现泌水、离析而难以泵送时，应立即对配合比、混凝土泵、配管及泵送工艺等进行研究，并采取相应措施解决。

2. 混凝土泵车的使用

混凝土泵车已推广使用在混凝土浇筑施工中，该设备技术的先进性和维修保养的复杂性，决定了对它的使用、维护和管理均应提出较高的要求。为了确保混凝土泵车在工作时能达到规定的技术状态、降低维修成本、提高使用的可靠性和寿命，必须认真执行其使用和维修规程。

1）安全操作规程

为了确保混凝土泵车作业的安全性，避免造成人身或设备事故，必须严格遵守下列安全操作规程。

（1）场地选择。应尽可能远离高压线等障碍物。

（2）作业前的检查。操作台的电源开关应位于“关”的位置；混凝土排量手柄及搅拌装置换向手柄应位于中位。

（3）支腿操作。混凝土泵车应水平放置，支撑地面应平坦、坚实，保证工作过程中不下陷。支腿能稳定可靠地支撑整机，并能可靠地锁住。

（4）臂架操作。臂架由折叠状态伸展或收回时，必须按照规定顺序进行。臂架的回转操作必须在臂架完全离开臂架托架后进行。在处于暴风雨状态或风力达到 7 级（风力等级表中对应的平地 10 m 高处的风速为 13.9 ~ 17.1 m/s）或 7 级以上时，不得使用臂架。臂架绝对不能用于起重作业。

（5）泵送作业。当开始或停止泵送时，应与在末端软管处的操作人员取得联系，末端软管的弯曲半径不得小于 1 m，而且不准弯折。

（6）作业后的检查。臂架应完全收回在臂架支架上；支腿也应完全收回，并插入锁销。操作台的电源开关应处于“关”的位置。

（7）蓄能器内只能充入氮气，不能充入氧气、氢气等易燃及有爆炸危险的气体。

（8）紧急关闭按钮。混凝土泵车上有一系列紧急关闭按钮，分别设置在支腿控制阀、有线和无线遥控系统及控制箱上。如遇紧急情况，只需按下其中的某一个紧急关闭按钮就可关闭机器。如果紧急关闭按钮发生故障，在突发危险情况时就不能迅速关闭机器。因此，在每次开始工作之前，必须检查紧急关闭按钮的功能。当紧急关闭按钮被按下时，机器的电气系统即被切断，导致电磁阀等被关闭。如果液压系统产生泄漏，会造成如布料杆下沉等故障现象，此情况不能用按紧急关闭按钮的方法来解决。

2）使用要点

（1）混凝土泵车的操作人员须经专业培训后方可上岗操作。

（2）所泵送的混凝土应满足混凝土泵车的可泵性要求。

（3）混凝土泵车泵送工作要点可参照混凝土泵的泵送工作要点。

（4）整机水平放置时所允许的最大倾角为 3°，更大的水平倾角会使布料的转向齿轮超载，并危及机器的稳定性。如果布料杆在移动时其中的某个支腿或几个支腿曾经离过地，就必须重新设定支腿，直至所有支腿都能始终可靠地支撑在地面上。

（5）为保证布料杆泵送工作处于最佳状态，应做到：

① 将 1 节臂提起 45°。

② 将布料杆回转 180°。

③ 将 2 节臂伸展 90°。

④ 伸展 3、4、5 节臂并呈水平位置。若最后一节布料杆能处于水平位置，对泵送来说是最理想的。如果这节布料杆的位置呈水平状态，那么混凝土的流动速度就会放慢，从而可减少输送管道和末端软管的磨损，当泵送停止时，只有末端软管内的混凝土才会流出来。如果最后一节布料杆呈向下倾斜状态，那么在这部分输送管道内的混凝土就会在自重作用下加速流动，以致在泵送停止时输送管道内的混凝土还会继续流出。

（6）泵送停止 5 min 以上时，必须将末端软管内的混凝土排出。否则由于末端软管内的混凝土脱水，再次泵送作业时混凝土会猛烈地喷出，向四处喷溅，那样末端软管很容易受损。

（7）为了改变臂架或混凝土泵车的位置而需要折叠、伸展或收回布料杆时，要先反泵 1 ~ 2 次后再动作，这样可防止在动作时输送管道内的混凝土落下或喷溅。

3. 插入式振捣器使用注意事项

（1）插入式振捣器的电动机通电后旋转时，若软轴不转，则电动机转向不对，任意调换两相电源线即可。若软轴转动振动棒不起振，可摇晃棒头或将棒头轻磕地面，即可起振。

（2）作业中应使振动棒自然沉入混凝土，一般应垂直插入，并插到下层尚未初凝层中 5 ~ 10 cm，以促使上下层相互胶合。

（3）插入式振捣器振捣时，除了做到快插慢拔外，振动棒各插点间距应均匀。不要忽远忽近。一般间距不应超过振动棒有效作用半径的 1.5 倍。

（4）振动棒在混凝土内振密的时间，一般每插点振密 20 ~ 30 s，以混凝土不再显著下沉、不再出现气泡、表面泛出水泥浆和外观均匀为止，在振密时应将振动棒上下抽动 5 ~ 10 cm，使混凝土振密均匀。棒体插入混凝土的深度不应超过棒长的 2/3 ~ 3/4，以免因振动不易拔出而导致保护软管损坏。不允许将保护软管插入混凝土中，以防砂浆侵蚀保护软管及砂浆渗入软管而损坏机件。

（5）使用插入式振捣器时，应避免将振动棒触及钢筋、芯管及预埋件，不得采取振动棒振动钢筋的方法来促使混凝土振密，以免因振动使钢筋位置变动，降低钢筋与混凝土之间的黏结力。

（6）振捣器作业时，保护软管弯曲半径应大于规定数值，软管不得有断裂。钢丝软轴使用 200 h 后应更换，若软管使用过久，长度变长时应及时进行修复或更新。

（7）振捣器在使用中若温度过高，应停机冷却检查，是机件故障，要及时修理。冬季低温下，振捣器作业前应缓慢加温，在棒内的润滑油解冻后，再投入作业。

（8）操作人员应注意用电安全，在穿戴好胶鞋和绝缘橡皮手套后方能操作插入式振捣器进行作业。

（9）振捣器作业完毕，应将振捣器电动机、保护软管、振动棒刷干净，按规定要求进行润滑保养工作。振捣器存放时，不要堆压软管，应平直放好，以免变形，并应防止电动机受潮。

4. 混凝土振动台使用注意事项

（1）应将振动台安装在牢固的基础上，地脚螺栓应有足够强度并拧紧，同时在基础中间必须留有地下坑道，以便经常调整与维修。

（2）使用前要进行检查和试运转。检查机件是否完好，所有紧固件特别是轴承座螺栓、偏心块螺栓、电动机和齿轮箱螺栓等是否紧固牢靠。

（3）振动台不宜长时间空载运转。在生产作业中，必须安置牢固可靠的模板锁紧夹具，以保证模板和混凝土台面一起振动。

（4）齿轮箱中的齿轮受高速重载作用，应润滑和冷却良好，箱内油面应保持在规定的水平面上，工作时温升不得超过 70 °C。

（5）振动台所有轴承应经常检查并定期拆洗更换润滑脂，使轴承润滑良好，同时应注意检查轴承温升，当有过热现象时应立即设法消除。

（6）电动机接地应良好可靠，电源线和线接头应绝缘良好，不得有破损漏电现象。

（7）振动台面应经常保持清洁平整，以便与钢模接触良好。台面因在高频重载下振动，容易产生裂纹，必须注意检查，及时修补。每班作业完毕应及时清洗干净台面。

5. 水泥混凝土机械的选用

1）混凝土泵选型

（1）混凝土泵的选型应根据工程对象、特点，要求的最大输送量，最大输送距离，混凝土浇筑计划以及其他具体条件综合考虑。

（2）混凝土泵的生产率可按下式计算：

$$Q = 60 Ans\alpha K \tag{3-5}$$

式中 Q——混凝土泵的生产率，m^3/h；

A——混凝土泵活塞断面面积，m^2；

s——混凝土泵活塞行程，m；

n——混凝土泵活塞每分钟循环次数，次/min；

α——混凝土泵缸数；

K——容积效率，一般为 0.6 ~ 0.9。

（3）混凝土泵的最大水平输送距离可由试验确定，也可根据混凝土泵的最大出口压力、配管情况、混凝土性能指标和输送量，按下式计算。

$$L_{max} = P_{max} / \Delta P \quad (3\text{-}6)$$

式中 L_{max}——混凝土泵的最大水平输送距离，m；

P_{max}——混凝土泵的最大出口压力，Pa；

ΔP——混凝土在水平输送管内流动每米产生的换算压力损失（见表 3-13），Pa/m。

表 3-13 混凝土泵送的换算压力损失

管件名称	换算量	换算压力损失/MPa
水平管	每 20 m	0.10
垂直管	每 5 m	0.10
45°弯管	每只	0.05
90°弯管	每只	0.10
管卡	每只	0.10
管路截止阀	每个	0.80
3.5 m 橡胶软管	每根	0.20

（4）混凝土泵的泵送能力，可根据具体施工情况按下列方法之一进行验算，同时应符合产品说明书中的有关规定。

① 按表 3-14 计算的配管整体水平换算长度，应不超过混凝土泵的最大水平输送距离 L_{max}。

② 换算的总压力损失，应小于混凝土泵正常工作时的最大出口压力。

表 3-14 混凝土输送管的水平换算

类别	单位	规格	水平换算长度/m
向上垂直管 K	每米	100 mm	4
		125 mm	5
		150 mm	6
锥形管 t	每根	150→125 mm	10
		125→100 mm	20
90°弯管 b	每根	$R = 0.5$ m	12
		$R = 1.0$ m	9
软管 f	每根	3 m	18
		5 m	30

注：该表为一定混凝土条件下，试验测得的经验数值，并非理论数值。不同的混凝土条件，其值也不同，因此，仅作配管的参考。

（5）就混凝土泵形式而言，由于拖式混凝土泵较固定式混凝土泵可以拖行，又较车载式混凝土泵价格低，故被优先选用。

（6）就混凝土泵理论输送量而言，50 ~ 95 m^3/h 被优先选用。

（7）在缺少电源或施工现场电网配置容量小的工地，宜选用柴油机驱动。

（8）在隧道施工中，宜选用电动机驱动。

（9）混凝土缸径主要取决于输送量及泵送混凝土压力。输送量大，输送距离短或输送高度小，可选用大直径混凝土缸；输送量小，输送距离长或输送高度大，可选用小直径混凝土缸。

混凝土缸径又与骨料有关，输送碎石混凝土时，缸径应不小于碎石最大粒径的 3.5 ~ 4.0 倍；输送卵石混凝土时，缸径应不小于卵石最大粒径的 2.5 ~ 3.0 倍。

（10）料斗容积尽可能大一些，一方面可使料斗内经常保持足够的混凝土，避免吸入空气，另一方面可利于提高混凝土搅拌运输车的利用率。

（11）混凝土输送管应根据粗骨料最大粒径、混凝土泵型号、混凝土输送量和输送距离，以及输送难易程度等各方面因素进行选择。输送管应具有与泵送条件相适应的强度。输送管径有 ϕ100 mm、ϕ125 mm、ϕ150 mm 三种规格，选择时主要考虑混凝土中骨料最大粒径和工程对象。大直径输送管可输送较大粒径粗骨料混凝土，一般多用于基础工程；小直径输送管轻巧，使用方便，混凝土泌水时在小直径输送管中产生离析的可能性小，一般多用于高层建筑。

（12）混凝土泵的台数，可根据混凝土浇筑量、单机的实际输送量和施工作业时间进行计算。对于重要工程的混凝土泵送施工，除根据计算确定外，宜有 1 ~ 2 台的备用泵。

2）混凝土泵车的选型

（1）混凝土泵车的选型应根据混凝土工程对象、特点，要求的最大输送量，最大输送距离，混凝土浇筑计划，混凝土泵形式以及其他具体条件进行综合考虑。

（2）混凝土泵车的性能随机型而异，选用机型时除考虑混凝土浇筑量以外，还应考虑建筑的类型和结构、施工技术要求、现场条件和周围环境等。通常所选用的混凝土泵车的主要性能参数应与施工需要相符或稍大。若能力过大，则利用率低；过小，不仅满足不了施工要求，还会加速混凝土泵车的损耗。

（3）由于混凝土泵车具有使用灵活性，而且臂架长度越长，浇筑高度和布料半径就越大，施工适应性也越强，所以在施工中应尽量选用长臂架混凝土泵车。臂架长度 48 ~ 56 m 的混凝土泵车是市场上量大面广的产品，约占 75%。

（4）年产 10 万 ~ 15 万 m^3 的混凝土搅拌站，需装备 2 ~ 3 辆混凝土泵车。

（5）所用混凝土泵车的数量，可根据混凝土的浇筑量、单机的实际输送量和施工作业时间进行计算。对那些一次性混凝土浇筑量很大的混凝土泵送施工工程，除根据计算确定外，宜有一定的备用量。

（6）选型时应坚持产品性能高起点。若选用价值高的混凝土泵车，则对其产品的标准要求也必须提高。对产品主要组成部分的质量，从内在质量到外观质量都要与整车的高价值相适应。

（7）混凝土泵车采用了全液压技术，因此要考虑所用液压技术的先进性和液压元件的高质量。因其动力来源于发动机，而一般泵车采用的是汽车底盘上的发动机，因此除考虑发动机的性能外，还要考虑汽车底盘的性能、承载能力及质量等。

（8）混凝土泵车上的操纵控制系统设有手动、有线以及无线控制方式，有线控制方便灵活，无线遥控可远距离操作，一旦电路失灵，可采用手动操纵方式。

（9）混凝土泵车作为特种车辆，因其特殊的功能，对安全性能、机械性能、生产厂家的售后服务和配件供应均应提出要求。否则一旦发生意外，不但影响施工进度，还将产生不可想象的后果。

（三）起重机械施工作业

1. 起重机械安全使用的注意事项

起重机的安全使用必须按安全操作规程进行。其要点如下：

（1）作业时，起重吊装指挥人员应与起重司机密切配合，执行规定的指挥信号。起重司机应按照指挥人员的信号进行作业，当信号不清或错误时，起重司机可拒绝执行。在正常指挥发生困难时，地面及作业层（高空）的指挥人员均应采用对讲机等有效的通信联络进行指挥。

（2）汽车起重机作业前，应全部伸出支腿，并在撑脚板下垫方木，调整机体使回转支承面的倾斜度在无载荷时不大于 1/1 000（水准泡居中）。支腿有定位销的必须插上。底盘为弹性悬挂的起重机，放支腿前应先收紧稳定器。履带起重机作业和轮胎起重机不用支腿作业时，坡度不得大于 3°。

（3）各项准备工作完成后，进行空载试验，检查各工作机构正常后方可开始作业。

（4）在露天有六级及以上大风或大雨、大雪、大雾等恶劣天气时，应停止起重吊装作业。对塔式起重机，应将回转机构的制动器完全松开，起重臂应能随风转动。雨雪过后作业前，应先试吊，确认制动器灵敏可靠后方可进行作业。

（5）起重机作业时，起重臂和重物下方严禁有人停留、工作或通过。重物吊运时，严禁从人上方通过。严禁用起重机载运人员。

（6）不得随意调整或拆除安全保护装置，严禁利用限制器和限位装置代替操纵机构。

（7）操作人员应严格遵守“十不吊”规定。按规定的起重性能作业，不得超载。对塔式起重机，重物和吊具的总重量不得超过起重机相应幅度下规定的起重量。

（8）起吊重物应绑扎平稳、牢固，不得在重物上再堆放或悬挂零星物件。吊索与物件的夹角宜采用 45°～60°，且不得小于 30°，否则，应使用起重横梁。吊索与物件棱角之间应加垫块。

（9）起吊载荷达到起重机额定起重量的 90%及以上时，应先将重物吊离地面 200～500 mm 后停止运动，检查起重机的稳定性、制动器的可靠性、重物的平稳性、绑扎的牢固性，确认无误后方可继续起吊。对易晃动的重物应拴好拉绳。

（10）重物起升和下降速度应平稳、均匀，不得突然制动。提升重物做水平移动时，应高出其跨越的障碍物 0.5 m 以上。左右回转应平稳，当回转未停稳前，不得做反向动作。非重力下降式起重机，不得带载自由下降。

（11）作业中严禁扳动支腿操纵阀。调整支腿必须在无载荷时进行，并将起重臂转至正前方或正后方可再行调整。

（12）汽车起重机起吊作业时，汽车驾驶室内不得有人，重物不得超越驾驶室上方，且不得在整车前方起吊。

（13）严禁起吊重物长时间悬挂在空中，若重物在空中需较长时间停留时，应将起升卷筒制动锁住，操作人员不得离开操纵室。

（14）起吊重物达到额定起重量的 90%以上时，严禁同时进行两种及以上的操作动作。

（15）流动式起重机作业时，起重臂的最大仰角不得超过出厂规定。对汽车起重机，起重臂伸出后，或主副臂全部伸出后，变幅时不得小于各长度所规定的仰角。

（16）采用双机抬吊作业时，应选用起重性能相似的起重机。抬吊时应统一指挥，动作应配合协调，载荷应分配合理，单机的起吊载荷不得超过允许载荷的 80%。在吊装过程中，两台起重机的吊钩滑轮组应保持垂直状态。

2. 汽车起重机在桥梁施工中的应用

用预制梁吊装施工法的预制梁吊装设备有很多，因汽车起重机本身有动力、架设迅速、可缩短工期，不需要架设桥梁的临时动力设备，不需要其他方法架梁时所必需的技术工种，故在中小跨径预制梁的架设安装时可以采用。

1）单机吊装

单台汽车起重机吊装比使用其他大型吊装机械能加快工程进度；对于吊装地点分散，安装阶段工序比较复杂的情况，单台汽车起重机吊装优势明显。当然，停放吊车位置的地基应具有足够的承载力。

其吊装的步骤：修筑运梁道路；清理停放起重机位置的场地；布置起重机；运进待吊装的梁，并将钢丝绳挂到梁上；最后用起重机起吊梁，安装到支座上。图 3-38 为单台汽车起重机吊装示意。

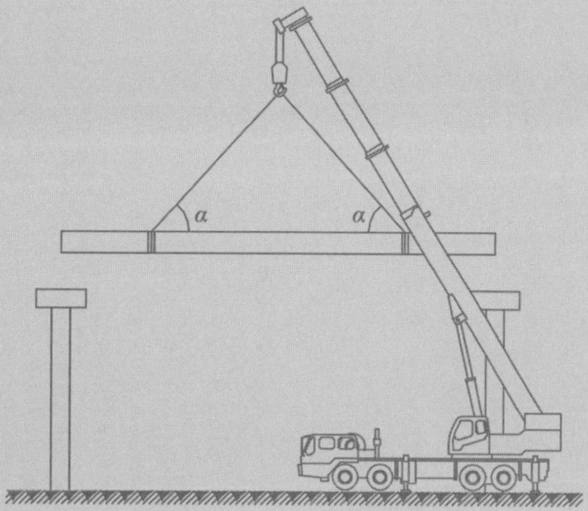

图 3-38　单机吊装示意

2）双机抬吊

双机抬吊是用两台汽车起重机协同作业、同时参与吊装的方法。

其吊装步骤：在桥墩附近布置两台起重机，把平板车运来的梁用两台起重机吊起，安装到支座上。吊装时要特别注意两机的互相配合，因此现场指挥特别重要。图 3-39 为双机抬吊示意。

双机抬吊一般是在主梁重量较大或构件较长，一台起重机吊装有困难时采用。

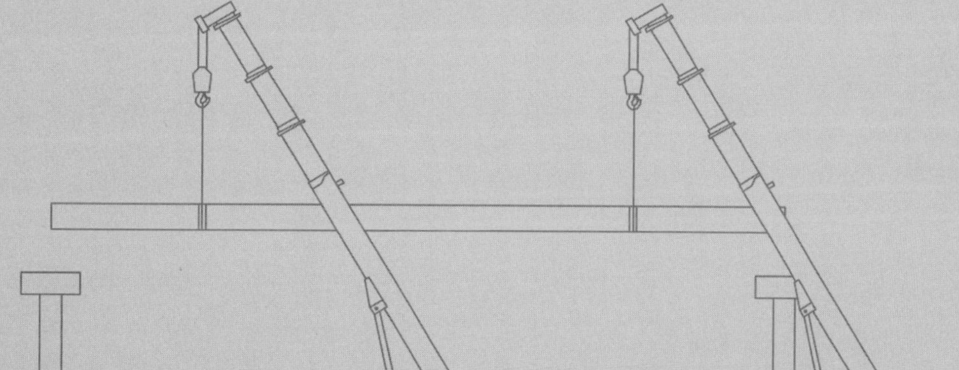

图 3-39　双机抬吊示意

（四）架桥机施工作业

根据架桥机种类和结构的不同，其施工作业的具体步骤也有不同，但均应包含运梁、架梁、架桥机过孔这三大过程。

1. 双导梁式架桥机的架梁作业过程

以图 3-40 所示双导梁架桥机为例，其架梁作业过程如下：

1）运　梁

架桥机 1 上的提梁及横移机构 2 中的提梁机构从附近箱梁预制场或运梁车上提起箱梁运至架梁位置，如图 3-40（a）所示。

架桥机 1 继续前行，至下导梁 6 处，收起稳定杆 3，提梁机构将箱梁提至高处，同时架桥机前部与纵移机构 4 相连，如图 3-40（b）所示。

2）架梁、过孔

架桥机 1 在后轮及纵移机构 4 的驱动下，行至待架孔位，如图 3-40（c）所示。

略微升起后支腿 5，下导梁 6 在纵移机构 4 的驱动下，沿后行走支腿 7 和前行走支腿 8 前行一跨，前支腿 9 后移支撑在墩台上，提梁机构落梁，提梁及横移机构 2 中的横移机构调整落梁位置，使箱梁准确到位，如图 3-40（d）所示。

提梁机构收起提梁吊具，下导梁 6 在纵移机构 4 的驱动下后退，使其规定的一段长度置于新架梁上，后支腿 5 下行支撑在墩台上，架桥机在纵移机构 4 的驱动下后退，使前轮位于新架梁上，去掉架桥机与纵移机构 4 的连接，架桥机返回运梁，前行走支腿 8 和后行走支腿 7 分别前行一跨，解除前支腿 9 与墩台的支撑，前支腿 9 行至下导梁 6 的前端部，如图 3-40（e）所示。

重复上述过程，完成架梁。

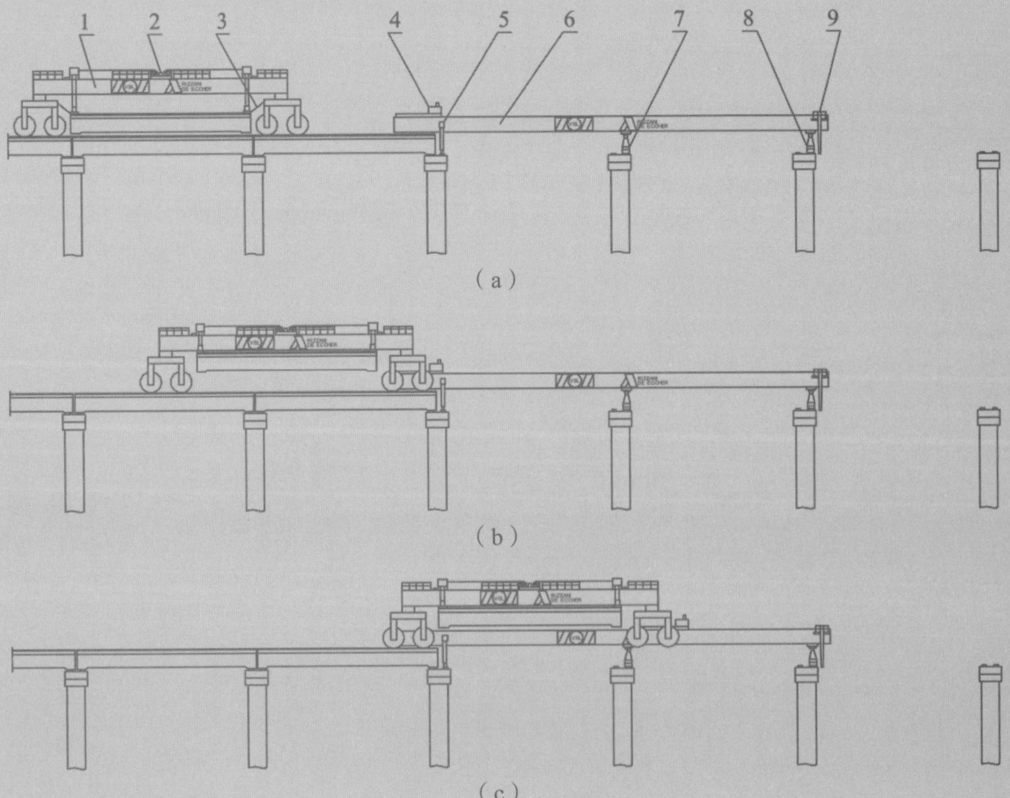

（a）

（b）

（c）

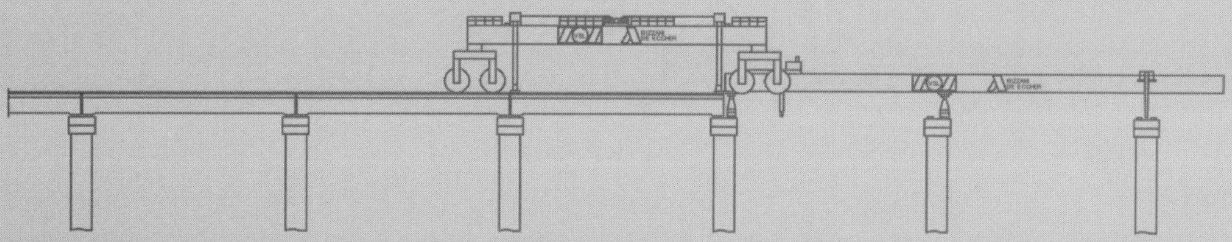

（d）

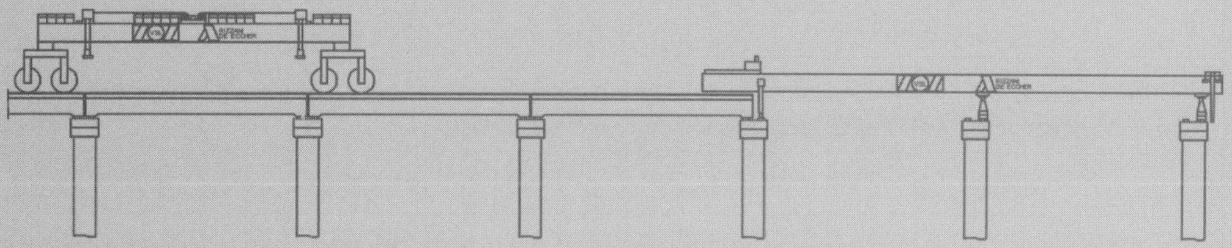

（e）

1—架桥机；2—提梁及横移机构；3—稳定杆；4—纵移机构；5—后支腿；6—下导梁；7—后行走支腿；8—前行走支腿；9—前支腿。

图 3-40　双导梁架桥机架梁过程

2. 单导梁架桥机的架梁作业过程

以图 3-41 所示的单导梁架桥机为例，其架梁作业过程如下：

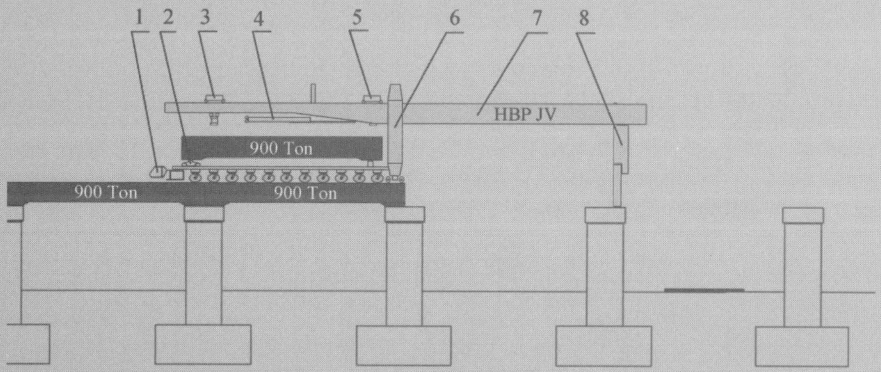

（a）

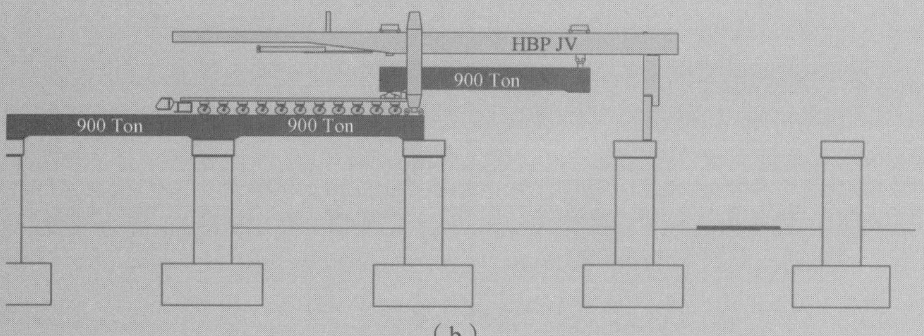

（b）

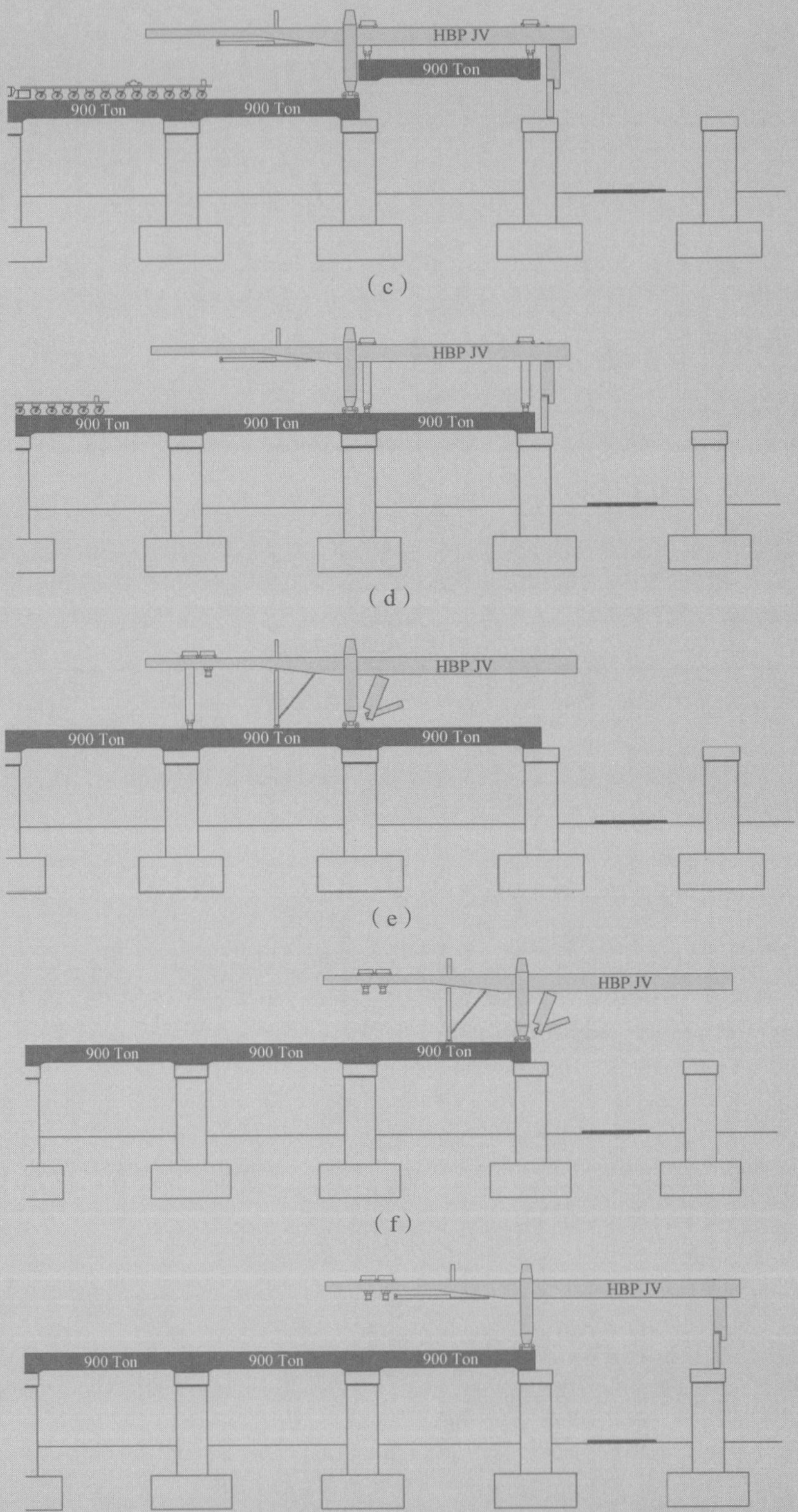

1—运梁车；2—托梁小车；3—后吊梁小车；4—后行走支腿；5—前吊梁小车；6—C 形支腿；7—架桥机主梁；8—前支腿。

图 3-41　单导梁架桥机架梁过程

1）运　梁

运梁车 1 运梁至 C 形支腿 6 处，停在两台吊梁小车 3 和 5 的下方，如图 3-41（a）所示。

2）架　梁

前吊梁小车 5 放下吊具与箱梁前端连接并承受箱梁前端重量，然后与运梁车 1 上的托梁小车 2 一起向前运行，将箱梁运至其后端位于运梁车 1 尾部位置，后吊梁小车 3 也跟随向前运行，行至箱梁后端上方位置，如图 3-41（b）所示。

后吊梁小车 3 放下吊具与箱梁连接，与前吊梁小车 5 一起将箱梁略微提起，将箱梁向前运至待架孔位，运梁车 1 返回运梁，如图 3-41（c）所示。

两台吊梁小车同时落梁，并调整吊梁小车上的纵、横移机构，使箱梁准确到位，如图 3-41（d）所示。

3）架桥机过孔

两台吊梁小车收起吊具，后退至架桥机 1 后部，将后行走支腿 4 旋转放下支撑在后一孔的箱梁上，后吊梁小车 3 放下吊具与同一孔箱梁相连并收紧钢丝绳，收起前支腿 8，使前支腿 8 沿架桥机主梁 7 向后运行至靠近 C 形支腿 6 的指定位置，如图 3-41（e）所示。

后吊梁小车 3 收起吊具，架桥机在后行走支腿 4 和 C 形支腿 6 下方行走轮的驱动下，行走至新架箱梁前方，如图 3-41（f）所示。

后吊梁小车 3 放下吊具与新架箱梁连接，前支腿 8 行至架桥机前方并支撑在其下方的墩台上，后吊梁小车 3 收起吊具，旋转收起后行走支腿 4，使架桥机处于新的架梁状态，如图 3-41（g）所示。

思考题

1. 简述柴油打桩机的原理及应用特点。
2. 如何选用桩工机械？
3. 混凝土泵的使用及泵送要点有哪些？
4. 怎样进行混凝土泵选型？
5. 简述起重机械安全使用要点。
6. 预制梁的吊装步骤是怎样的？
7. 简述双导梁架桥机的工作过程。

学习情景四 养护机械在道路维护中的应用

学习目标

知识目标

（1）能描述预防性养护机械的种类、结构及用途。
（2）能解释连续滚筒式拌和设备和间歇式拌和设备的区别。
（3）能解释双滚筒式拌和机的拌和原理及特点。
（4）能描述沥青路面养护维修作业的类型，解释预防性养护的概念。

能力目标

（1）能根据相应的程序进行稀浆封层和同步碎石封层施工。
（2）能选择相应的材料利用修补车进行局部修补作业。
（3）能选择配套设备进行冷铣刨-热摊铺施工作业。

截至 2019 年年底，我国二级及以上高等级公路已经达到 67.2 万千米，其中沥青类路面占 90%以上。在高等级公路路面养护中，沥青类路面养护是高等级公路路面养护的主要对象。在沥青路面服务期内，要维持良好的使用性能，应通过精心的施工和及时适宜的维护来保证。沥青路面结构功能首先由科学合理的设计和优质的施工实现，之后必须及时对出现的各类结构性损坏进行养护处置，养护维修不仅可以恢复路面的使用性能，更重要的是还能延缓结构损坏的发展。

随着我国大量高等级公路的投入使用，养护维修工作会更加繁重，因此必须依据科学的养护方法，选择适用于特定环境的路面养护措施，制定技术经济合理的养护方案。根据沥青路面病害的种类、缺陷的类型、损害的程度、所需采用的养护维修措施以及要达到的目的和效果，沥青路面的养护维修作业可以分为预防性养护、矫正性养护和面层翻修 3 种类型。

（1）预防性养护

预防性养护是带有保护路面和以减缓路面使用性能恶化速度为目的的重要技术措施，它通常用于没有发生损坏或只有轻微缺陷与病害迹象的路面。预防性养护可以延缓交通荷载和环境影响作用而引起的路面使用质量下降，从而延长使用周期。美国 SHRP 的研究成果之一就是明确了各种表面处置方法对减少寿命周期费用和延长路面使用寿命的重要作用。这一成果表明如果能及时采用正确的预防性养护措施，则在预防性养护工程上花费 1 美元，以后可节省 3 ~ 4 美元的复新费用，可延迟路面恶化，改善时间长达 5 ~ 6 年之久。目前，高等级公路使用比较广泛的预防性养护措施主要有稀浆封层、微表处、碎石封层、雾封层、开普封层、超波磨耗层、薄层罩面和路面再生技术等。

（2）矫正性养护

矫正性养护也称修复性养护，用来修补某种特定损害的作用，通常用于已产生损害，但只属于局部损坏状态的路面。矫正性养护主要包括局部修补、裂缝处理及冷铣刨-热摊铺修补技术等路面养护方法。

（3）面层翻修

随着公路里程特别是高等级公路里程逐年增加，以及陆续建成的高等级公路随着时间的推移也逐步进入中修和大修期，大量的路面需要进行补修和翻修。为了节约能源、减少环境污染、合理利用路用资源、尽可能减少废旧混合料堆放用地和降低路面工程造价，在沥青路面进行较大面积的龟裂、密集的坑槽、车辙、桥头跳车、局部翻修等路面专项工程补修和路面大修时，要充分考虑废旧沥青路面材料的再生和利用问题，积极利用废旧沥青混合料，采用废旧沥青再生利用技术，铺筑质量合格的再生沥青混合料路面。

废旧沥青路面再生利用技术是将需要翻修或废弃的旧沥青混合料路面经过铣刨、破碎、再和新沥青材料或新集料适当配合，重新拌和，形成具有一定路用性能的再生沥青混合料，用于铺筑路面面层或基层的整套工艺技术。废旧沥青路面再生和利用按施工温度分为热拌再生法和冷拌再生法；按废旧料拌和场地不同可分为集中厂拌再生法和就地再生法。所以废旧沥青路面再生和利用可分为厂拌热再生、就地热再生、厂拌冷再生、就地冷再生 4 种施工方法。厂拌热再生就是在前面所述的路面冷铣刨热摊铺施工中，将铣刨废料运回沥青拌和厂，按一定的比例和新沥青材料、再生剂、新集料在热态下混合、搅拌，形成符合要求的沥青混合料。就地热再生也称热表面再生，主要是指加热旧路面面层至要求的深度（一般不超过 3 cm），翻松旧路面，添加还原或再生剂，重新铺筑成型的施工方法。厂拌冷再生是用乳化沥青或热态的低黏度沥青与常温的废旧沥青材料、新集料拌和成再生混合料，运至工地后，经摊铺压实而成路面的施工方法。就地冷再生是指对旧路面进行冷破碎、翻松，添加乳化沥青及其他外加剂，拌和、摊铺、压实而成路面的施工方法。

一、主要施工机械

（一）预防性养护机械

1. 稀浆封层机

乳化沥青稀浆封层机是完成稀浆封层和微表处施工的专用设备。

稀浆封层机的特点是在常温状态下在路面现场拌和摊铺，因此能大大降低工人的劳动强度，加快施工速度，并节省资源和能源，适用于公路和城市道路部门对路面磨耗层进行周期性预防养护，以保持路面的技术性能和延长使用寿命。

如图 4-1 所示，乳化沥青稀浆封层机的结构可分为两大部分：一是行驶底盘部分，这部分是机械的行走和承重部件，其功能是使封层机能够按预定速度行驶，以完成运输作业中的行驶任务，并在其上布置全套的作业装置；二是作业部分，这部分的功能是完成封层机作业过程中各种物料的储存、输送、搅拌、摊铺、控制、操作等。这部分主要由集料系统、水系统、乳化沥青系统、细料系统、外加剂系统、计量监测系统、拌和系统、摊铺系统等组成。

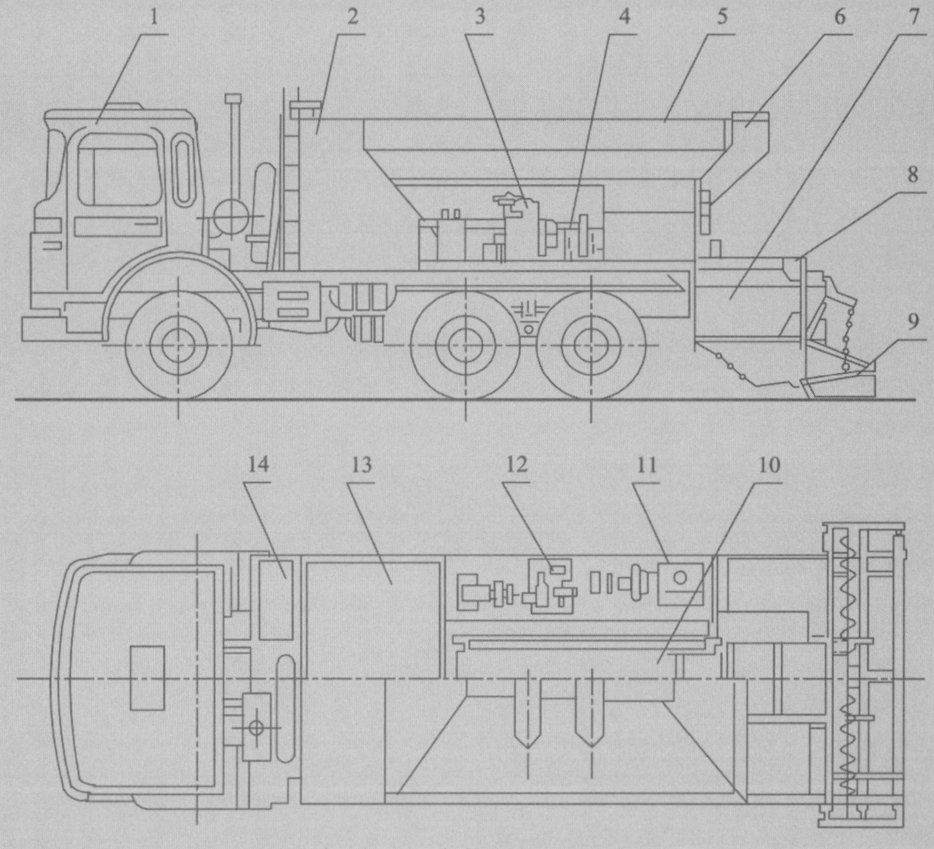

1—行驶系统；2—水箱；3—作业柴油机；4—机械传动系；5—集料仓；6—填料仓；7—搅拌器；8—操作台；9—摊铺器；10—皮带运输机；11—添加剂箱；12—流量控制系统；13—乳液箱；14—柴油清洗装置。

图 4-1　自行式稀浆封层机结构示意

（1）拌和系统

必须使用专门为微表处设计和制造的拌和设备。设备应能将集料、乳液、填料、外加剂按要求的配比连续地送入多叶片双轴拌和装置内，并能连续不断地输出拌好的混合料。同时，拌和设备应具有足够的储存各组分材料的能力，以满足控制配比的要求。

（2）计量监测系统

计量：所有原料供给联于一共同的变速轴上，确保所有供料速度的连续计量。

监测：除水以外所有原材料计数器均可归零，添加剂和水为浮标式流量计。

（3）摊铺系统

摊铺箱中的双叶片式或螺旋式搅拌器应能将混合料分布均匀。前封口用来防止混合料泄漏到路面上，后封口用作刮板，应上下可调。设备应能将稠度均匀的混合料送至后刮板下。

摊铺箱应左右可调，以满足不同摊铺工作面的要求。

副刮板应与摊铺箱的整平高度保持一致，起改善路表构造的作用。

（4）辅助设备

为了完成好施工任务，还需配备合适的表面清洁设备、手工工具以及其他辅助、安全设备、警示标牌、标识标志、隔离防护栏等。

2. 同步碎石封层机

同步碎石封层机主要由底盘车、加热系统、沥青罐、组合料仓、沥青循环系统、导热油循环系统、沥青喷洒系统、碎石撒布系统、液压系统、气动系统、控制系统等部分组成。图 4-2 为同步碎石封层机。

图 4-2　同步碎石封层机

（二）矫正性养护机械

1. 修补机械

所用的机械设备有：修补车、压实机械、切割机、石屑撒布装置。

沥青路面修补车是一种对沥青路面进行综合性修理和保养的养护机械，可完成路面的破碎、清理、补料、压实等多种工序作业，作业效率高，机动性能好，主要用于公路和城市道路中沥青路面的修理和养护。其外形如图 4-3 所示。

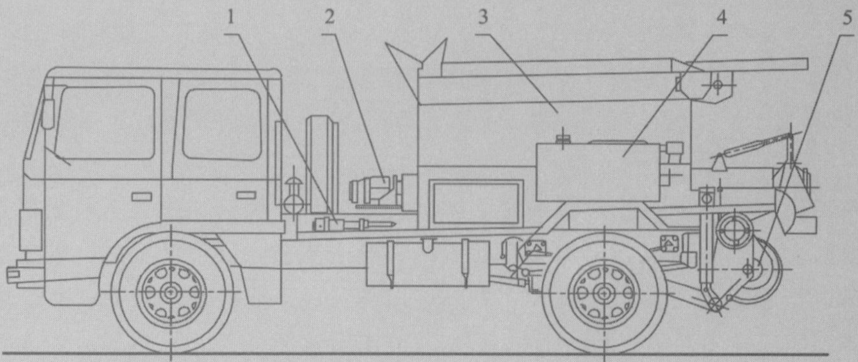

1—液压冲击镐；2—螺旋输送器；3—料箱；4—液压系统；5—碾压系统。

图 4-3　沥青路面修补车外形

压实机用于修补后的压实作业，一般使用修补车自带的压实机械，如坑槽较大时，需使用双钢轮压路机。在使用开挖清理型修补车修补时，应用切割机切出坑槽的四边。石屑撒布可用手推式石屑撒布机，通过调节阀门调节撒布的宽度和撒布量。

2. 裂缝填封设备

路面灌缝所需的设备有：沥青灌缝机（含沥青喷枪）、高压热空气吹烤喷枪、扩缝机、扫缝机、石屑撒布装置和小型压实机械。

沥青灌缝机如图 4-4 所示，一般由底盘、沥青加热保温箱、导热油循环及温度控制系统、动力及液压传动系统、补缝专用装置等组成。沥青灌缝机有拖式和自行式两种，拖式结构较为简单，使用时须配备牵引动力；自行式是将所有装置放置于一个底盘上，自己提供动力，一般情况是液压驱动，行走灵活。

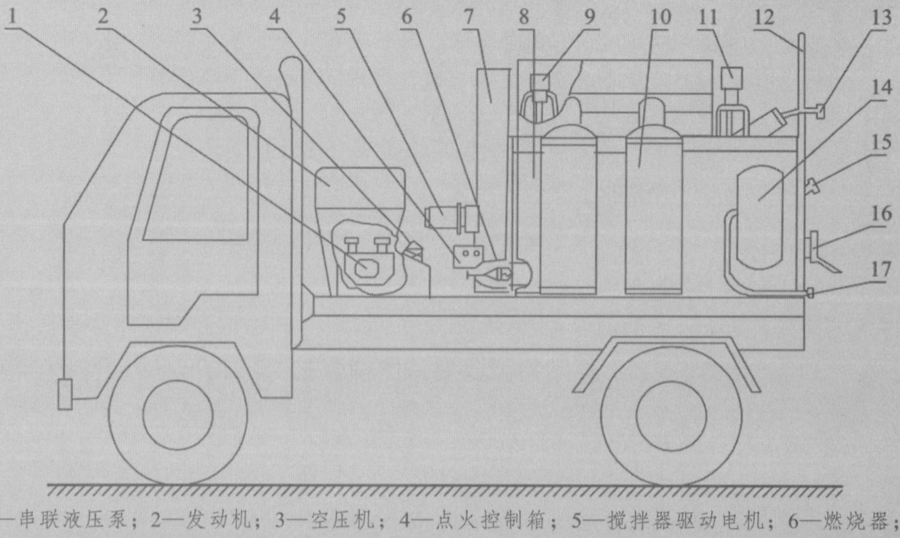

1—串联液压泵；2—发动机；3—空压机；4—点火控制箱；5—搅拌器驱动电机；6—燃烧器；7—烟囱；8—热熔箱；9—导热油循环驱动电机；10—燃气罐；11—沥青泵驱动电机；12—软管支架；13—沥青管接头；14—压缩空气储罐；15—导热油加入口；16—溢流口；17—压缩气接口。

图 4-4　灌缝机结构

高压热空气吹烤喷枪如图 4-5 所示，为一种手持式或手推式的吹气烘烤装置，由空压机、液化气罐、燃烧室、点火器、喷枪等组成。燃烧室周围有一个厚长储热铁块，液化气燃烧后将这个铁块加热，然后用铁块加热通过它的压缩空气，用热压缩空气去吹烤裂缝，这样不会烤伤缝口沥青材料。

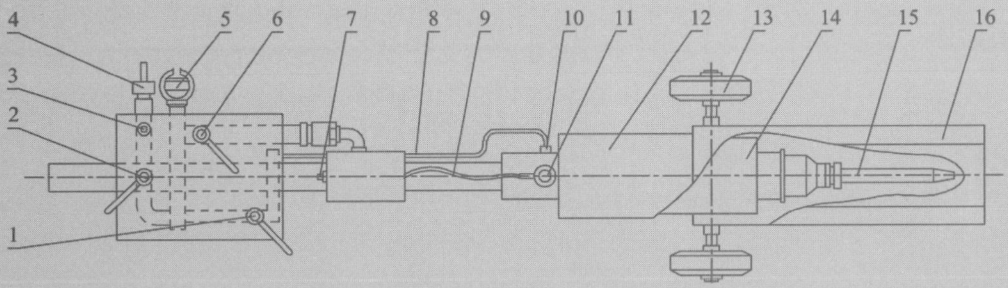

1—燃气控制阀；2—主控制阀；3—安全按钮；4—燃气管接头；5—空压机接头；6—空气控制阀；7—压力点火开关；8—热电偶引线；9—点火导管；10—热电偶；11—火花塞；12—保护罩；13—轮子；14—燃烧室；15—吹管；16—安全罩。

图 4-5 高压热空气吹烤喷枪结构

扩缝机用来对细小、不规则、难以灌治的裂缝进行扩宽预处理。扩缝机的刀盘装于机器的中间或侧面，由柴（汽）油机驱动。

扫缝机是用圆盘样的扫刷对扩缝机扩出的裂缝或原有旧缝进行清扫，扫刷根据缝深度不同可有不同的直径。

3. 路面铣刨机

目前，国内外有较多的厂家生产铣刨机，品牌较多，结构有差异，但总体上由底盘、发动机、液压驱动系统、行走转向机构、切削系统、铣刨料输送系统等组成，如图 4-6 所示。

图 4-6 路面铣刨机结构外形

（三）面层翻修机械

1. 厂拌热再生设备

厂拌热再生施工所用的机械设备除了拌和设备与热拌沥青混合料路面摊铺施工所用的拌和设备有一部分不同之外，其他设备基本相同（必要时，增加一套破碎、筛分设备）。所以在这里主要介绍拌和设备。如何使用废旧沥青混合料，如何对原有的设备进行改进或配置，使其能搅拌出质量符合要求的沥青混合料，是拌和设备要解决的首要问题。由于拌和设备分为间歇式和连续式两种，且这两种拌和设备在使用废旧料上有较大的不同，故下面分别加以阐述。

1）连续滚筒式拌和设备

连续滚筒式拌和设备是在 20 世纪 60 年代后期发展起来的，它将烘干筒延长而分为两部分：前半部分为烘干区，后半部分为拌和区，让烘干和拌和工序在一个滚筒内完成，使烘干和拌和的过程得以连续进行。连续滚筒式拌和设备具有低能耗、高效率、易维修、便于搬移等优点，但早期连续滚筒式拌和设备有一系列严重的缺点：① 残余含水量和烘干效率控制不严。沥青混合料中的残余含水量过量对混合料的质量有较大的影响，早期连续式拌和设备，由于烘干空间小等原因，使热集料中残余含水量常常高达 1%～2%。② 冒蓝烟和沥青老化严重。由于喷洒沥青也是在同一滚筒内完成，过高的排气温度使沥青中的轻质油分在接触火焰或燃气过程中冒蓝烟，同时也容易使沥青老化。③ 沥青和集料计量不严、混合料拌和不均匀。由于热集料残余含水量较高且无法测定，准确地补偿由于含水量损失而带来的集料量损失有较大困难，同时由于连续式滚筒拌和设备冷料供给由皮带秤控制，精确度不高，从而使集料、沥青计量不够准确。滚筒式拌和设备采用自落式拌和方式，早期的滚筒由于其本身的长度较短，从而使混合料拌和不充分，易出现花白料。④ 集料控制不严、粉料损失严重。由于连续式拌和设备集料配比只依靠冷料仓来控制，不会十分精确。早期的滚筒拌和设备由于高燃气流的强大吸力，容易使大量的粉料随废气一起排出，这不仅造成了粉料的浪费，而且加重了除尘设备的负担，同时导致无法实现粉料含量的精确控制。⑤ 粉尘污染。由于排气含有相当数量的粉尘，加重了环境污染，也导致了滚筒式拌和设备必须使用二级除尘系统，这样就使其移动方便的优点大打折扣。以上缺点使早期的连续式拌和设备的使用和发展受到了限制，有的国家或地方甚至在规范中明确规定在修筑高速公路时不允许使用连续式滚筒拌和设备。

20 世纪 80 年代初，连续式滚筒拌和设备进入了自身发展的重要时期，在技术上做出了重大改进，克服了自身的许多缺点。

在结构上，加长了滚筒以增大加热空间，加密了搅拌叶片的布置，加深了叶片的宽度以及在侧面加上挡板等，从而形成了均匀而多层洒布料帘，这样既改善了集料与燃气之间的热交换，又阻止了火焰直接喷向沥青；把沥青喷管从燃器端伸入改为从滚筒后部伸入，并采用多孔喷射，从而防止了沥青老化。

在燃气上加强了热辐射，避免火焰直接燃烧。

在计量上引入计算机控制系统，精确地控制了集料和沥青的比例。通过以上改进，使连续滚筒式拌和设备一跃超过了间歇式拌和设备。美国在 20 世纪 80 年代滚筒式拌和设备的销售量占总量的 95%以上，而欧洲这一比例也达 50%～60%。

连续式滚筒拌和机在结构上的优越性，使它在使用废料上具有间歇式拌和设备无法比拟的优越性，它可以使旧料的掺配率达到 60%以上。使用废料要求对设备进行不同程度的改装，下面是几种改装形式：

（1）顺流式中间进料滚筒拌和机

图 4-7 为顺流式中间进料滚筒拌和机示意图。其特点是在滚筒中部设置热辐射挡板，将滚筒分为加热区和拌和区两部分。新集料由加热区进入，经烘干后进入拌和区；旧料在挡板后直接进入拌和区，新沥青和再生剂也在拌和区加入，一起拌和出料。

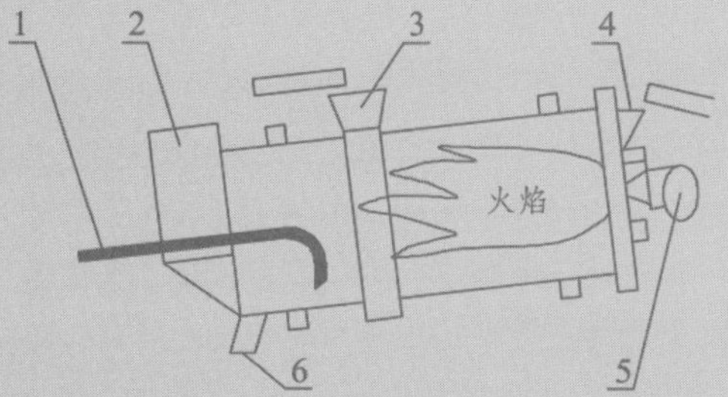

1—沥青输入管；2—废气排出口；3—废旧混合料入口；4—新集料入口；
5—燃烧器；6—再生混合料出口。

图 4-7　顺流式中间进料滚筒拌和机

（2）顺流式末端带搅拌缸滚筒拌和机

图 4-8 为顺流式末端带搅拌缸的拌和机示意图。其特点是在滚筒末端附加一搅拌缸，它使新沥青和再生剂从滚筒末端加入，避免了与火焰的接触，减少了冒蓝烟和烧焦现象。同时，由于附加了搅拌缸，使得混合料比较均匀。

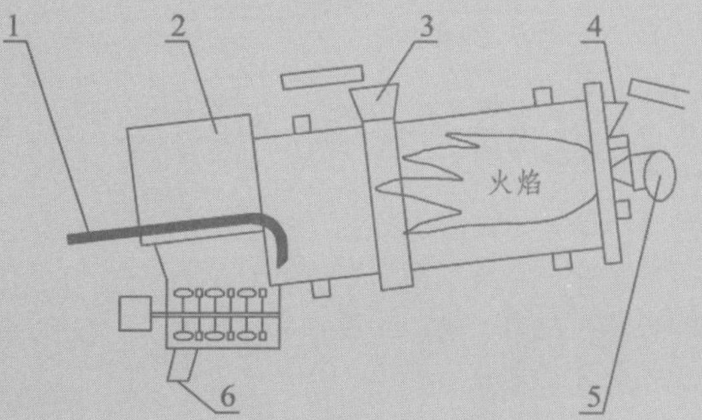

1—沥青输入管；2—废气排出口；3—废旧混合料入；
4—新集料入口；5—燃烧器；6—再生混合料出口。

图 4-8　顺流式末端带搅拌缸滚筒拌和机

（3）逆流式带连续搅拌缸滚筒拌和机

图 4-9 为逆流式带连续搅拌缸滚筒拌和机示意图。其特点是在滚筒末端附加

一个连续搅拌缸，新集料从滚筒顶端加入，逆向加热至滚筒底部进入搅拌缸，废旧沥青混合料、新沥青和再生剂直接加入搅拌缸，不与火焰和燃气接触，避免了冒蓝烟和老化现象发生。它的缺点是由于废旧料不加热直接进入搅拌缸，所以新集料必须过热，从而也使滚筒过热；同时由于废料和新料的热传递，使得混合料的搅拌时间被缩短，可能影响混合料的质量。

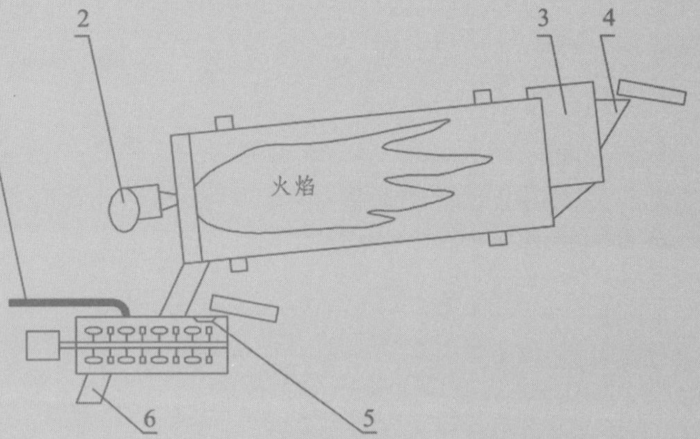

1—沥青输入管；2—燃烧器；3—废气排出口；4—新集料入口
5—废旧混合料入口；6—再生混合料出口。

图 4-9　逆流式带连续搅拌缸滚筒拌和机

（4）伸入式逆流滚筒拌和机

图 4-10 为伸入式逆流滚筒拌和机示意图。其特点是将燃烧器伸入滚筒后半部分，新料从滚筒顶端加入，逆向加热至滚筒的底部（拌和区），废旧料、新沥青和再生剂在燃烧器后面加入，利用滚筒里热辐射预热，并在拌和区拌和成混合料。它的缺点是由于拌和区窄小，可能使再生混合料拌制不均匀。

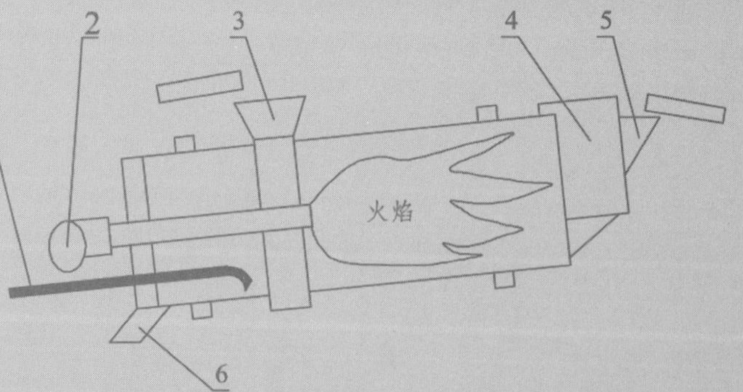

1—沥青输入管；2—燃烧器；3—废旧混合料入口；4—废气排出口；
5—新集料入口；6—再生混合料出口。

图 4-10　伸入式逆流滚筒拌和机

（5）双滚筒拌和机

图 4-11 为双滚筒拌和机示意图。它的特点是将逆流式滚筒拌和机和预热搅拌缸结合起来。内层是一逆流式小滚筒，外部套着一具有搅拌叶的滚筒搅拌缸，新集料从内层滚筒的顶端加入，逆向流至滚筒底，废旧料从外层滚筒搅拌缸底部加

入，会同加热的新集料，沿着导料方向，并在搅拌叶的拌和下，流向外层滚筒的顶部。当废料和新料在搅拌滚筒内充分搅拌、热交换后，喷入新沥青和再生剂，搅拌出再生混合料。在搅拌过程中，整个搅拌缸内充满着燃气，这些燃气使沥青中的轻质油分挥发，进而使搅拌缸中充满着燃气和油分的混合物。这种油气的长期存在，使再生混合料光亮晶明，看上去像新的沥青混合料。双滚筒拌和机利用废料比例高、污染低、热损低，生产出的再生沥青混合料性能优良，是目前较完善的废料再生拌和设备。

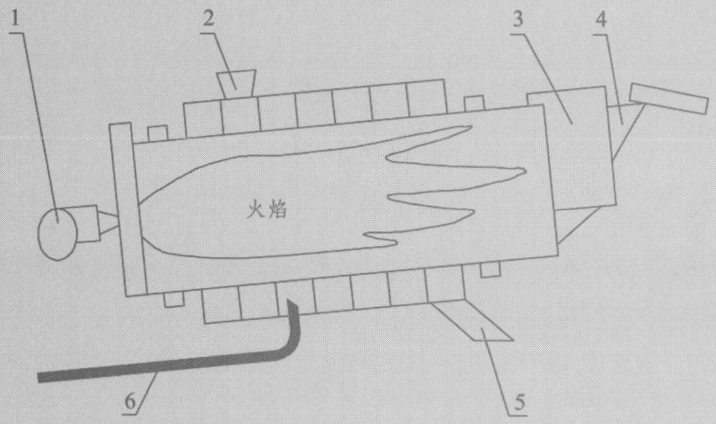

1—燃烧器；2—废旧混合料入口；3—废气排出口；4—新集料入口；
5—再生混合料出口；6—沥青输入管。

图 4-11　双滚筒拌和机

2）间歇式拌和设备

间歇式拌和设备采用冷料配料、湿料烘干、热料筛分、批量计量、强制拌和工艺。由于采用逆流式烘干工艺，热效率高，清除集料中水分比较充分；二次级配和批量计量能比较精确地控制各粒径集料的配比和沥青用量，从而保证较为精确的集料级配和油石比；由于热料再筛分，对砂石料规格一致性的要求也可较低；分批拌和易于改变混合料配方，机动灵活。所以间歇式沥青搅拌设备容易保证获得优质的混合料。但是，间歇式搅拌设备存在如下缺点：① 在高温状态下工作的热料提升、筛分等装置组成的拌和楼结构复杂，容易发生故障，维修困难，工作量大；② 由于集料在热料输送和筛分过程中的热损失，要求有比混合料拌和温度更高的集料加热温度（一般应高 10 ~ 15 °C）；③ 批量拌和的工艺流程是间歇式的，存在等料的时间，降低了设备的生产率；④ 废气中含尘量高，因而要求庞大的除尘系统，增加了搬运的难度。

用间歇分拌式拌和机生产再生沥青混合料，与一般生产新沥青混合料工艺相比较，其不同之处在于新集料经过干燥筒加热后分批投入拌和缸内，而旧料却不经过干燥筒加热，就按规定配合比直接加入拌和缸。在拌和缸内，旧料和新集料发生热交换，旧料升温，然后加入沥青材料或再生剂，继续拌和直至均匀后出料。

由于旧料是通过吸收新集料的热量而升温的，故再生混合料的出料温度与旧料的掺配率、新集料经干燥筒加热后的温度、旧料本身的温度等因素有关。为保证再生混合料能达到足够高的温度，首先必须提高新集料的加热温度，通常是采取使集料过热，如将新集料过热至 220～250 °C。其次必须限制旧料的掺配率，若旧料掺配率太高，就可能使混合料温度下降太多，不但影响拌和质量，而且影响混合料的摊铺和压实。所以采用这种拌和工艺，其旧料掺配率一般不超过 40%。另外，为了使旧料能够充分吸收新集料的热量而升温，必须延长混合料在拌缸内的拌和时间，故生产率有所降低。

该工艺的生产率和旧料掺配率都较低，其主要症结在于旧料未经加热，温度太低（等于室温）。为此，设法将旧料预热，是克服该工艺缺陷的有效办法。如下面第五种方法，就是给废料加热。旧料温度一般不宜过高，以免软黏，影响正常输送。使用废料要求对设备进行不同程度的改装，下面是几种改装形式。

（1）冷废料和热集料混合、提升、筛分和贮存

图 4-12 为间歇式拌和机冷废料和热集料混合、提升、筛分和贮存示意图。它是将冷的废料和过热的新集料在提升机前混合，然后由提升机提升，通过筛分，将这种混合料按不同的粒径贮存在各自的料仓中，最后根据级配进行拌制。这种拌和方式一般是在利用少量废旧料的情况下使用，因为废旧混合料由于热交换过程中不可能完全分离而影响级配，且废旧料可能黏结筛网，影响筛分效果。

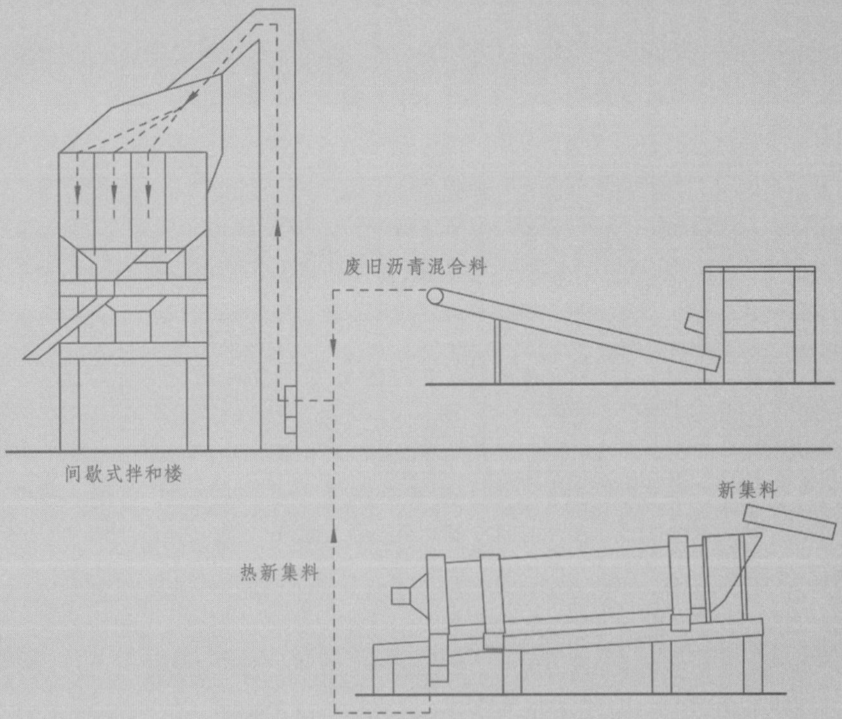

图 4-12　冷废料和热集料混合、提升、筛分和贮存示意

（2）设置废料贮存仓

图 4-13 为设置废料仓示意图。在热料仓旁边，专门设置一个废料贮存仓，用来存放废旧料。废料一般要经过预筛，然后由提升机直接送至废料仓中。这种方法比第一种方法能多利用一些废旧料。

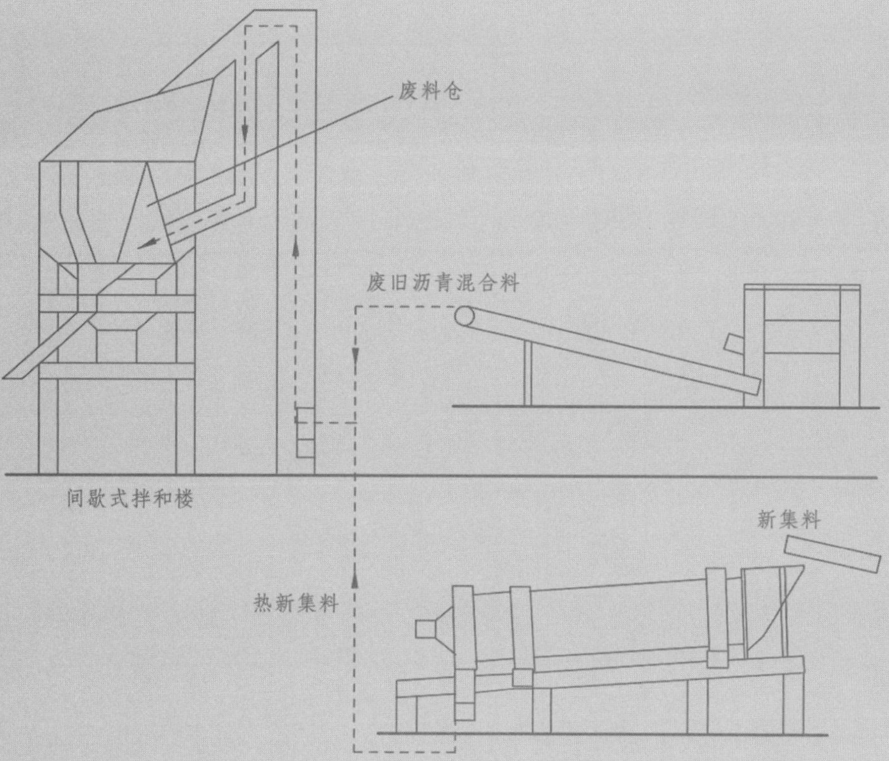

图 4-13　设置废料仓示意

（3）冷废料直接加入计量秤斗

图 4-14 为间歇式拌和楼冷废料直接加入计量秤斗示意图。冷的预筛过的废旧混合料直接加入间歇式拌和机的计量秤斗，然后与过热集料在拌和缸中搅拌，生产出再生混合料。废旧料由废旧料仓通过皮带输送至计量秤斗。由于拌和是间歇式的，而皮带输送是连续式的，故要在废旧料仓和输送皮带上设置控制器，控制它们的开、关和速度，使其与拌和同步。

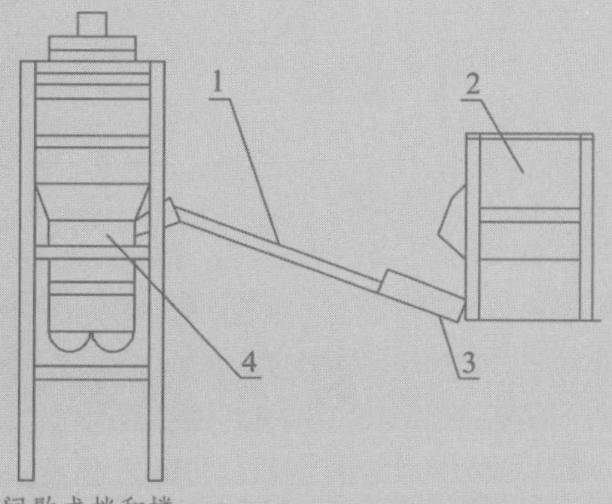

1—输送带；2—废旧混合料；3—喂料控制器；4—计量秤。

图 4-14　冷废料直接加计量秤斗示意

为了使废旧料充分加热，在加料顺序上要注意安排，一般先放一批热料，然后放废料，之后再放剩余的热料，这样热传递速度快。同时由于废料中含有一定的水分，要设置好排气通道。

（4）废料通过专门的计量机构进入拌和缸

图 4-15 为废料通过专门的计量机构进入拌和缸示意图。废料通过专门的计量秤，放入废料喂料器中，然后喂料器以一定的时间间隔将废料射入搅拌缸中。这种加料方式虽延长了搅拌周期，但它使废料计量更为精确。

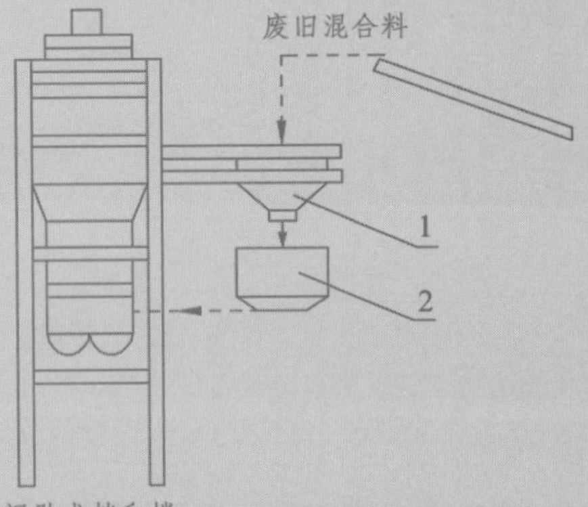

1—计量秤；2—废料喂料器。

图 4-15　废料通过专门的计量机构进入拌和缸示意

（5）废料预热拌和机

图 4-16 为废料预热间歇式拌和机的示意图。这种拌和机目前在欧洲很普遍，它具有一专门的热空气加热的干燥筒给废料预热。热空气从集料烘干筒中抽出来，通过废料干燥筒的空气加热器加热，进入废料干燥筒中。在给废料加热的同时，也使热空气中的烟尘降低，减少污染。加热后废旧料通过提升机提升进入废料仓，经计量器计量后进入喂料器，然后由喂料器射入搅拌缸中。

总之，间歇式拌和机在使用废旧料时，由于延长了拌和周期，使其生产率不同程度地有所下降。

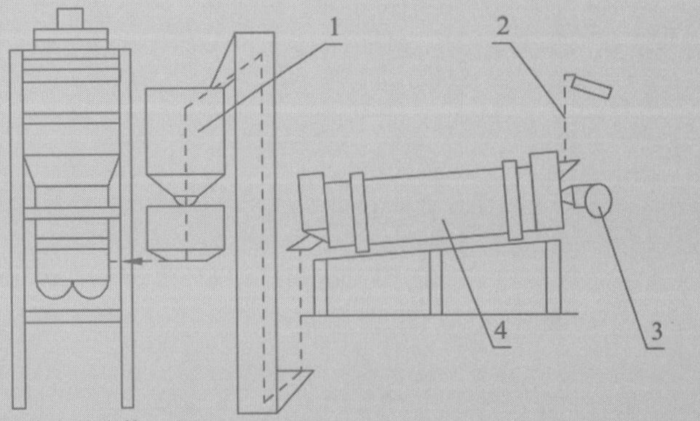

1—废旧料贮仓；2—废旧料；3—空气加热器；4—废旧料加热滚筒。

图 4-16　废旧料预热间歇式拌和机

3）破碎筛分设备

如需要时，可在废料进入搅拌缸前设置破碎筛分设备，以利于废旧料的融化、松散。破碎筛分设备可按图 4-17 来设置。对于铣刨料，由于其本身较细，所以用一级破碎筛分即可；对于翻挖来的路面或老油皮，由于其为片状或块状，所以可采用考虑二级破碎筛分，使废旧料在进入搅拌缸前粒径达到要求。

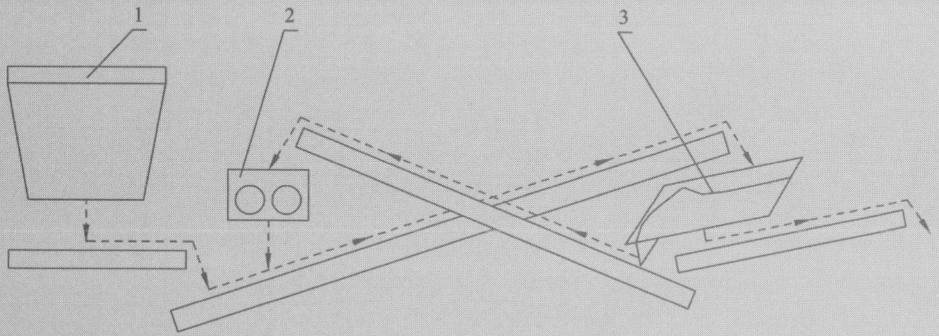

1—废料仓；2—破碎机；3—筛分机。

图 4-17　废旧料再生利用破碎筛分

2. 就地冷再生设备

早期就地冷再生沥青路面施工所用的机械设备主要有：撒料机、平地机、再生机、洒布机、压路机等。施工往往是这些机械联合作业，即撒料、铣刨、拌和、摊铺、碾压一条龙作业。

现代就地冷再生机械则是要集上述各种机械为一体，尽可能地用一台机械设备完成全部或部分作业。现代冷再生机械最为显著的科技进步是在自动化和智能化方向上的进展。以下一些机电一体化技术在当前一些主要生产再生机企业都已普遍采用：

（1）发动机功率的自适应控制技术；

（2）切削深度、纵坡和横坡以及转向的自动控制；

（3）机器运行参数的实时监测和故障诊断；

（4）乳化沥青和水的比例控制及自动喷洒系统。

比较典型的现代就地冷再生机械的代表是美国 ASTEC 公司的再生机（见图 4-18）。这是一个由计算机控制的再生料筛分、计量、搅拌和破碎系统。

由铣刨转鼓翻松的旧路面材料经斗式提升器送至水平的振动筛进行筛分，超尺寸的材料经振动筛流入锥式破碎机进一步破碎后送至前方地面，通过筛网的材料落在输送皮带上，经皮带秤称量后进入双轴搅拌器，与乳化沥青和添加剂溶液一起拌和后输送至机器后方地面而形成料堤，然后由紧随其后的集料升运机采集后送至随后的摊铺机料斗中，并最后摊铺成型，经压路机压实后成为新的再生料路面。进入搅拌器的再生料流量和添加剂流量是由计算机根据皮带秤和液体流量计的计量数据而加以调节的，以确保两者之间的比例关系。由于材料经过严格的称量、配比、强制式的搅拌并由摊铺机摊铺成型，因而更好地保证了再生料路面的质量。

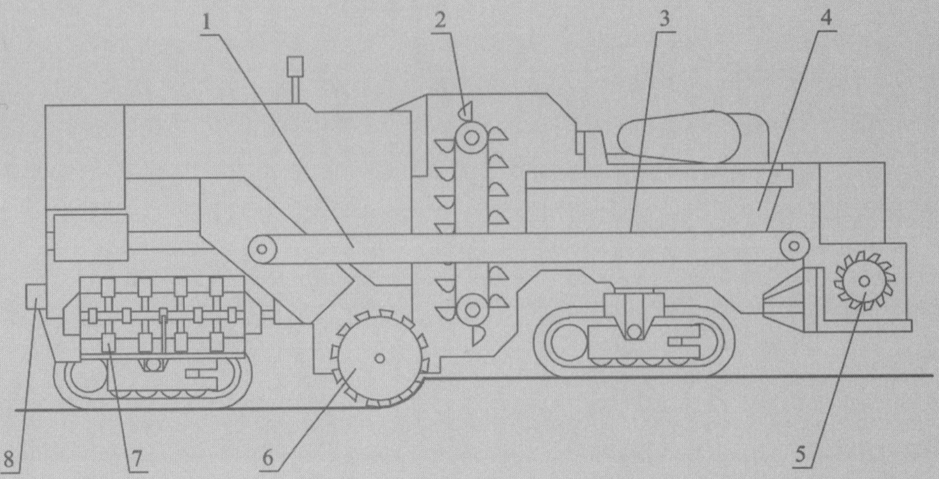

1—皮带称重桥；2—双料斗提升机；3—输送带；4—平面振动筛；5—超尺寸料破碎机；
6—铣刨机；7—双轴搅拌机；8—液体添加剂喷洒系统。

图 4-18　ASTEC 就地冷再生机

二、施工作业

（一）稀浆封层和微表处

稀浆封层是指用适当级配的石屑或砂、填料（水泥、石灰、粉煤灰、石粉等）与乳化沥青、外掺剂和水，按一定比例拌和而成的流动状态的沥青混合料，均匀地摊铺在路面上形成的沥青封层。在水分蒸发干燥硬化成型后，乳化沥青稀浆封层的外观与细粒式沥青混凝土相似，具有耐磨、抗滑、防水、平整等技术特征。微表处是指用适当级配的石屑或砂、填料（水泥、石灰、粉煤灰、石粉等）与聚合物改性乳化沥青、外掺剂和水，按一定比例拌和而成的流动状态的沥青混合料，均匀地摊铺在路面上形成的沥青封层。

乳化沥青稀浆封层及微表处施工工艺如图 4-19 所示。

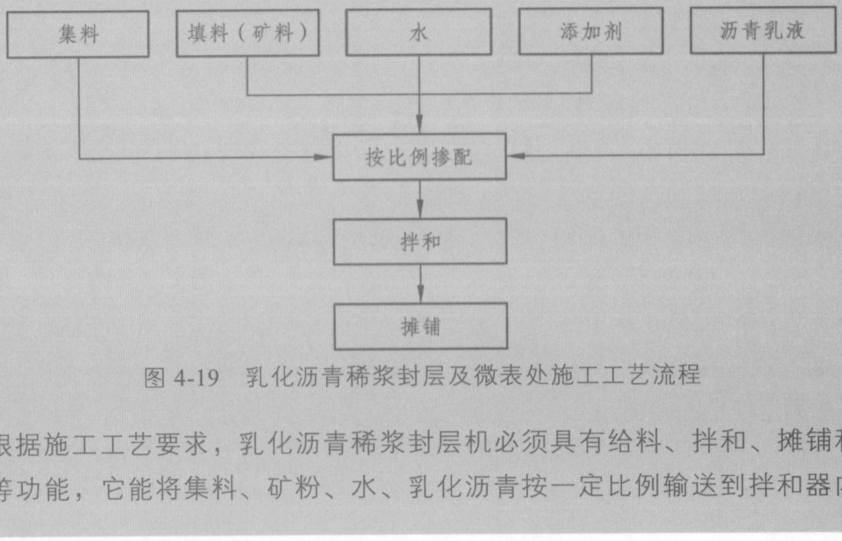

图 4-19　乳化沥青稀浆封层及微表处施工工艺流程

根据施工工艺要求，乳化沥青稀浆封层机必须具有给料、拌和、摊铺和计量控制等功能，它能将集料、矿粉、水、乳化沥青按一定比例输送到拌和器内，加入添加剂，经快速搅拌制成流动状态的乳化沥青稀浆混合料，通过分料器送入摊铺槽内，然后均匀平坦地摊铺在路面上。

1. 稀浆封层机械化施工

1）稀浆封层机的计量标定

计量标定工作是在稀浆封层机初次使用前进行的，而后每半年或一年进行一次复检标定。

标定的基本原理是：固定发动机的输出转速，调节各料门或阀门的开度，得出单位时间各种材料在不同开度下的出料量，绘制成曲线。如集料标定，则固定皮带传动速度，测定在不同料门开度下单位时间的出料量。施工前根据室内试验得出的配合比，在标定曲线图上找出各料门相应所需开度，据此对机上各料门开度进行调整并固定，施工中将按此配比供料。

2）稀浆封层机的操作与管理

稀浆封层施工应有固定的专业施工队伍，其中应包括司机、机修工、试验工、摊铺工、装料工等工作人员。

施工前应检查稀浆封层机的油泵、水泵、油（乳液）管、水管道、各控制阀门有无故障，还应对各部件分别进行启动和停机试验，检查运转是否正常。具有自动控制功能的封层机应使用自动控制操作使其空运转，检查各部件的顺序联动情况。在稀浆封层机整体运转正常后才能进行施工作业。

3）稀浆封层机械化施工程序

（1）封闭施工路段交通，清扫原路面上的泥土和垃圾，对黏结在路面上的杂物用高压水冲洗干净。

（2）施工放样。沿原路面的两侧划出引导稀浆封层机定向控制前进的基准线。

（3）将稀浆封层机开至施工摊铺起点处，调整机前导向链轮，使其对准基准线，将摊铺槽调整到要求宽度并挂在封层机的尾部，摊铺槽与机尾保持平行。

（4）确认封层机上各种材料的输出刻度为设定刻度。

（5）使用自动控制操作系统，使用一个按钮，启动后所有材料几乎同时按设计出料量进入搅拌筒。

（6）接合输送带离合器，同时迅速打开水阀和乳液阀，使集料、乳液、水、填料等同时按比例进入搅拌筒。待搅拌筒内的稀浆混合料达到半筒时，打开搅拌筒出口，使混合料流入摊铺槽内。此时仔细观察稀浆混合的稠度，调节给水管的出水量，使稀浆混合达到要求的稠度。

（7）当拌好的稀浆混合料注入摊铺槽容积的 2/3，在路宽方向布满料后，开动机器以 1.5 ~ 3.0 km/h 的速度匀速前进摊铺。摊铺时应保持稀浆摊铺量与搅拌量基本一致，保持摊铺箱中稀浆混合料的体积为摊铺箱容积的 1/2 左右，同时打开封层机下部的喷水管，喷水湿润路面。

（8）稀浆混合料摊铺后，立即使用橡胶耙进行人工找平，对漏铺和稀浆不足处立即进行修整。找平时尤其应注意超大粒径骨料产生的纵向刮痕，应尽快清除并填平路面。

（9）现场施工人员对摊铺的厚度应随时进行测定，如发现厚度不当，及时提醒操作人员调整摊铺厚度。

（10）间断作业的封层机，若机上某种备用材料用完时，应立即脱开输送带离合器，关闭乳液阀和水阀，待搅拌筒和摊铺槽内稀浆混合料全部摊铺完后，即停止前进。清理后，再重新上料摊铺。

（11）施工完毕后关闭各总开关，提起摊铺箱，将车开到清理场，用摊铺机自备的高压水枪冲洗搅拌筒和摊铺箱，尤其摊铺箱后的橡胶刮板必须冲洗干净。乳液输送泵和输送管道进行冲洗时，先用水冲，再用柴油注入乳液泵内。

（12）对于纵向接缝，若铺好的混合料出现部分凝固状态时，对其预湿后进行下一行程施工。对于横向接缝，应从上一行程封层终端倒回 3 ~ 5 m 的距离开始下一行程施工。纵、横缝都应进行人工找平。

（13）采用慢裂慢凝稀浆封层时，施工后需养护 5 ~ 6 h 方可开放交通，防止稀浆封层破坏；采用慢裂快凝稀浆封层时养护期较短，15 min 后允许行人或自行车通行，45 ~ 90 min 后可全面开放交通。

2. 施工过程的质量控制

（1）施工前必须提供材料的试验报告，在确认符合要求后，方可使用。

（2）施工稀浆封层的下承面应干燥、清洁、无灰尘。乳化沥青在使用前必须将其搅拌均匀，发现乳液沉淀或结块，则应废弃。稀浆封层车应连续、匀速行驶，尽量减少停机，避免忽快忽慢，以利于保证铺筑厚度的均匀性和表面的平整度，相邻铺筑层的接缝既要相互吻合、不留空隙，又要平顺相连，没有重叠凸埂。

（3）现场技术负责人应严格观察封层机的工作状态，一旦发现铺层出现异常情况，要立即通知停机，查明原因，进行调整或加料。混合料的拌和必须均匀，不得有团块或花白现象，要经常检查混合料的油石比，出现不合要求情况时，应停止铺筑，从集料级配、油石比、拌和速度、时间等方面检查原因，及时进行调整。

（4）封层铺筑后，用轮胎压路机碾压两遍，如果发现团块或松散等缺陷，应将其铲除重铺。稀浆封层施工完成后，应尽快进行质量检测，在其表面铺下面层，防止被污染。如被污染，则在铺下面层前除应将其清洗干净外，还应喷洒黏层沥青。

（二）同步碎石封层

碎石封层是在道路表面洒布一定量的胶结料后，再在其表面撒布一定量的单粒径碎石并使碎石 2/3 嵌入胶结料而形成一种耐久、抗滑的道路表面的方法。普通碎石封层施工时，需同时动用胶结料洒布车和碎石撒布车，在施工时先洒布胶结料，而后撒布碎石。在异步碎石封层中，石料的撒布与胶结料的洒布之间有一定的间隔时间，胶结料温度的降低（胶结料主要为热沥青）将会影响集料与胶结料的黏结效果，从而导致集料易于脱落。为解决该问题以及为加快养护速度、提高养护质量，法国在开发出碎石封层技术 40 年后于 20 世纪 80 年代又率先开发出了同步碎石封层技术。

同步碎石封层是用同步碎石封层车将沥青与碎石同步洒（撒）布在路面或基层上，经过轮胎压路机和行驶车辆多次碾压，形成的一种以沥青和碎石为结合料的碎石封层。如图 4-20 所示，同步碎石封层技术将黏结剂的喷洒与集料撒布两道工序集中在一台车上同时完成，使撒布出的碎石颗粒能够与喷洒的黏结剂迅速相接触，缩短了黏结剂喷洒与集料撒布之间的时间间隔，使碎石能更深地埋入黏结剂内，增加了集料颗粒与黏结剂的裹覆面积，更易保证它们之间稳定的比例关系。由于同步碎石封层有着良好的防渗水作用和应力吸收功能，在治愈路面贫油、掉粒、轻微网裂、车辙、沉陷等病害的预防性养护上有很好的适用性。另外，单层式的沥青碎石封层有着较大的经济优势，相比传统的处理方式可节约资金 2/3 ~ 1/2，因此，沥青同步碎石封层技术已成为常用的筑养路技术之一。

图 4-20　同步碎石封层施工示意

1. 同步碎石封层机械化施工

同步碎石封层施工工艺对确保封层的质量非常重要，关键是要做好设备配置和选择符合质量标准的原材料，同时要控制好施工温度、洒油量、碎石用量、碾压和初期养护等关键工艺。

1）材料选择

（1）黏结料

同步碎石封层中所用黏结料无论是普通沥青、乳化沥青还是改性沥青均应满足规范要求。使用改性沥青时，为保证雾状喷洒形成均匀、等厚度的沥青膜，沥青温度要加温并确保在 160 ~ 170 °C。

（2）石料

同步碎石封层所用石料粒径范围有严格要求，必须经过反击破碎（或锤式破碎）得到碎石，针片状石料严格控制在 15%以内，几何尺寸要好，不含杂质和石粉，压碎值小于 14%，对石料酸碱性无特殊要求，并严格经过水洗风干或经沥青搅拌站加温除尘，喷洒 3‰ ~ 5‰的热沥青裹覆。考虑到石料加工的难易程度及路面防滑性能的要求不同，石料可分为 2 ~ 4 mm、4 ~ 6 mm、6 ~ 10 mm、8 ~ 12 mm、10 ~ 14 mm 五档。比较常用的粒径范围为 4 ~ 6 mm、6 ~ 10 mm 两种。

2）设备配置

同步碎石封层技术的主要设备是同步碎石封层车，与同步碎石封层车配套的主要机械设备有装载机、轮胎压路机、洒水车、路面清扫设备、带铣刨功能的多功能养护机、石料除尘清洗设备、沥青加（保）温车、（乳化）沥青运输车。

3）同步碎石封层机械化施工程序

一般路面养护进行一次碎石封层即可，在路面平整度较差时，可选用适宜粒径的石料作为下封层找平，然后再做上封层。

（1）施工天气。施工时，对气候的要求需同时满足以下 3 个条件：气温在 20 °C 以上、风力小于 3 级、三天以内无雨，应尽量避免在雨季和晚秋季节施工。

（2）原路面病害处理。封层施工前，要对原路面上坑槽、沉陷、结构裂缝、臃包和松散等病害进行处理。

（3）路面清扫。为保证沥青碎石封层与下承层的黏结，必须强制清除松散材料、尘土及其他异物，以保证路面的清洁干燥。

（4）测量放样。用经纬仪定出中线和边线桩，挂上醒目标线，以便于同步碎石封层车作业。

（5）交通管制。沥青碎石封层经常为半幅通车半幅施工，必须要有专人负责指挥交通。施工现场按《公路养护安全作业规程》（JTGH30—2015）设置安全交通标志，还要有专人对施工区域进行巡查，防止有车辆和行人进入。

（6）封层作业。同步碎石封层车应以适宜的速度匀速行驶，同时要确保石料和黏结料两者撒布率相匹配。

（7）碾压。撒布作业时，用轮胎压路机紧跟同步碎石封层车进行碾压，以便在沥青温度降低之前或乳化沥青破乳前能及时完成碾压定位工序。

（8）检查。注意检查横向和纵向的均匀性及材料用量是否达到设计要求，发现问题及时处理。

（9）开放交通。除乳化沥青表面处置应待破乳、水分蒸发并基本成型后方可通车外，沥青表面处置在碾压结束后即可开放交通，并通过开放交通进行补充压实。在通车初期应设专人指挥交通或设置诱导标志牌控制行车，限制行车速度不超过 20 km/h，确保碎石封层不被破坏。

（10）初期养护。当发现有泛油时，应在泛油处补撒与最后一层石料规格相同的集料并扫匀，过多的集料应扫出回收。

2. 同步碎石封层施工中应注意的问题

（1）石料的加温和除尘

考虑到石料含尘和表面杂质的存在，为了使石料和沥青能够良好地结合，施工前一般要对石料进行加温和除尘处理。大量实验证明，利用沥青搅拌站对石料进行预处理将会收到良好的效果。首先利用沥青搅拌站将石料加温至 150 ℃左右，进行筛分和除尘，然后加入 3‰～5‰的沥青在搅拌缸中搅拌均匀。预处理工序不但清除了石料表面的杂质和水分，而且通过筛分进一步优化了石料规格和级配，同时通过喷洒沥青并进行搅拌，使石料表面均匀覆盖了一层沥青薄膜，使其更容易与黏结料进行结合，大大提高了封层的质量和效果。

（2）黏结料（沥青）的加热温度

在同步封层施工过程中，由于封层车所配备的沥青加热保温系统功率一般较小，所以在沥青灌装封层车之前，应对沥青进行预加热。普通沥青的预加热温度应在 160 ℃左右，而改性沥青应加热到不低于 170 ℃，这样不但可以保证雾状喷洒形成均匀、等厚度的沥青膜，而且可以大大降低车载系统的沥青加热时间，有效提高封层效率。

（三）薄层罩面

薄层罩面作为一项预防性养护技术给原沥青路面提供了一个崭新的表面：使原沥青路面的平整度大大增加，减小了行车的振动，减少了行车对路面的激振破坏并增加了行车的舒适性；恢复了表面粗糙度，使抗滑能力提高；增加了行车的安全性；使路面原有的许多表面破坏如坑洞、裂缝、辙槽等都得到了一定程度的治理，并延长了路面的使用寿命。

薄层沥青混凝土面层被定义为用摊铺机摊铺和用压路机碾压的单层沥青混合料，可以认为薄面层是“薄磨耗层”与“厚表面处置”之间的一种交叉。混合料宜选用间断级配、改性沥青或其他添加剂以提高罩面层的水稳性。在我国养护规范中，薄层罩面是针对路面平整度较差，辙槽深度小于 10 mm，路面无结构性破坏，为提高路面表面层服务功能的养护维修措施，也适用于新建公路的磨耗层。

薄层罩面的代表厚度是 5～30 mm，一般为 20 mm 左右，在局部面积上可以铺得较厚。原则上罩面层的厚度应根据路面的等级、交通量的大小、道路等级、道路的功能要求等综合确定。如用于重点解决路面的轻微网裂、透水时，可选用较薄的罩面层；对路面破损、平整度及抗滑三项性能需要改善时，应采用较厚的罩面层；主要解决抗滑问题时，高等级公路的罩面层不得小于 25 mm。

薄层罩面的主要优点是：服务寿命延长；能承受重载交通和高剪应力；表面平整性能好；可被铺成需要的厚度、纵坡度和横坡度；中断交通时间短。薄层罩面按照所采取的施工方法不同可以分为冷薄层罩面、热薄层罩面、温薄层罩面 3 种。

罩面的施工，应按《公路沥青路面施工技术规范》（JTJF 40—2004）的有关规定进行，并注意：

（1）罩面前必须把原路面所有的破损部分（如裂缝、坑槽、松散等）处置好，必要时铺设整平层，并注意新旧面层的结合。

（2）罩面不应铺筑在逐年喷油封层加厚的软层上。遇有此种情况，须铲除软层而后整平铺筑。

（3）罩面一般应采用拌和法铺筑，根据设计厚度采用一次或两次摊铺，铺筑前应将原路面清扫干净并洒布黏层沥青，沥青用量一般为 0.3 ~ 0.5 kg/m^2，对已老化的或空隙大的沥青路面宜用 0.5 ~ 0.7 kg/m^2。如采用层铺法时，按表面处置方法施工，也可采用乳化沥青罩面。

（4）妥善处理罩面的施工接缝，一般采用毛茬热接法，并应使纵横缝与路中线平行。当采用双层式罩面时，上、下层接缝应错开一定距离，避免处在同一垂直面上。

（5）罩面后应及时处理与路肩或路缘石的衔接，使其顺适。

（四）局部修补

局部修补是修复沥青路面局部损坏最常用的方法，其中坑槽的修补又是养护部门最普遍的日常养护工作。从修补寿命的长短来分，坑槽的修补可分为应急性修补、半永久性修补和永久性修补 3 种。从修补的施工方式来分，局部修补则有冷态修补和热态修补。

应急修补是指为了使坑槽不继续扩大或从行车安全角度出发采取的临时性修补措施，通常在对坑槽稍加清理后将热拌混合料填入坑中用锹背用力拍打密实。这样反复数次直至填满为止，不作切边处理；同时也没有专门的清洁和压实、封边等工序，但这种修补方法使用寿命较短，一般很少用于高速公路。

半永久性修补通常是指采用冷态修补的方法，对小面积的坑槽可不作切边处理；对大面积的坑槽通常仍需进行切边，清理松散集料，清扫修补面积，然后填入冷拌混合料或填入集料后喷洒和贯入乳化沥青，撒砂后压实。

永久性修补通常是指对坑槽进行热拌混合料摊铺碾压的修补方法，它是局部坑槽、松散修补最常用、最有效的方法。下面重点介绍永久性修补方法。

1. 主要材料的选择

局部坑槽修补所用的材料主要有：成品料（热拌沥青混合料）、乳化沥青、石屑或细砂。

（1）成品料（热拌沥青混合料）

在拌和厂日常生产时，要为坑槽修补提前准备好冷的混合料，一般情况下要把混合料制成易搬运的块状，在修补前 12 h，将冷的混合料放进修补车的预热室内进行预热，直到混合料温度达到拌和出料温度后采取保温措施，以供修补时使用。混合料一般采用与原路面相同的原材料，混合料的级配类型采用与原路面级配相同的类型，但其最大粒径应与槽深相适应。

（2）乳化沥青

在槽底与槽壁均匀地喷洒一薄层的乳化沥青，以起黏结作用，一般采用快裂或中裂阳离子乳化沥青，以加速乳化沥青的破乳时间。当使用加热路面修补养护车时，由于它对原路面进行加热再利用原路面混合料，所以也要在原路面混合料中掺加一定量的乳化沥青，它可用中裂或慢裂阳离子乳化沥青。

（3）石屑细砂

采用筛分过的 0.5 的石屑和细砂给修补过的坑槽四周进行封边。

2. 修补车机械化施工

目前，我国路面坑槽、松散修补常用的修补车有加热路面型修补车和开挖清理型修补车两种，两种修补车还不能实现全过程的机械化作业，仍有部分工序（如摊铺、整平）等需人工完成。修补施工流程如图 4-21 所示。

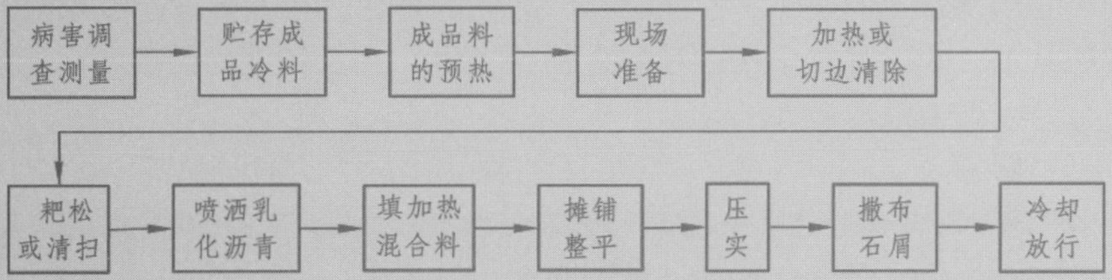

图 4-21 坑槽、松散修补流程

由于坑槽面积小、点位多、分布广、战线长和其修补难度大、费工时、费人力，所以养护部门要努力提高坑槽修补机械化程度，降低工人数量和劳动强度，做到安全、快速、优质、高效地完成修补任务。下面主要阐述以修补车为主导机械的机械化修补作业的施工工艺。

（1）路面坑槽、松散等病害调查和测量

对路面坑槽、松散等病害进行处置之前，要实地对病害进行调查研究和测量，认真记录病害的位置（桩号）、类型、长度、宽度、深度、折算面积、形成原因以及对周围路面的影响。对于一些已经破坏了基层甚至底基层的较深的沉槽，要记录基层或底基层的类型及损坏程度，然后根据病害的类型、特点和形成原因，确定处置方案。特别是对于破坏了基层或底基层的坑槽，一定要认真调查研究，分析病害的原因。必要时可征求专家的意见，确定合理可行的、能根治的处置方案和施工工艺。这一点对于坑槽修补特别重要，因为如果没有搞清病害的成因，没有对症下药，而是片面地、千篇一律地将坑槽填补，必然使修补的路面在使用一段时间后又重新出现新的病害，形成了“坏了补、补了坏”的恶性循环。

一般情况下，对于仅由路面甚至路面面层的损坏而引起的坑槽，将其填补即可；对于由于基层、底基层损坏而反射出来的坑槽，一定要将损坏的基层、底基层挖干净，用水泥混凝土或沥青碎石重做基层、底基层，然后再进行路面补修。同时，根据病害形成的原因，要采取适当的措施，避免再次引发病害。比如路面常见的水损坏坑槽，一定要搞清水由何处来，如属于路基、基层渗水，则要做好防水层，并且要把水通过盲沟或其他通道排走；如属于面层渗水，则要做好防渗水和排水措施，同时，要注意路肩、中央分隔带、边沟等排水是否畅通。

（2）贮存成品料

成品料是在沥青拌和厂日常生产时贮存下来的，一般是用大面积修补的剩余料制备的。将沥青混合料放入特制的钢模（模壁涂油）中，压实冷却后取出，存入干净的库房以备后用。冷料块不要太大，以一个人可轻松搬运为宜。

如果在坑槽修补时，沥青拌和厂正在生产，可直接将拌好的热混合料装入修补车预热料仓中，这样可节约预热费用。

（3）预热成品料

在修补前 12 h，要将冷的成品料放入预热料仓预热，直至温度达到拌和厂的出料温度（160 ~ 165 °C）。

（4）现场准备

在修补前，要现场对坑槽、松散等进行测量，确定修补的位置和面积（长×宽）以及所需混合料的数量 Q。

$$Q = V\rho K \tag{4-1}$$

式中 Q ——所需沥青混合料的质量，kg；

ρ ——沥青混合料的密度，kg/m^3；

K——松铺系数（1.1 ~ 1.2）；

V——坑槽的体积，m^3。

$$V = abt \tag{4-2}$$

式中 a、b、t——坑槽的长度、宽度、深度，m。

一般来说，坑槽修补面积为方形或矩形，其两边要垂直或平行高等级公路的行车方向，每边至少应进入完好的路面 30 cm 左右。对于一些预先进行基层、底基层处置的坑槽，要检查基层、底基层处置的质量水平。

（5）加热或切边清除

上述各项准备好了后，即可进行修补作业。

对于加热路面型修补车，首先，要打开液化气罐，给加热墙加热，同时要把加热墙放在预先确定好的坑槽需要修补的位置，给路面加热，温度为 120 ~ 140 °C。

对于开挖清理型修补车，首先用切割机沿着修补面积的四边切缝，切缝深度为 4 cm 左右。切缝一定要整齐且与路面垂直，同时切边也应为一闭合的长方形，不能切过头，也不能有没切到的地方。然后用液压镐或风镐刨起坑内的原路面材料，用铁锹将刨起的废旧混合料铲入废料仓。清除废旧混合料要确保清除坑内所有松散物质（包括水、杂质等）而达到坚硬的基础。

（6）耙松或清扫

对于加热路面型修补车，当路面加热到规定的温度后，提升加热墙，启动液压疏松耙，将加热的路面材料耙松，使块状的路面材料恢复到热混合料的颗粒状态。

对于开挖清理型修补车，这道工序就是将坑内的废旧混合料清扫干净，可用修补车自配的压缩空气喷枪吹扫，最后应将废料装入废料仓。

（7）喷洒乳化沥青

对于加热路面型修补车，打开乳化沥青软管开关，给加热后松散的原路面混合料喷洒乳化沥青，拌制后，使原旧混合料现场再生。喷洒乳化沥青的数量按再生混合料的配合比确定。

对于开挖清理型修补车，打开乳化沥青手持喷枪，给槽底和槽壁喷洒一定量的乳化沥青，使其起到较好的黏结作用，但不能使乳化沥青在坑底堆积。

（8）填加热拌混合料

从沥青混合料预热料仓中通过螺旋输料器、斜槽将热拌混合料送入坑槽内，混合料的数量要相对准确，以免造成浪费。

（9）摊铺整平

进入坑内的混合料通过人工将其摊铺开，并用直尺将其找平，人工摊铺整平要充分考虑松铺系数，确保既要使沥青混合料得以充分压实，又能使新路面正好与原路面保持在同一高度上。

（10）压实

摊铺整平后，要对修补坑槽进行压实，小坑槽可用修补车自配的振动夯和手推式压路机碾压，大坑槽要用专门配备的双钢轮压路机进行碾压。碾压是坑槽修补中至关重要的一环，首先，要确保混合料得以充分压实，压实次数达 4 ~ 6 次；其次，要控制好碾压温度，不能将混合料压偏、压搓、压出坑外；再次，碾压时要先压两（四）边，每次相错 1/2 轮，逐步压向槽中间。

（11）石屑封边

用开挖清理型修补车修补坑槽，当摊铺碾压后，坑槽四周有较明显的缝，而且可能残留一些乳化沥青，所以要用石屑撒布装置沿着四周撒布石屑和细砂，进行封边。封边宽度为 15 ~ 20 cm，以保证修补坑槽四周有较好的防水性。对于加热路面修补车，由于其修补后，槽缝不明显，所以不需再撒布石屑。混合料冷却后，清扫所有松散材料，便可通车放行。

3. 施工过程的质量控制

通过对坑槽的修补，要使路面达到平整密实、路拱适度、线条顺直、排水良好，外观无松散、推移、裂缝、轮迹，接缝平直、无跳车，颜色均匀，表面平整，平整度不大于 5 mm，横坡度误差不大于 ± 0 3%，压实度符合要求。

4. 施工技术比较

通过上述对施工工艺的论述，可看出：对于加热路面型修补车，它的优点有以下几点：① 不受季节限制，即使在冬天也能修补；② 修补过的路面没有明显的接缝，对原有完好路面破坏小；③ 对环境污染小，不用刨边和清理废料；④ 修补速度快，机动灵活；⑤ 它对所有的小面积病害都能修补。但它的价格较昂贵，单位修补面积的造价高。

对于开挖清理型修补车，它的优点是① 价格低，所以修补单位面积的成本低；② 修补速度快，机动灵活。其缺点是① 不适应冬季修补；② 刨边时对原路面有一定的破坏；③ 清理的废料对环境有污染；④ 对局部网裂等病害较难处理。

（五）裂缝填封

对于沥青路面裂缝，要适时进行修补，否则就会引发大面积的龟裂网裂、坑槽松散，从而影响路面路基的强度和稳定性。不同的裂缝要进行不同的处置，对于面层有较严重且面积较大的龟裂、网裂，应进行沥青表面处置或封层；对于特别宽（≥20 mm）且严重不规则的裂缝，要沿着缝的走向采用挖补处理；对于单根式的纵向、横向裂缝，一般要进行灌缝处置。实践证明，灌缝是一种较为经济、实用、有效的方法，是目前我国养护部门处理裂缝最常用、最主要的措施，下面着重阐述灌缝机械化修补作业。

1. 灌缝作业的时间

不论什么样的裂缝，如果长期暴露在大气中，在气温温差、雨水、行车荷载的作用下，都会有加速破坏的趋势。所以一般在温度较低、缝隙较宽的冬、春季进行灌缝处置，这样既利于将补缝材料灌到缝的最深处，也利于在温度高的季节里补缝材料与路面更好地黏结，形成块体。

2. 主要材料的选择

灌缝所用的材料主要有乳化沥青或沥青、填充料。

（1）乳化沥青：一般选用慢裂或中裂阳离子乳化沥青，以充分发挥其在较低温度下具有流动性好的特点，依赖其良好的渗透力来治愈较深的裂缝。用乳化沥青来灌治未成熟的裂缝，效果比较好。

（2）沥青：一般选用较高针入度、较好延度的加热沥青来灌治裂缝。如缝较宽（大于 10 mm）且较深（大于 10 cm）可分层灌治，裂缝底部选用高针入度的沥青，上层采用黏结性能好、劲度模量较高的沥青。对于成熟的裂缝，用热沥青灌治，效果更佳。灌浆沥青一般用导热油加热保温，沥青中可掺入适量的细砂，形成沥青砂浆。

（3）填充料：采用筛过的 0.5 cm 细碎石、石屑和细砂，它们的强度要高，清洁度要好。

3. 机械化施工

在施工之前，要对裂缝进行实地调查研究，认真记录病害类型及特征，然后确定具体的施工方案和程序。一般来说，路面裂缝的修补工艺如图 4-22 所示。

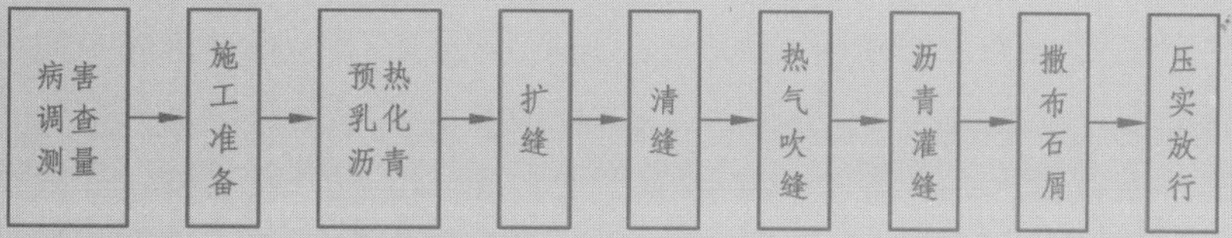

图 4-22　裂缝修补工艺

（1）病害调查及测量、处置方案确定

在对裂缝进行灌治之前，要对裂缝进行实地调查，认真记录裂缝的位置（桩号）、类型、长度、宽度、深度、走向、形成原因、折算面积以及对周围路面的影响。

根据裂缝的特征，确定对裂缝的处置方案。一般说来，对于缝宽在 5 mm 内的裂缝，先要用扩缝机扩缝，然后再灌治沥青；对于缝宽大于 5 mm 的裂缝，可直接灌治；对于缝宽大于 20 mm 的严重裂缝，要进行挖补处理。裂缝一般有 4 种修补方案：标准槽非贴封式、浅槽贴封式、标准槽贴封式、简单无槽贴封式，如图 4-23 所示。试验证明，浅槽贴封式修补方案的失效率最低，而通常采用的简单无槽贴封式修补方案失效率则最高，所以按长期效益计算，推荐选用浅槽贴封式方案。

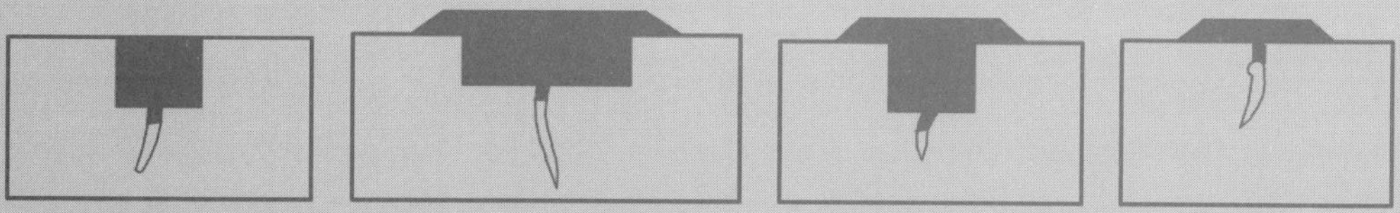

（a）标准槽非贴封式　（b）浅槽贴封式　（c）标准槽贴封式（d）简单无槽贴封式

图 4-23　裂缝修补方法

（2）施工准备

根据裂缝的折算面积和深度，准备足够的、符合要求的乳化沥青（或沥青）和填充料，然后对灌缝设备进行性能检查，确保沥青管路、沥青喷枪畅通，高压热空气吹烤装置空压足够、温度合适。

（3）乳化沥青（沥青）的加热保温

为了说明清楚，以 BREINJNG 灌缝机为例，介绍沥青加热和保温、热空气吹烤缝隙、灌治处理等工艺要求。

对于乳化沥青，可将其直接灌入沥青灌缝机的沥青热熔箱，可直接灌治，也可将其加热到一定温度（不大于 60 °C），然后采取保温措施，之后进行灌治。

对于沥青，首先将一定数量的沥青放入沥青热熔箱，盖好箱盖，点火给导热油加热，启动导热油驱动电机，使导热油循环，给沥青块加热。其次，当沥青被加热到一定温度（80 ~ 100 °C）后，启动沥青搅拌器对沥青进行搅拌，以保证沥青均匀受热。此时根据需要，可在沥青中加入一定数量的细砂。再次，当沥青被加热到 160 ~ 170 °C 时，采取保温措施后，即可灌治。同时，为了保证沥青管路、沥青喷枪畅通，应将其放入和热熔箱一墙之隔的预热室中。

（4）扩缝扫缝

对于缝宽在 5 mm 以内的细小不规则裂缝，由于难以直接灌浆处置，所以要先扩缝。一般可将缝扩至深 40 mm、宽 12 mm 的施工缝。扩宽时要注意刀盘冷却水的喷洒，不能太多也不能太少，同时要确保扩宽缝与原缝在走向上的一致性，在外观上要形成圆滑的曲线。现在有一种干铣扩缝机，即扩缝时不喷洒冷却水，这可提高后续的清扫、烘干作业效率，但可能使作业环境受到污染。

用扫缝机对扩展的新缝和原有的较宽的旧缝进行清扫，扫出来的杂物要及时清走。这样有利于灌缝材料与原路面的黏结。

（5）高压热空气吹烤

将空气压缩机、燃气储灌与高压热空气吹烤喷枪连接起来，打开燃气安全阀，调节燃气压力达到 350 kPa，同时启动空气压缩机并打开空压机安全阀，将燃气点火，调节压缩空气（600 ~ 700 kPa）和燃气的压力，使火焰达到白热，但喷嘴不能有火焰喷出。手推喷枪，沿着裂缝给缝加热。

用高压热空气吹烤喷枪把加热后的压缩空气吹向裂缝，这既可以将缝里的杂物吹干净，又可以预热缝壁的沥青混凝土，非常有利于灌缝材料的黏结。

（6）沥青灌缝

热（乳化）沥青（沥青砂浆）在沥青泵的作用下，通过沥青喷枪（补缝专用装置）灌入缝中。沥青软管一般有十几米的长度，也就是说作业范围可达十几米远，这对于半幅高速公路已足够了。为提高黏结效果，沥青喷枪可作成双管循环回路，在喷嘴处有一个空腔滑靴熨斗，喷入缝中的多余沥青返回熨斗后温度降低，再由回路管吸回沥青热熔箱，从而使缝中热沥青与预热的缝壁良好黏合。同时由于熨斗的作用，缝口平坦且干净。灌缝时速度要匀速，熨斗要沿着缝推移。

灌缝结束后，为避免沥青在沥青泵和软管中凝固，应将沥青泵反转一段时间，并用压缩空气将补缝软管、沥青喷枪吹干净，然后将软管放存预热室中。

（7）撒布石屑

石屑撒布装置一般为手推式撒布器。将预热的干净石屑装在撒布器中，依据缝的宽度调节撒布器的撒布量，然后匀速推移撒布器将石屑均匀地撒在熨斗拖过的缝口上。

（8）压实放行

一般情况下，对撒布石屑后的裂缝要进行压实，以使石屑充分镶嵌在缝里，使补过的缝达到密实要求。目前所用的压实机械有手摊式小型压路机和小型拖式压路机。在条件限制的情况下，可不进行压实而直接放行通车，利用行车来压实。当然对放行后行车带走的石屑要及时扫回或补上。

4. 质量验收

缝灌治后，外观应干净整洁，无拖痕和多余的沥青。灌缝线形流畅，无明显的淤结之处。缝灌治的深度一般要大于扩缝后的扩缝深度且石屑要充分镶入缝隙中。

（六）冷铣刨-热摊铺修补

对于路面较大的龟裂，密集的坑槽、沉陷、车辙、桥头涵顶跳车、桥面脱落或局部路面翻修等修补常采用冷铣刨-热摊铺技术。该技术是一种传统的修补方法，施工工艺简单，施工技术规范，不仅可用来修补路面面层，而且用来翻修路面结构层，翻修深度不受限制，因而可以彻底消除路面龟裂、坑槽、沉陷、车辙、脱落和桥头涵顶跳车等多种病害。

1. 机械设备的选择

冷铣刨-热摊铺机械化修补作业所使用的机械设备较多，主要有：切割机、铣刨机、液压镐（风镐）、乳化沥青洒布车、自卸汽车、沥青拌和机、摊铺机、光轮和胶轮压路机、平板车、画线车。这些机械设备大多是公路建设和养护中常用的机械设备，这里只论述下面两点：第一，对于轮式铣刨机，可采用实心胶轮，前后轮驱动；第二，沥青混凝土拌和机要配备足够大的热料贮存仓，同时要考虑废旧混合料的再生利用问题。

在选择机械设备类型和数量上，要充分考虑以下几方面的问题。

1）机械设备的合理配置

机械设备的合理配置就是根据施工任务的具体要求、施工工艺及现场条件，选取合适的机械设备类型和数量，使之配套成龙，使每台设备都能在施工中发挥最大效率，取得更好的经济效益。

冷铣刨-热摊铺机械化修补作业由铣刨—拌和—运输—摊铺—碾压等环节构成，而这些施工环节在路面养护中可进一步优化为“铣刨—拌和—摊铺”施工系统，原因为：一是在日常养护施工中，由于各种施工干扰因素较多（气候、不封闭交通施工现场、半幅轮流施工、交通安全、转弯掉头、铣刨与摊铺分开且流动作业、现场工序繁杂、运距一般较长等），导致运输混合料车辆一天只能运进两三趟，甚至一趟，所以，必须配备足够的运输车辆，确保沥青混合料能及时到位。二是由于这种修补方式是逐块进行的，且为半幅轮流施工，摊铺为不连续作业，一般情况下，一台摊铺机配一台钢轮压路机和一台胶轮压路机即可，所以，压路机能较容易地完成碾压任务。

（1）路面铣刨机生产能力的确定

路面铣刨机是冷铣刨-热摊铺机械化修补作业的主导机械之一，它所需要的生产能力主要根据工程量和工期等要求决定，用式（4-3）来计算：

$$Q_x = S_x/(TKt) \tag{4-3}$$

式中 Q_x——铣刨机所需要的生产能力，m^2/h；

S_x——施工要求的铣刨面积，m^2；

T——施工计划预定的修补天数，d；

K——开工日系数，K = 实际工作天数/计划日工作天数；

t——每日作业小时数，h/d。

单台铣刨机本身具有的生产能力可由下式来确定：

$$q_x = B_x v_x h_x k_x \tag{4-4}$$

式中　q_x——单台铣刨机具有的生产能力，m^2/h；

B_x——铣刨宽度，m；

v_x——铣刨速度，m/h；

h_x——铣刨厚度系数；

k_x——铣刨机调迁系数。

$$k_x = 1 - t_d / t \tag{4-5}$$

式中　t_d——铣刨机每天调迁所用的时间，h；

t——每天作业时间，h。

多台铣刨机的生产能力则为各单台铣刨机生产能力之和，它至少应等于铣刨机所需的生产能力：

$$Q_x = \sum_{i=1}^{n} q_{xi} \tag{4-6}$$

式中　n——铣刨机台数。

路面铣刨机的铣刨宽度对每台铣刨机来说是不变的，而铣刨速度则是可变的，它受以下因素影响：一是病害类型，不同的病害，铣刨速度是不同的。如铣刨较深的沉降往往是将铣刨面积内周边的铣刨深度范围内的路面铣刨掉，而将中部沉陷较深的路面拉毛，铣刨周边路面时速度较慢，而拉毛时则速度较快；铣刨较严重的龟裂、网裂，由于路面松散，速度较快；铣刨车辙（没有其他病害相伴）时，则速度较慢。二是铣刨厚度，铣刨厚度越深，速度越慢。三是路面结构类型，不同路面结构类型，其密实度、坚硬程度都不同，故铣刨速度也不同。四是由于铣刨是逐块进行的，经常要调迁设备，而调迁距离长度也影响铣刨速度。

（2）沥青混凝土拌和设备生产能力的确定

沥青混凝土拌和设备也是冷铣刨-热摊铺机械化施工修补作业的主导机械之一。它所需的生产能力要根据铣刨面积和摊铺层厚度来确定，用式（4-7）进行计算：

$$Q_b = Q_x H \rho k_b \tag{4-7}$$

式中　Q_b——拌和机所需的生产能力，t/h；

Q_x——最终确定的铣刨机的生产能力，m^2/h；

H——设计摊铺层的厚度，m；

ρ——混合料的密度，t/m^3；

k_b——匹配系数。为了保证施工连续性，拌和机生产能力应大于铣刨机生产能力的 30%～40%为宜，即 $k_b = 1.3 \sim 1.4$。

（3）沥青混凝土摊铺机生产能力的确定

沥青混凝土摊铺机所需的生产能力可由式（4-8）来计算：

$$Q_t = Q_b k_{t1} \tag{4-8}$$

式中　Q_t——摊铺机所需的生产能力；t/h；

Q_b——最终确定的拌和机生产能力；t/h；

k_{t1}——匹配系数，为了保证施工的连续性，k_{t1} 可取 1.2 ~ 1.4。

单台摊铺机本身具有的生产能力由下式计算：

$$q_t = B_t v_t H' \rho k_{t2} \tag{4-9}$$

式中　q_t——单台摊铺机具有的生产能力，t/h；

B_t——摊铺宽度，m；

v_t——摊铺速度，m/h；

H'——摊铺层松铺厚度，m；

ρ——混合料密度，t/m³；

k_{t2}——摊铺机调迁系数。

$$k_{t2} = 1 - t_d / t$$

式中　t_d——摊铺机每天调迁所用时间，h。

多台摊铺机的生产能力则为各单台摊铺机生产能力之和，它至少应等于摊铺机所需的生产能力：

$$Q_t = \sum_{i=1}^{n} q_{ti} \tag{4-10}$$

式中　n——摊铺机台数。

摊铺机施工时往往是分半幅轮流施工，也就是说，对于双向四车道的高等级公路，每次摊铺宽度为 5 ~ 6 m；对于双向六车道，摊铺宽度为 6 ~ 7 m；对于车辙，由于其往往集中于一个车道上，所以摊铺宽度一般为 3.5 ~ 4.0 m。

摊铺速度一般是可变的，但在施工时，应根据每天的摊铺量和调迁次数尽可能使摊铺速度保持在某一速度上，这样不仅有利于任务的完成，而且有利于施工质量的保证。

路面摊铺结构层的厚度一般在摊铺前通过测量确定，所以摊铺层松铺厚度应为

$$H' = H f \tag{4-11}$$

式中　H'——摊铺层松铺厚度，m；

H——路面摊铺结构层的厚度，m；

f——松铺系数。

$$f = d / d' \tag{4-12}$$

式中　d——试验施工时摊铺厚度，m；

d'——试验施工时压实的厚度，m。

2）机械设备调迁

在冷铣刨-热摊铺机械化修补作业中，由于施工是逐块进行的，所以要涉及频繁调动机械设备的问题，解决这个问题要考虑以下两个方面：

（1）优先选用轮式机械，轮式机械行走方便快捷，转弯掉头机动灵活，所以在路面养护施工中，如果作业距离太远或块距较近，采用轮式机械就可大大减少人力、物力，提高工作效率。

（2）配备平板运输车，如果运距较长，机械设备的调迁必须用平板车来运输。

3）机械设备安全

由于机械设备在不封闭的高等级公路上作业，为防止交通和施工事故的发生，机械设备必须油漆成橘黄色，并配有醒目的作业警灯和交通安全标志。

2. 机械化施工

冷铣刨-热摊铺机械化施工方法的施工工艺如图 4-24 所示。

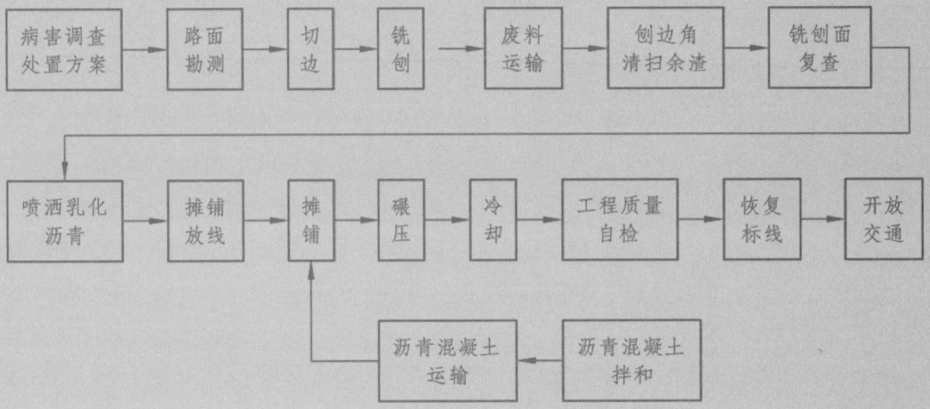

图 4-24　冷铣刨－热摊铺施工工艺

1）路面病害调查及其处置方案确定

在对路面破损、病害进行处置之前，要对路面病害进行彻底全面的实地调查，认真记录病害的位置（桩号）、面积、深度及形成原因。同时要对路面病害段落的原始设计、施工资料进行详细查阅，认真记录这一段落的桩号、路面标高、宽度、转弯半径、超高超宽、纵坡横坡、路面结构、沥青混凝土级配类型、路面原材料产地和型号规格等。然后依据这些数据，分析病害形成的原因，汇集多方意见，确定处置方案。

对于一些不完全是由路面原因引起的病害，在施工之前要作前期处置。比如：

（1）大面积的路面严重破损，要调查基层情况，如发现基层也损坏严重，则应对基层进行彻底处理，小面积可用沥青碎石或粗粒式沥青混凝土填补，大面积的则需重做水泥碎石基层。

（2）大面积严重沉陷，要调查沉陷的形成原因，如属路基不均匀沉陷或滑移，则要对路基进行稳固处理，比如可进行速效水泥灰浆灌桩，然后等路基稳定后，对超过 15 cm 的沉陷做水泥碎石基层，超过 10 cm 的沉陷进行沥青碎石或粗粒式的沥青混凝土填补。

（3）对于桥面龟裂脱落，要在铣刨完沥青路面后对桥面进行认真检查，彻底清除桥面上的存水和脱落的杂质，对于桥面损坏较为严重的部位，要进行水泥混凝土加固。

对于由路面原因引起的病害，要依据病害原因提出防治对策，对症下药，大胆采用新技术、新材料、新工艺，争取能根治病害。

2）路面勘测

在铣刨之前，要对路面病害段落进行测量，通过对测点高程的比较，确定修补的范围和铣刨范围。路面修补范围的四边要平行或垂直行车方向，同时要尽可能把纵接缝留在标线处或路边，所以修补范围一般分为一个车道、两个车道或全幅。故测量时，在横向断面上一般要布置 3 个测点，分布在两边和中间；在纵向上，一般每 5 m（弯道处）或 10 m（较直路段）分布一个测点。通过和原始路面资料测点高程的比较，确定测点高程差 Δx 。

$$\Delta x = x - x' \tag{4-13}$$

式中 x——原始路面测点高程，m；

x'——测点实际测得高程，m。

当 Δx 趋于 0 时，该测点处便可定为修补范围的起点和终点；$0 < \Delta x \leqslant h_x$（铣刨深度）时，该处为铣刨范围；当 $\Delta x > h_x$ 时，该处不需铣刨，拉毛即可。

3）路面铣刨作业

路面铣刨作业包括切边、铣刨、铣刨废料运输、刨边角、清扫余渣、铣刨面复查等几道工序。

（1）切割机切边

确定补修面积后，技术人员要把铣刨面积用粉（石）笔画出来，然后用切割机将修补面积边线切出来，切缝深度一般要保证 4 cm 左右。切割机切边主要是为了保证边线笔直、坑槽槽壁垂直、槽边整齐。切割机切边可以在铣刨前，也可以在铣刨后，在铣刨后切边更容易保证边线笔直，但往往易留下较多的边角，增加了刨边角的工作量。

（2）铣刨机铣刨

依据工程技术人员提供的铣刨面积和铣刨深度，沿着行车方向逐刀地进行铣刨，如图 4-25 所示。一般来说路面面层铣刨的深度（即路面面层最小结构厚度）为 4 cm 左右，但如果坑槽中有松散物或藏水，则应加大铣刨深度，直到彻底露出坚实底层为止。对于未铣刨但要加铺的路面，铣刨机要在来回行驶过程中将其拉毛，拉毛痕迹深度为 3～5 mm。铣刨速度虽然是可调的，但一般情况下，要控制在一定范围之内，太快，会将路面刮松，使路面不平整、不连续，且机器损耗大；太慢会影响施工进度。一般每种铣刨机出厂时都会提供施工作业速度范围和最佳作业速度。

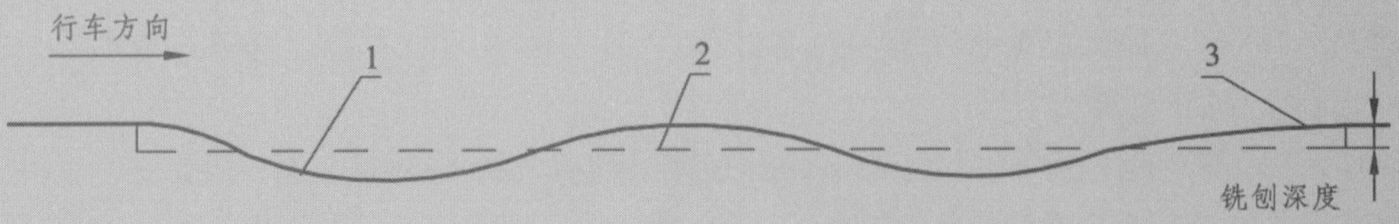

1—拉毛面；2—铣刨面；3—原路面。

图 4-25　铣刨作业

（3）铣刨废料运输

铣刨机铣刨时，通过传输皮带将废旧混合料装上运输车辆，运到固定地点进行存放，以备再生利用。

（4）刨边角、清除余渣

用液压镐（风镐或人工）将铣刨机入（提）刀自然形成的圆弧与切割机切缝间的少部分残留路面清除掉，然后人工将坑槽内残留杂物清扫干净，如需要，最后可用空压机把整个作业面吹干净。

（5）铣刨面复查

最后要对铣刨面进行检查和测量，查看铣刨面是否平整，松散物是否都铣刨掉，槽壁是否整齐垂直，测量铣刨深度是否合适，记录铣刨后各测点的高程，如合格，将数据签字后移交给摊铺作业组。

4）喷洒乳化沥青

用沥青洒布车将乳化沥青喷洒于整个摊铺面和槽壁接口上，乳化沥青选用快裂式阳离子乳化沥青，过一定时间后，乳化沥青破乳，即可进行摊铺作业。

5）摊铺作业

沥青混合料摊铺作业是整个修补过程中保证施工质量的关键一环，包括摊铺前测量和摊铺施工作业两道工序。而摊铺机的调整和合理操作是确保施工质量的关键，只有把摊铺机的结构参数和运动学参数调整到最恰当、最合理状态，才能高效率地摊铺出高质量的沥青混凝土路面。摊铺作业结构参数有：摊铺宽度、拱度、摊铺厚度等；运动学参数有：工作速度、振动频率、振动幅值等。

（1）找平基准的选择

摊铺机在施工中有两种基准可供选择：一种是固定基准，即基准线，也称挂线法，如图 4-26 所示；另一种是行车基准，即基准梁或平衡梁，如图 4-27 所示。

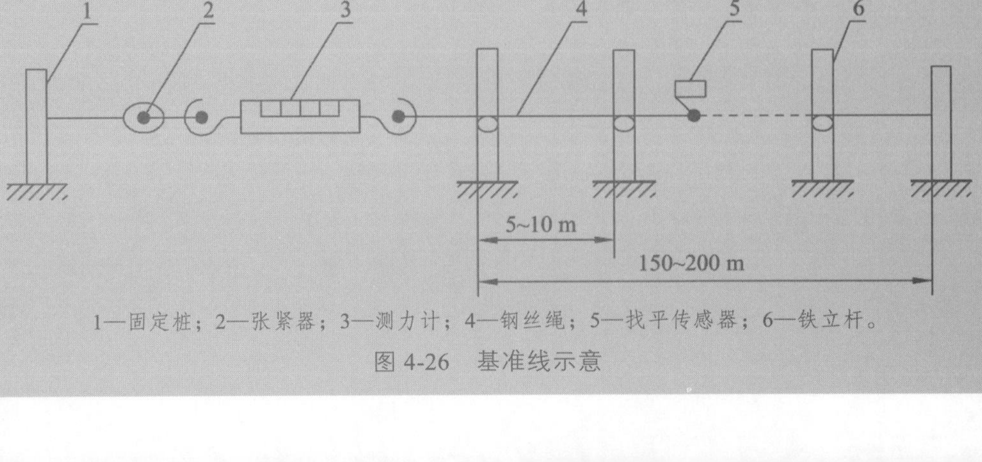

1—固定桩；2—张紧器；3—测力计；4—钢丝绳；5—找平传感器；6—铁立杆。

图 4-26　基准线示意

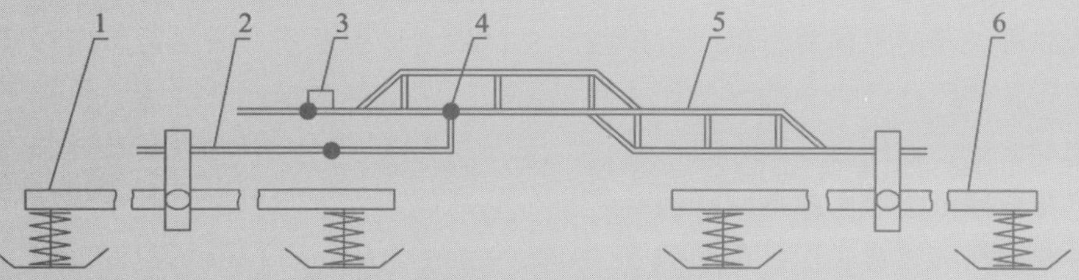

1—前连接梁基准；2—前连接梁；3—纵向传感器；4—大臂牵引点；
5—后连接梁；6—后连接梁基准。

图 4-27　浮动基准梁示意

挂线法又称绝对法。在摊铺地基层、下面层或小面积修补时采用此法。所谓绝对法，是以设计标高为参照系的绝对基层，基准为一张紧钢丝绳。

采用基准梁或平衡梁法施工，依靠的是一种相对基准，一般在下层达到设计高程，并具备一定的平整度，摊铺面积较大时可采用此法。这种平衡梁，跨越摊铺机前后，它具有滤波、大波浪平滑过渡、均衡路面信息 3 种作用。

摊铺机在进行路面补修时，由于所补坑槽面积不很大，且往往都是一次性摊铺，一般采用挂线法施工，不过要合理考虑松铺。在进行大面积的翻修或路面施工时，由于其下承层较平整，一般采用平衡梁基准法。

（2）摊铺速度的选择和振幅、振动频率的调整

摊铺机的工作速度与混合料的供给能力、混合料类型、摊铺层横截面尺寸有关。一般在摊铺沥青混凝土上面层时，摊铺速度宜在 2～5 m/min 内选择。为了获得高标准的平整度，摊铺机应连续、稳定地运行，时快、时慢、时开、时停都会使熨平板的受力发生变化，出现上下波动。当铺层薄、料径小时，选用较小的振幅；反之，铺层厚、料径大、温度低时，宜选用较大的振幅；在摊铺上面层时只能选用小振幅。振动频率的选择取决于摊铺速度和摊铺厚度，频率增加要由低渐高，摊铺面层时，每前进 5 mm，振捣应不少于 1 次。总之，摊铺一旦开始，应尽量避免停机，直到铺完半幅路面的坑槽为止。

（3）在摊铺作业之前，应对施工段落的测点进行重新测量，以验证铣刨组移交过来的数据和确定摊铺层数和摊铺厚度，然后打钢钎、挂钢丝绳，确定整个摊铺面。

（4）当坑槽深度超过 10 cm 时，应分层进行摊铺。此时下承层的接头一定要平顺，平整度保持在 5 mm 之内，一般情况是用铣刨机将下承层接头处铣成台阶，切割机将槽壁切直，刨边、清除杂物后，进行分层摊铺、碾压、冷却。

（5）摊铺厚度应充分考虑松铺系数。摊铺机起步前应准备两种垫木：一种是供初次摊铺之用，其厚度为铺层厚度乘以松铺系数；另一种是供摊铺过程起步之用，其厚度为松铺厚度与压实厚度之差。路面冷铣刨热摊铺施工用后一种即可。松铺系数应通过实验测定。

（6）对于摊铺不到的边角，要人工即时进行填补，对于新旧面的接口，要筛分一些细料，然后人工进行整平。

（7）乳化沥青破乳需要一段时间，因此铣刨与摊铺同时同地施工，就会因为

破乳时间长而影响摊铺进度。所以应尽量让铣刨作业提前一天进行，这样既可把前一天铣刨面积作为第二天的计划摊铺面积，又可使摊铺作业连续进行，不受铣刨机的影响，保证摊铺效率。

（8）摊铺机与运料车之间的配合

摊铺机与运料车配合得好坏，直接影响施工质量。首先，运料车要倒正车辆，靠摊铺机的推力前进。严禁冲撞摊铺机或制动过死，否则单侧车轮接触推滚轴，另侧脱空，会造成摊铺机位置和速度的改变，使铺层出现凸起，产生波浪。运料车与摊铺机的行进方向要始终保持一致，避免频繁调整摊铺机行驶方向。运料车起斗卸料应分几次进行，不能一次卸完，防止料车内混合料的离析。卸完料后，应落下料斗再离开摊铺机，避免残余料撒落在轮胎行进线上影响摊铺质量。下一车应在前一辆车离开后迅速给摊铺机供料，保证供料均匀、连续。

6）碾压作业

碾压采用光轮和胶轮压路机，分初压、复压、终压 3 道工序，把握好碾压速度、碾压温度、碾压次数 3 个重点。

（1）碾压温度

碾压温度的高低，直接影响沥青混合料的压实质量。混合料温度较高时，可用较少的碾压遍数，获得较高的密实度和较好的压实效果；而温度较低时，碾压工作变得较为困难，且易产生很难消除的轮迹，造成路面不平整。因此，在实际施工中，要求在摊铺完毕后及时进行碾压。一般来说，沥青混合料的最佳压实温度为 110 ~ 120 °C（国外也有人认为最佳碾压温度为 120 ~ 150 °C，这与沥青材料性能及压实设备有关），最高不超过 160 °C。所谓碾压最佳温度，是指在材料允许的温度范围内，沥青混合料能够支承压路机而不产生水平推移，且压实阻力较小的温度。

碾压时混合料温度过高，会引起压路机两旁混合料隆起、碾轮后的摊铺层裂纹、碾轮粘上沥青混合料（尽管用水喷洒）、前轮推料等问题。而碾压温度过低时（50 ~ 70 °C），由于混合料的黏性增大，导致压实无效，或起副作用。研究表明：当沥青混合料的摊铺初始温度每提高 10 °C，则碾压时间就可缩短近 16%；而最低碾压温度每降低 10 °C，碾压时间需延长近 30%。可见沥青混合料温度较高时，有利于缩短碾压时间，加快施工速度。

压实质量与压实温度有直接关系，而摊铺后混合料温度是在不断变化的，特别是摊铺后 4 ~ 15 min 内，温度损失最大（1 ~ 5 °C /min），因此必须掌握好有效压实时间，适时碾压。有效压实时间的长短与混合料的冷却速度、压实厚度等因素有密切关系。影响冷却速度的因素有气温、湿度、风力和混合料下承层的温度等。对较薄的沥青层碾压时，反而要比较厚的沥青层压实困难些，这主要是因为较薄层的沥青混合料温度降低速度要比厚层快得多，从而使其有效压实时间大大缩短。

（2）碾压速度

合理的压实速度，对减少碾压时间、提高作业效率有十分重要的意义。在施工中，保持适当的恒定碾压速度是非常必要的。一般速度控制在 2 ~ 4 km/h，轮胎压路机可适当提高，但不超过 5 km/h。速度过低，会使摊铺与压实工序间断，影响压实质量，从而可能需要增加压实遍数来提高压实度。碾压速度过快，会产生推移、横向裂纹等。当然，在碾压坑槽的接头时，速度一定要慢，以免将料压搓。

（3）碾压次数

初压采用双钢轮压路机静压 2 ~ 4 遍，复压采用振动压实 4 ~ 6 遍，然后用胶轮压路机压实 2 ~ 4 遍。总之，碾压的基本原则是：在保证沥青混合料碾压质量的前提下，最大限度地提高碾压速度，从而减少碾压遍数，提高工作效率。

（4）碾压要从坑槽两边开始，如图 4-28 所示，按①→②→③→④的次序碾压，以 1/3 轮宽压在新铺路面上，来回碾压，逐渐向坑槽中间移动。同时，碾压应按阶梯形逐步向前推进。

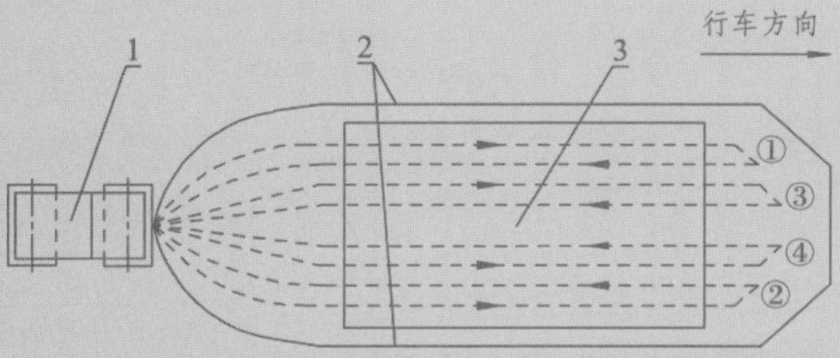

1—压路机；2—压路机处边轮线；3—修补坑槽面积。

图 4-28　修补路面碾压作业顺序

（5）对于新旧路面横向接缝，可采用小型压路机进行碾压，以 10 ~ 20 cm 轮宽压实新路面，逐渐向新铺层移动，直至全轮压实在新铺层上。

（6）压路机转向、掉头要在旧路面上进行。

7）沥青混合料拌和及运输

（1）对于沥青混合料的级配，由于原材料、施工环境和拌和条件都与路面最初施工时存在差异，所以级配比例和油石比可以适当进行调整（当然要经过试验论证确定），但级配类型必须和原路面一致。

（2）每天路面工程技术人员都要将下一天所需混合料的类型、数量和时间书面通知拌和厂，拌和厂据此一天一次性集中拌制。由于摊铺是逐块进行的，所以所报混合料应尽量准确，以避免浪费和不足。

（3）充分发挥试验室的作用，做到用数据指导生产。试验室人员要对每批进场的原材料进行各项指标检验，确保原材料合格。施工前应对沥青进行各项指标的试验；在施工中，定期抽样进行检验，可根据情况只做针入度、软化点、延度 3 项试验。施工前对石料、砂及石屑、矿粉也应进行质检。对石料测定的项目有：抗压强度、磨耗率、磨光值、压碎值、级配组成、相对密实度（比重）、含水量、吸水率、土及杂质含量、扁平细长颗粒含量、与沥青黏结力等；对砂和石屑测定其相对密度（比重）、级配组成、含水量、含土量等；对矿粉测定其相对密度和含水量并进行筛析试验。

对出厂的混合料进行马歇尔和抽提筛分试验，保证出厂的混合料合格；施工过程中应对沥青混合料性能作抽样检查，其项目有：马歇尔稳定度、流值、空隙率、饱和度、密实度试验，并以此来指导施工作业。

（4）结合实际情况，对路面病害特别严重的地方，大胆采用新材料、新技术（比如采用沥青玛琋脂碎石混合料 SMA）进行修补，提高路面抗车辙能力、低温抗裂能力、耐疲劳能力和水稳性能等。

（5）运输车辆应选择较大吨位的，数量上要保证摊铺机前始终有料车。在车数选择上，一般可以参考运距的长短，当运距大于 80 km 时，车辆一般一天只能拉一趟；当运距为 30～80 km 时，一天可拉两趟；当运距短于 30 km 时，一天可拉三趟以上。不论运距长短，沥青混合料在运输过程中要加盖篷布甚至棉被。

（6）加强施工现场与拌和厂的联系，由于施工是逐块进行，有可能出现缺几吨料而完不成一块作业面积摊铺的现象，为了不影响摊铺质量，拌和厂要有随时给工地供料的措施，通常要有足够大的热料储存罐。

8）工程质量自检、恢复标线，开放交通

沥青混合料碾压完、冷却后，应对路面施工质量进行自检，合格后用画线车来恢复标线，待标线漆固后，放行交通。

其实施工质量自检并不是最后进行，而是最后总结的。在铣刨过程中，要测量铣刨深度、铣刨面积、各测点的高程，检查切边是否整齐垂直、铣刨面是否平整等；在摊铺过程中，要测量测点高程、摊铺温度、摊铺厚度，检查混合料类型是否合格，混合料是否离析，摊铺是否平整，摊铺机是否有拖痕，接头是否平顺等；在碾压过程中，要测量碾压温度，记录碾压次数，检查碾压是否密实，外观是否平整无轮迹，接头是否平顺等。

恢复标线可以在修补作业后马上进行，也可以在整个施工结束后集中进行。

3. 施工质量控制和验收

冷铣刨-热摊铺路面补修施工质量控制和验收参照高速公路沥青混凝土施工技术规范和其工程质量检验评定标准执行。

（七）厂拌热再生

厂拌热再生技术在沥青路面再生利用施工中是一种较成熟的技术，是目前公路养护部门最常用的一种方法，它所搅拌出的沥青混合料基本可运用于各种沥青路面结构的面层。它具有以下优点：

（1）它所用的机械设备除了拌和设备与热拌沥青混合料路面摊铺施工所用的拌和设备有一部分不同之外，其他设备基本相同。对于拌和设备，有的厂家在出厂时就提供了相应的废料再生利用的配套设备，特别是对于连续式拌和设备，目前它能很好地解决废料再生问题，而对于厂家没有提供相应的废料再生设备的拌和楼，施工单位在不改变原拌和楼性能的基础上，也能很容易自行加工解决废料再生利用配套设备。

（2）通过试验，确定废旧混合料中的沥青含量与性能及其矿料级配比例，从而确定再生剂的数量及新的混合料的级配，使新拌的沥青混合料具有良好的施工性能。

（3）摊铺碾压成型的沥青混合料路面与新沥青混合料的路面基本相同，能较好地恢复路面的承载能力，平整、美观。其施工质量标准不会因为使用了废旧混合料而降低。

1. 机械化施工

再生沥青路面机械化施工，是将废旧路面材料经过适当加工处理，使之恢复路用性能，重新铺筑成沥青路面的过程。目前在我国，厂拌热再生路面施工基本上已实现了机械化，其施工工艺流程如图 4-29 所示。

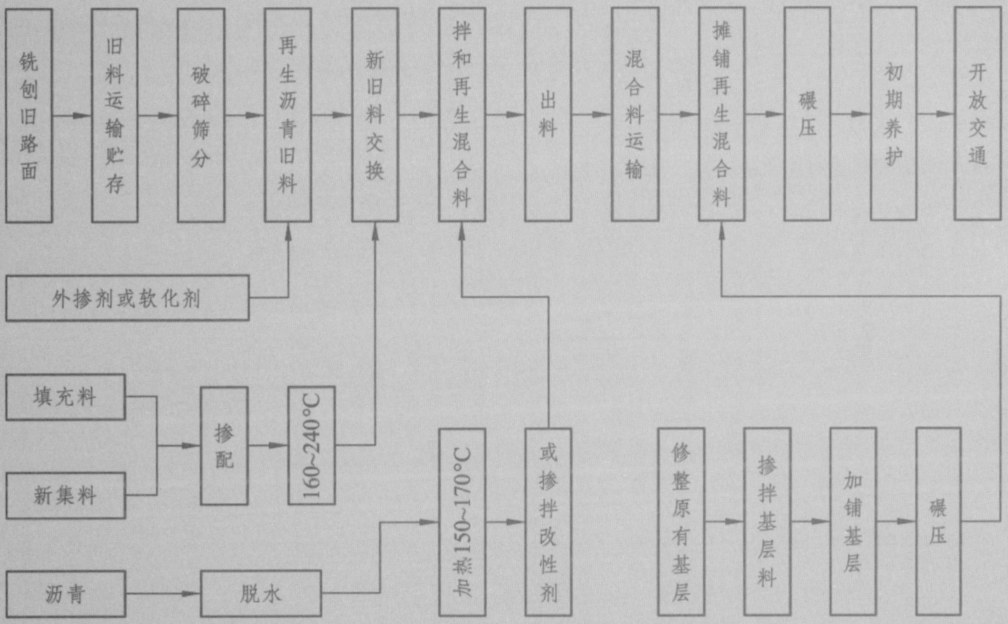

图 4-29　厂拌热再生施工工艺流程

1）废旧料铣刨、运输、破碎、筛分

（1）铣刨旧路面。路面铣刨可按前述铣刨方法和质量要求进行铣刨，应避免破坏基层，并在气温适合的季节进行。

（2）运输、贮存旧料。将光泽好、不呈干涩发脆、不带杂质的旧料，收集运到拌和厂（场）贮存。堆场地基应平整坚实，排水良好，多雨地区宜设雨棚遮阳挡雨，保持干燥、松散，料堆高度一般小于 1.5 m，以不结块为度。

（3）破碎、筛分。破碎筛分一般情况下可按图 4-17 来设置破碎筛分设备，在废旧料进入搅拌缸前进行破碎筛分。由于铣刨料本身较细，所以用一级破碎筛分即可；对于翻挖来的路面或老油皮，由于其为片状或块状，所以可考虑采用二级破碎筛分。加热破碎法即采用各种热能（如太阳能、红外线加热器或炒料器等）使沥青旧料热融分解。

2）混合料的制备

（1）掺加再生剂。宜预先将需要掺加的再生剂（常用的有润滑油、机油、玉米油等）喷洒掺拌在沥青旧料中，静止数小时或 1 ~ 3 天，使再生剂渗入，软化旧料；也可在拌制再生混合料时，将再生剂喷洒入旧料。

（2）施工配料。按再生混合料的组成设计，将旧料、新集料、新沥青及再生剂（如有需要）进行配料。每次掺加新沥青的数量为总沥青量与旧料掺配量中旧沥青和再生剂含量之差。高等级再生沥青路面工程，对再生沥青路面的质量要求较高。再生混合料设计应注意选用品质良好的集料和沥青材料；若旧料老化严重，则应注意选用合适的再生剂，并注意通过各项试验确定材料配合比。

（3）再生沥青混合料的拌和。必须准确掌握加热、掺配工艺和剂量，切实控制拌和温度，新集料先进入高温区，加热温度范围为 160 ~ 240 °C，而旧料宜进入余热区通过热交换和余热升温融化，待新旧集料混合且热传递平衡后再加入新沥青拌和至颜色均匀一致后出料，出料温度应在 140 ~ 160 °C。

不同的掺配比例，废料不同的含水量，新料的加热温度、新旧料在搅拌缸中的热传递拌和时间都不相同。表 4-1 为掺配不同比例废料，在废旧料不同含水量的情况下，新料的加热温度和拌和时间（假设废旧料为常温 21 °C，拌和出料温度为 150 °C）。

表 4-1　掺配不同比例废旧料，新料的加热温度和热传递拌和时间

项　目	掺配 10%旧料		掺配 20%旧料		掺配 30%旧料	
	含水量 2%	含水量 3%	含水量 2%	含水量 3%	含水量 2%	含水量 3%
新集料的加热温度/°C	174	177	199	205	230	241
新旧料热传递拌和时间/s	5		10		20	

（4）认真做好工地试验。检验再生沥青混合料的沥青含量、物理力学性能等指标，如有不合设计要求的，应及时检查原因，修正配比或工艺，以确保工程质量。

3）摊铺、碾压和初期养护

（1）准备工作

再生混合料摊铺前的准备工作，包括修整原有基层、清理基层上的泥土及污秽杂物，修整基层表面，浇洒透层油或黏层油，必要时还应考虑设置下封层。基层拱度不当时，要进行调拱。在摊铺前 1 ~ 2 天，应对基层表面状况进行一次检查，无论未补强而仅设置整平层，还是加铺补强层，其上面又设置有下封层，如发现局部出现坑洞、脱皮等损坏观象，应加以修补。

对于粒料基层，如不设置下封层，应在摊铺前扫除浮动石子和尘土，并浇洒透层油，以保证基层与沥青面层能良好地黏结。

若基层设置有下封层，或再生沥青面层直接加铺在旧沥青面层上，则应在表面浇洒黏层油。在陡坡、急弯路段尤其要注意浇洒黏层油，以免沥青面层产生滑移。

（2）混合料摊铺、碾压和初期养护

再生沥青路面的摊铺、碾压和初期养护等工艺、质量要求与一般路面施工基本相同。

2. 施工质量控制与验收

再生沥青路面施工质量控制和验收参照高速公路沥青混凝土施工技术规范和其工程质量检验评定标准执行。

（八）就地热再生

在许多情况下，沥青混凝土路面表面虽然被行车所磨损，失去了应有的粗糙度；或者由于沥青混凝土混合料中含油较多，出现了并不十分严重的车辙；或者由于低温收缩，路面出现许多裂缝，但面层材料并未老化，而下层还仍然坚实完好，没有必要将路面面层进行大修，而只要在表面加以修整，就能恢复路面的使用性能。为此，出现了就地修复沥青混凝土路面的施工方法，它可以使原沥青路面材料全部被重新利用。就地热再生施工技术也称热表面再生，主要是指加热旧路面面层至要求的深度（一般不超过 3 cm），翻松旧路面，添加还原或再生剂，重新铺筑成型的施工方法。

表面热再生大体有以下 3 种施工工艺。

1. 加热—整型—压入碎石工艺

若原沥青混凝土路面基本平整，但经长期行车、路面磨损、附着系数降低、影响行车安全，可采取表面修整，以恢复路面的粗糙度。其做法是先用加热器将路面加热，加热深度为 2.5 ~ 3 cm。接着用加热耙松机边加热边翻松，再摊铺整平，然后用少量沥青处置过的 5 ~ 10 mm 的沥青碎石，均匀地撒布在整平过的路面上，随即用钢轮压路机压入。所用碎石应坚硬而富有棱角，以提高路面的粗糙度。

2. 加热—整型—罩面工艺

当旧沥青路面具有足够厚度，可供进一步利用，为恢复其平整度和断面形状，可采用这种路面修整法。它由一台翻修再生机和一或数台压路机组合施工。翻修再生机在一次行程内就可完成路面修复，其工艺过程如下（见图 4-30）：

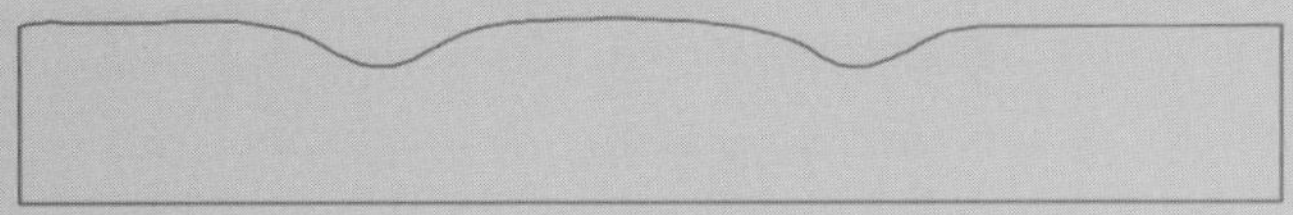

（a）原路面

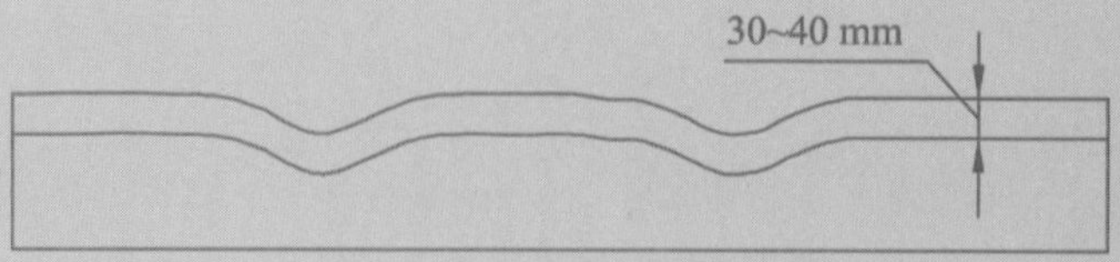

（b）加热深至 30 ~ 40 mm

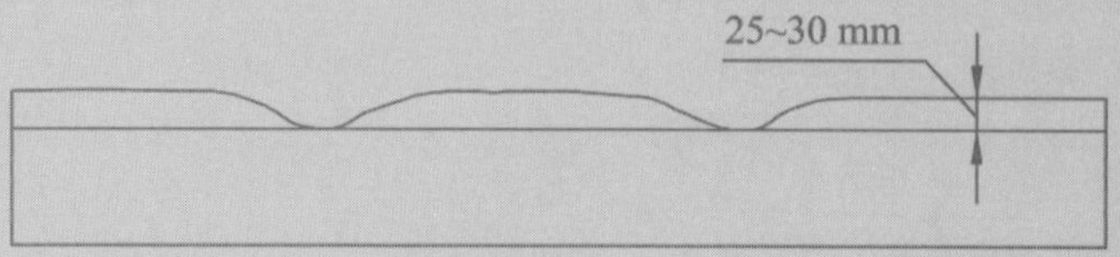

（c）翻松至 25 ~ 30 mm

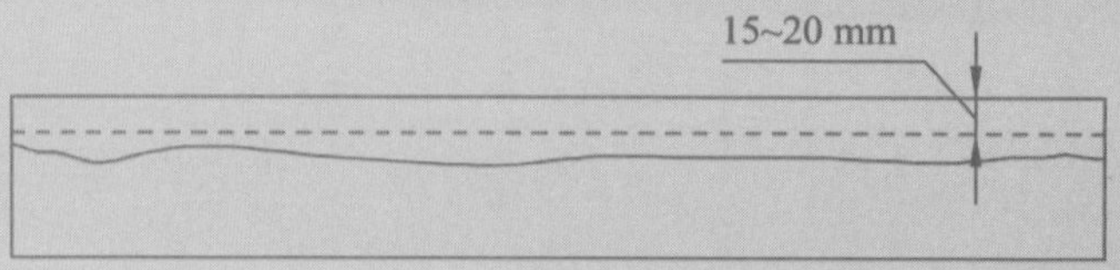

（d）整平加铺 15 ~ 20 mm 厚的新沥青混凝土

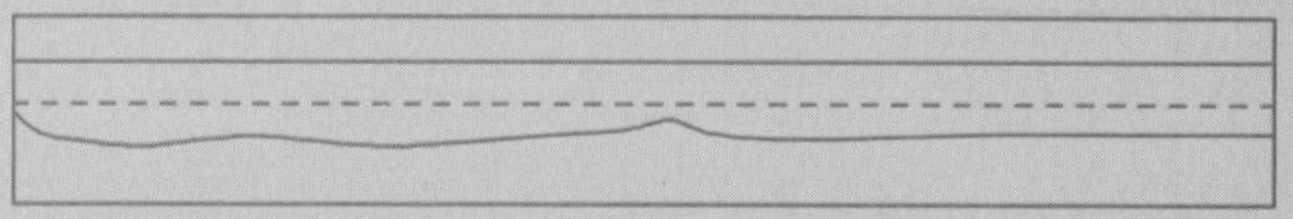

（e）压实后的路面

图 4-30　就地热再生施工工艺

1）加热软化路面

翻修再生机利用机器内的红外线加热器加热路面，使路面软化，根据气温、风速、风向、路表的温度以及混合料的含水量，调整自己的工作状态，保证路面的加热温度。一般情况下，在面层 1.5 cm 深处的温度可达 250 ~ 300 °C，加热深度可达 40 mm。尽管加热温度很高，但时间短，旧路面内的沥青不致因温度太高而老化。

2）翻松路面

翻修再生机上安装有翻松器。当面层经加热软化后，镶有硬质合金尖齿的翻松带就压入路面中，机器在行走过程中将路面翻松。由于路面被加热，因而路面内集料不会产生破碎。翻松的路面材料由装在刮刀前面的螺旋式推进器收集到路面中间。

3）拌和整型

翻松的路面材料集中到路中后，由旋转式乳化沥青洒布机洒布一层乳化沥青，接着由拌和机进行拌和，并由刮平板刮平。翻修再生机前面装有一只集料斗，新拌制的沥青混合料由自卸汽车卸入集料斗内。由输送机将新混合料运送到下面的摊铺整平板，根据所需要的路拱、摊铺宽度和摊铺厚度（考虑松铺系数），把新混合料摊铺在经过整平的旧料上。之后进行碾压，即形成平整、密实的路面。

4）碾　压

摊铺后的沥青层要用压路机进行最终碾压。碾压要注意：压路机应紧跟再生机，以保证碾压时温度足够高。接缝处应首先进行碾压，因为温度高时，两种材料容易黏结。前进和后退应保持在同一个碾压带上，禁止在热混合料上转向。

5）质量控制

再生后的最终沥青混合料路面要满足沥青路面施工技术规范的要求，需要添加新混合料时，新料必须经过单独检验，抽样的频率和数量应与常规施工一样。

这种加热、整型、罩面维修工艺主要是为了提高路面抗滑能力、修正车辙、改善路拱和提高沥青路面的强度。

3. 加热—翻松—复拌铺装工艺

该表面再生工艺使用的机械与上述翻修摊铺机有些相似，不同的是它除能够将旧路面材料加热、翻松、添加再生剂拌和再生外，还能和来自集料斗中的新混合料按比例混合，然后再进行摊铺整平，压实成路面，这样可使旧路面材料的性能获得某种程度的改善。

（九）厂拌冷再生

厂拌冷再生路面施工，是采用乳化沥青与旧料和新集料在常温下拌和成混合料，经摊铺、碾压而成沥青路面的施工方法。另外，用黏度较低的沥青材料，如渣油，稍予加热，和常温的旧料、新集料拌和成混合料，即冷料热油的再生施工法，由于集料不加热，故也属冷拌施工。现着重介绍用乳化沥青铺筑再生沥青路面的施工工艺。

1. 准备工作

1）旧料的加工

旧沥青路面铣刨、破碎、筛分等工艺过程，同前所述。但厂拌冷再生施工，为了保证再生路面的质量，对旧料的破碎有较高的要求。用于厂拌冷再生的旧料，破碎后的团粒宁小勿大，即要求破碎得更为充分一些，即使是旧料中的粗集料有所破碎也没有关系，因为可以通过添加粗集料调整其级配。其原因在于，厂拌冷再生施工旧料中所含的沥青不可能像热法再生那样能和新沥青材料充分交融，而需要在气温较高的季节经过长时间的行车反复碾压，新、旧沥青调整位置，才能发生某种程度的融合。旧料破碎越充分，和新沥青材料接触的表面积就越大，新、旧沥青交融就越快、越好，就越利于再生路面的早日成型。

总结厂拌冷再生施工再生沥青路面的经验，旧路面材料破碎充分，是保证再生路面表面致密而均匀、成型快、质量好的技术关键。

2）基层处理

基层处理同前所述。若基层需洒布透层油，可直接使用乳化沥青。乳化沥青渗透性好，故透层油可以在摊铺面层混合料前 1~2 h 洒布，无须提前过多时间，这样既可避免污染，又便于组织施工。

2. 厂拌冷再生沥青路面施工

1）乳化剂的选择

乳化沥青有阳离子型、阴离子型等品种。阳离子型乳化沥青具有和潮湿石料黏附的能力等许多优点，因而推荐使用。

2）混合料拌和

用沥青乳液拌制再生沥青混合料，其方法基本与普通乳化沥青路面施工一样。厂拌冷再生沥青混合料，在热季因乳液会很快破乳而造成油水分离，故冷拌再生混合料一般不宜长距离运输，拌制再生混合料的地点，宜设在现场或距离现场附近不远的地方。

普通滚筒式拌和机和间歇式拌和机，都适用于沥青乳液冷拌再生混合料。由于无须加热，故不存在热拌再生混合料所出现的问题，而可以直接使用这些机械，唯需设置一加水装置。在现代化的滚筒式拌和机中，是将供料装置连接起来，以自动保持正确的配合比；同时，沥青泵和水泵的工作也与集料（即旧料和新集料）的供给相联系，协调作业，这样就能保证生产出均匀的混合料。间歇式拌和机则具有比滚筒式拌和机配料更为准确的优点。

用乳化沥青拌制再生沥青混合料，一般比热拌沥青混合料所需拌和时间要短。在用机械拌和时，往往会出现拌和过度的现象。拌和过度一方面会使黏附在集料上的乳液薄膜摩擦掉，另一方面还会导致沥青乳液过早破乳，但是正常的破乳时间是希望在摊铺后直到碾压时才开始。过早的破乳，拌和时沥青就会成团析出，从而破坏了再生混合料的均匀性。但是若拌和时间过短，集料表面沥青乳液又不能充分裹覆。因此，在开始拌和后，应注意调节拌和时间。对于滚筒式拌和机，拌和时间可以通过改变滚筒的倾斜角度，或者改变乳化沥青喷嘴在滚筒中的位置而得到调节。

与热拌再生混合料不同的是，不管采用何种拌和方式，冷拌再生混合料中的粗集料（尤其是新集料中的粗集料）并不都能全部被沥青乳液所裹覆，不过对此无须过于担心，因为在摊铺和碾压过程中，还有可能再获得进一步的裹覆，最终不会出现白石子露出路表面上的现象，故冷拌再生混合料允许见到一定数量的花料。

夏季高温季节施工时，为延缓破乳时间，在拌和之前可用氯化钙水溶液浇洒在集料上，使之湿润，然后再加乳液拌和。

3）混合料摊铺与压实

冷拌再生混合料摊铺整平后，首次碾压应在乳液刚开始破乳或在破乳前即进行。但是碾压不能过早，过早碾压会阻碍混合料水分的蒸发，影响压实度，这对密级配混合料尤其应该注意。然而碾压推迟时间太长，则又会造成压实困难，有时甚至会导致沥青与集料之间已形成的黏结发生破坏。因此，适时地进行碾压是重要的。

碾压时应按先轻后重、自路边向路中的方式进行。初始碾压可用双轮光碾，也可以用轮胎压路机或振动压路机。压实冷拌再生混合料，大多用低频振动，其振幅和频率可以根据混合料类型而改变，这由现场试验确定。终压均应用光轮钢碾压实，以消除轮迹，获得平整的路面表面。

4）加铺封层

高等级公路路面养护中，冷拌再生混合料一般不能直接作面层，而要在其上加铺一层新沥青混凝土面层。在再生层上加铺封层，有助于改善路面状况。在冷拌再生路面完工后，立即进行加铺封层。

5）初期养护

用乳化沥青铺筑的冷拌再生沥青路面，在完工后，其初始状态往往不能成型。必须在开放交通后，经过较长时间行车反复碾压才能逐渐成型。因此，初期养护显得格外重要。

冷法施工的再生沥青路面，其成型的快慢与气温高低有密切关系。在高温季节，沥青能够在行车荷载的挤压揉搓作用下，调整位置而重新分布，从而使路面较快地成型。如果施工后气温长时间较低，或者在秋季施工，很快就进入冬季，则往往路面成型较差，易出现松散、坑洞等病害。所以，使用乳化沥青铺筑再生路面，和铺筑热拌沥青路面一样，都应尽可能安排在高温季节来到之前进行施工。

（十）就地冷再生

就地冷再生工艺是20世纪80年代后期发展起来的一种较新的路面翻修工艺。这种工艺包括4个主要工序：首先是准备旧路面的再生材料包括破碎和翻松旧路；其次是加入乳化沥青、还原剂、水泥以及其他添加剂和水并加以拌和；第三是成型和压实；最后是在再生的路面上加铺磨耗层。为了增强补强作用，还可以加铺黏结层和结构层。就地冷再生工艺主要用于结构层的翻修。就地冷再生工艺的优点如下：

（1）全部旧料就地再生，不仅减少了新料的用量，而且节省了运输费用；

（2）在翻修路面的补强问题上有着很大的灵活性，可以在再生的路面上只铺一层稀浆封层，也可在其上加铺一层热沥青混合料磨耗层，还可以将再生路面作为底面层在其上加铺中面层和上面层，构成三层结构的路面，同时还可以将再生路面作为第一层结构层而在其上铺多层结构的沥青路面；

（3）消除旧路面不规则的横向断面；

（4）由于已经有了再生路面作为底面层，在其上加铺其他面层的工作量将相应减少，因而节约了施工时间、降低了施工成本；

（5）减轻环境污染、减少能源消耗。

这些优点显示了冷再生工艺的良好发展前景，许多国家著名的筑路机械制造企业如德国的 Wirtgen，美国的 CMI、ASTEC 等公司都生产有各种类型的冷再生机，而这些机械的出现也进一步促进了冷再生工艺的推广应用。

1. 主要材料的选择

就地冷再生施工所用材料除了废旧沥青路面材料外主要还需用水泥、乳化沥青、水等。

2. 机械化施工

就地冷再生沥青混合料，由于旧沥青路面材料含有沥青，又用沥青乳液进一步加以稳定处置，故具有较好的防水性和防冻性。近年来，在使用结合料方面又有了新的发展，除用乳化沥青稳定处置外，有用水泥、石灰稳定的，还有乳化沥青和水泥并用进行综合稳定处置的，因而提高了再生基层的稳定性和承载能力。

1）采用水泥进行就地冷再生

采用水泥进行就地冷再生的施工顺序如下：

（1）撒布水泥。为了撒布均匀，水泥应由专门撒布机撒布。水泥的撒布量要根据材料试验确定。经验表明，撒布量是集料质量的 3.5%～4.5%。

（2）铣刨和拌和。通过就地冷再生机铣刨和拌和，废旧沥青路面材料将与水泥和水均匀地拌和在一起，然后从再生机上破碎铲的缺口流出。

（3）铣刨材料的摊铺。用平地机还是用再生机的整平板摊铺混合料，要根据路面坡度而定。如果坡度较大，就要使用平地机。在其他情况下，再生机的整平板可以铺筑出合乎要求的路面。最后碾压应采用适当重量级的轮胎或钢轮压路机。

2）使用乳化沥青进行就地冷再生

使用乳化沥青进行就地冷再生，一定要检查现场材料的稳定性。下列材料特性应通过试验室试验进行测试：

级配；黏结剂的性质；乳化沥青的匹配性；最大密实度（修正的 Duriez 试验）；混合料的力学性质。

用乳化沥青再生的道路，需要加铺一个沥青磨耗层和封层。所以在缺少沥青拌和厂或离拌和厂过远的地区，采用乳化沥青再生路面的施工方法有较大优势。

3）使用水泥和乳化沥青进行就地冷再生

使用水泥加上乳化沥青可以减少乳化沥青的用量，在当前乳化沥青价格高于水泥的时候，可以节省工程投资。另一方面，乳化沥青的加入可以减低水泥稳定层的刚性，因而减少反射裂缝。其工作原理见图 4-31。

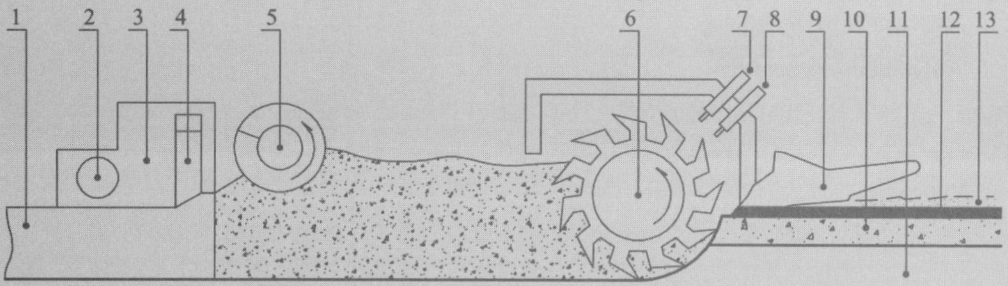

1—稳定并预压实后的基层；2—振捣装置；3—变频振捣整平板；4—振捣器；
5—分料螺旋；6—切削和拌和转子；7—乳化液喷嘴；8—水喷嘴；
9—破碎器；10—沥青路面面层；11—路面基层；
12—预撒的集料；13—预撒的水泥。

图 4-31　使用水泥和乳化沥青进行再生施工

思考题

1. 简述稀浆封层机的原理及其应用特点。
2. 简述沥青路面修补车机械化施工过程。
3. 连续滚筒式沥青混凝土拌和机拌制废旧再生料有哪几种改装形式？
4. 冷铣刨-热摊铺修补工艺中，应怎样考虑机械设备的合理配置问题？
5. 简述厂拌热再生和就地热再生各自的特点、应用场合及施工工艺。
6. 简述就地冷再生的施工工序及其特点。

参考文献

[1] 初长祥，马文星. 工程机械液压与液力传动系统[M]. 北京：化学工业出版社，2015.
[2] 张青，宋世军，张瑞军. 工程机械概论[M]. 2 版. 北京：化学工业出版社，2016.
[3] 展朝勇，刘洪海，陈新轩. 公路养护机械与运用技术[M]. 北京：人民交通出版社，2014.
[4] 刘朝红，徐国新. 工程机械运用基础[M]. 2 版. 北京：机械工业出版社，2016.
[5] 杨雷，沈鹏. 公路机械化施工组织设计[M]. 昆明：云南人民出版社，2017.
[6] 杨林江，朱文天. 路面施工与养护机械[M]. 北京：人民交通出版社，2015.
[7] 展朝勇，李自光. 公路施工机械[M]. 3 版. 北京：人民交通出版社，2018.
[8] 高顺德. 工程机械手册[M]. 北京：清华大学出版社，2018.